LA RÉCEPTION
DE L'ŒUVRE DE STIG DAGERMAN
EN FRANCE

Fidèle à sa volonté de maintenir vivant l'ensemble du catalogue et de continuer à rendre accessible à tous la richesse de son contenu, Les marques du groupe L'Harmattan proposent les ouvrages, même s'ils sont épuisés dans leur premier tirage, et les impriment à la demande.
Au vu de l'ancienneté de ce titre, un exemplaire original a été numérisé pour être réimprimé, ce qui pourrait altérer légèrement la qualité de certains passages.

© L'Harmattan, 2010
5-7, rue de l'Ecole polytechnique ; 75005 Paris

http://www.librairieharmattan.com
diffusion.harmattan@wanadoo.fr
harmattan1@wanadoo.fr

ISBN : 978-2-296-11974-1
EAN : 9782296119741

Karin Dahl

LA RÉCEPTION DE L'ŒUVRE DE STIG DAGERMAN EN FRANCE

La consécration d'un écrivain étranger

Classiques pour demain
dirigée par Daniel-Henri Pageaux

Cette collection rassemble des études sur des écrivains de notre temps, consacrés par le succès dans leur pays (francophones ou de langues ibériques en particulier), pour lesquels il n'existe pas encore d'approches critiques en français. Elle vise donc à diffuser auprès du public étudiant et de lecteurs soucieux de s'ouvrir aux littératures étrangères des parcours et des propositions de lectures, voire une base de documentation bibliographique.

Déjà parus

Bertrand CARDIN, *Lectures d'un texte étoilé. Corée de John McGahern*, 2009.
Juan Carlos BAEZA SOTO, *Emilio Prados, L'absolu solitaire*, 2008.
Philippe GODOY, *Le Guépard ou la fresque de la fin d'un monde*, 2008.
Jean-Igor GHIDINA, *Carlo Sgorlon, romancier frioulan. Société, mythe, écriture*, 2008.
Lucia DA SILVA, *David Mourão-Ferreira*, 2005.
Marcelo MARINHO, *João Guimarães Rosa*, 2003.
François PIERRE, *Francisco Umbral ou l'esthétique de la provocation*, 2003.
Françoise MORCILLO, *Jaime Siles : un poète espagnol "classique contemporain"*, 2002.
Dorita NOUHAUD, *Isaac Goldemberg ou l'homme du Livre*, 2002.
Anouck LINCK, *Andrés Caicedo, un météore des lettres colombiennes*, 2001.

Remerciements

Arrivée au bout de ce projet, je suis très émue en pensant à toutes les personnes qui m'ont soutenue au fil de ces années et que je voudrais remercier ici le plus chaleureusement possible.

Je remercie tout d'abord mes deux directeurs, sans lesquels cette thèse n'aurait jamais vu jour. Le Professeur Eva Ahlstedt a toujours été prête à m'aider. Je la remercie pour ses infinies lectures, son infatigable énergie et ses précieux conseils.

Je tiens aussi à témoigner ma profonde reconnaissance au Professeur Jacques Leenhardt pour m'avoir guidée dans ma recherche. Sa lucidité qui m'a aidée à voir clair dans mes moments de confusion, son inspiration contagieuse, le temps qu'il m'a consacré, sa générosité et l'accueil ensoleillé que Brigitte Navelet-Noualhier et lui m'ont réservé à l'EHESS, ont infiniment compté pour moi.

Je suis ensuite très reconnaissante à d'autres chercheurs avec lesquels j'ai pu discuter de mon projet, tout particulièrement Pascale Casanova. Un grand merci aussi à Philippe Bouquet, qui m'a accordé un entretien au début de ma recherche, m'a fourni certains articles et a lu attentivement mon manuscrit. Mes remerciements vont aussi à Emilia Lodigiani, avec qui j'ai eu la chance de m'entretenir, et à son équipe d'Iperborea pour leur aimable accueil, sans laquelle je n'aurais pas pu réaliser mon étude italienne.

Je souhaite également exprimer ma reconnaissance à l'Istituto Svedese di Studi Classici a Roma, ainsi qu'au Centre Culturel Suédois à Paris. Lors de l'établissement de mon corpus, j'ai aussi pu avoir accès aux archives de presse des éditions Actes Sud, Gallimard, Iperborea et Maurice Nadeau : un grand merci aux personnes qui ont rendu ces consultations possibles.

J'exprime toute ma gratitude aux fondations qui ont financé mon projet : Fondazione Famiglia Rausing, Ingenjörern C. M.

Lericis stipendium, Kungliga och Hvitfeldtska stiftelsen, Bo Linderoth-Olsons Fond, Adlerbertska Stipendiestiftelsen, Bourses d'études du Gouvernement français, Svensk-Franska Stiftelsen et Torsten och Ragnar Söderbergs Stiftelser.

Je remercie vivement mon éditeur, ainsi que Marie-Rose Blomgren, pour leurs corrections perspicaces, ainsi que les membres de mon jury de thèse, son Président Professeur Jean Verrier et Pr. Eva Ahlstedt, Pr. Björn Larsson, Pr. Jacques Leenhardt et M. de. C. Marianne Molander Beyer.

Merci spécialement à Cecilia Alvstad, Anna Melke, Julien Roland et Raphaëlle Schott.

Enfin, je voudrais dire combien je suis redevable à ma famille pour m'avoir inspirée au jour le jour dans ce projet, et tout particulièrement à ma mère, à qui je dédie ce livre.

Kullavik, août 2009

1. Introduction

1.1 Préambule

En 1954, un jeune écrivain suédois se suicide à Stockholm. Deux ans plus tard, l'un de ses romans sort à Paris en traduction française chez Gallimard. Ce roman, *L'Enfant brûlé*, est accueilli par une critique élogieuse. Depuis, les textes de Stig Dagerman, cet écrivain qui a cessé d'écrire avant d'avoir atteint ses trente ans, continuent à fasciner le public français. Son œuvre intégrale a été traduite en français, chose assez rare pour un auteur nordique, et ses pièces sont souvent montées, encore aujourd'hui, dans les théâtres français. Dagerman occupe une place spéciale dans le domaine de la littérature étrangère en France. Depuis les années quatre-vingt, son œuvre est également publiée en Italie, où l'engouement pour ses livres n'est pas moindre qu'en France. Dagerman est l'un des écrivains nordiques les plus lus et les plus commentés dans ces deux pays, alors qu'il connaît un succès plus mitigé ailleurs.

Notre recherche s'inscrit dans le domaine de la sociologie de la littérature et de la lecture[1] et traite plus particulièrement de la réception d'un écrivain étranger, Stig Dagerman, en France et en Italie. Comment Stig Dagerman est-il devenu l'un des auteurs nordiques les plus aimés dans ces deux pays ? Y a-t-il quelque chose, dans ses textes et dans sa personnalité, qui le fait spécialement apprécier des lecteurs français et italiens ? Quel rôle ont joué les introducteurs et les éditeurs de l'œuvre ? Un mythe s'est créé autour de Dagerman[2] ; pourrait-il également expliquer sa popularité ? Afin d'essayer de répondre à ces questions, nous avons établi un corpus de publications sur Dagerman en France et en Italie, un corpus que nous avons voulu rendre aussi exhaustif

---

[1] Nous définirons ces termes dans le sous-chapitre 1.2 « Points de départ théoriques ».
[2] *Cf. Stig Dagerman : le mythe et l'œuvre* (Périlleux, 1993).

que possible. Pour mieux comprendre l'aspect de la *mythification* de Dagerman en tant qu'écrivain nordique, nous avons également consulté, dans les deux pays en question, des publications portant sur la Suède en général. Nous avons ainsi étudié comment la littérature nordique et le Nord sont présentés dans certains livres, comme des manuels d'histoire de littérature scandinave. Il sera question dans ce contexte de l'image de la Suède et des représentations du Nord transmises à travers la réception de biens culturels, dans ce cas précis l'œuvre d'un écrivain particulier.

Cette thèse décrit et analyse donc la manière dont l'œuvre de Stig Dagerman a été introduite en France et en Italie, c'est-à-dire la façon dont elle a été éditée, lue et commentée. Comment l'écrivain et son œuvre ont-ils d'abord été présentés ? Avec quelles autres lectures et quels autres écrivains les critiques ont-ils fait des associations en lisant Dagerman ? Quelles sont les interprétations auxquelles cette œuvre a donné lieu dans les deux pays ? Précisons que, par le terme lecture, nous entendons ici la lecture effectuée par les journalistes et les critiques littéraires. Notre thèse est en premier lieu une étude de ce que Joseph Jurt appelle « la réception de la littérature par la critique journalistique »[3], mais aussi une étude de la réception faite par la critique universitaire. C'est cette lecture-là que nous sommes en mesure d'étudier, puisqu'elle est *écrite :* les critiques ont rapporté les impressions de leurs lectures dans des articles qui constituent le corpus de la présente étude. N'ayant pas accès aux autres lecteurs, il nous a semblé naturel de focaliser sur cette lecture spécifique. D'une part, les « vrais lecteurs », si l'on ose les appeler ainsi, et plus précisément ceux des années cinquante et soixante, seraient difficiles à rencontrer, et d'autre part, même si l'on pouvait éventuellement en retrouver quelques-uns, il n'est pas sûr que leur première lecture de l'œuvre soit encore « fraîche » dans leurs mémoires. Les études de lecture basées sur des interviews faites avec des lecteurs réels usent en général d'une démarche qui consiste à faire lire un texte à une personne et à l'interroger ensuite sur ses réactions. Notre but est plutôt de saisir la réception

---
[3] *La réception de la littérature par la critique journalistique. Lectures de Bernanos 1926 - 1936* (1980).

de Dagerman telle qu'elle s'est manifestée lors de la publication de ses livres, et d'analyser ce qui a été écrit sur lui et son œuvre.

L'histoire de cette recherche a commencé par une observation : certains des articles français que nous avons eu l'occasion de lire sur Stig Dagerman accordaient beaucoup d'importance au fait qu'il s'agissait d'un écrivain nordique. Ces articles étaient louangeurs, tout en fabulant sur l'origine de l'auteur (suédoise, nordique). On y trouvait des expressions comme « éternel hiver »[4] ou des commentaires du type suivant : « c'est au fort d'un hiver nordique que [...] il veut se trancher les veines »[5]. Nous avons souhaité vérifier cette observation en étudiant *tous* les articles que nous avons réussi à retrouver sur Dagerman en France, et cela nous a conduite à faire par la suite une étude sur son accueil en Italie, où l'auteur a connu une réussite similaire. Le fait d'étudier la réception de l'œuvre de Dagerman en Italie permet également de mettre en relief la réception française. Pour cela cette étude est présentée en annexe où nous allons ensuite comparer les deux réceptions pour montrer les influences ainsi que les différences qui existent entre elles. Constatons que la publication de Dagerman en France commence dès les années cinquante, tandis qu'en Italie il faudra attendre les années quatre-vingt-dix pour un vrai décollage. Nous tenterons, de plus, de vérifier l'hypothèse qui soutient que la France a joué un rôle d'intermédiaire dans le passage de l'œuvre de Dagerman de Suède en Italie.

Le but de cette étude n'est pourtant pas seulement de dresser la carte de la réception de l'œuvre de Stig Dagerman en France et en Italie à partir des années cinquante, période pendant laquelle les premiers articles sur lui paraissent en France, jusqu'à l'aube du XXIe siècle, mais aussi d'essayer de comprendre pourquoi cet écrivain suédois a connu un tel succès dans ces deux pays. L'objectif de notre travail n'est pas exclusivement de répondre à des questions telles que : Quels textes de Dagerman a-t-on édités en France et en Italie ? Qui les a édités : en d'autres mots, quelles sont les maisons d'édition et les personnes ayant pris l'initiative de

---

[4] Mohrt, M. « Hamlet et les petits chiens », *Le Figaro littéraire* [date inconnue, sans doute 1956].
[5] Mogin, J. « Stig Dagerman – l'Enfant brûlé », *L'Humanité*, 26-05-1956.

les éditer ? Qui les a traduits ? Ces questions seront bien naturellement posées, mais nous tenterons aussi de répondre au « pourquoi » qui se cache derrière chaque question. Pourquoi Dagerman a-t-il été édité et réédité ? Pourquoi à tel moment ? Que peut-on déduire du fait qu'une certaine maison d'édition ait publié tel livre plutôt qu'un autre, ou que tel traducteur l'ait traduit ? Quel impact a eu le fait que Dagerman soit un écrivain étranger dans ces deux pays ? Comment s'est construit le mythe de Dagerman en tant qu'écrivain étranger, et en quoi consiste-t-il ?

En abordant la réception d'un écrivain d'une langue comprenant un petit nombre de locuteurs, il convient de réfléchir sur les lois de circulation des textes littéraires étrangers et sur la construction de l'image de l'écrivain étranger. Dans le cadre de ce que la sociologue Pascale Casanova appelle « l'espace littéraire mondial »[6], nous nous intéresserons à ce que les diverses réceptions de l'œuvre de Dagerman en France et en Italie nous apprennent sur les relations littéraires entre justement la Suède, la France et l'Italie. Les histoires des réceptions d'œuvres littéraires étrangères sont des histoires de rencontres entre des cultures – qui relèvent de l'ouverture vers et de la curiosité pour l'Autre, mais qui peuvent aussi comporter un phénomène de mythification et une tendance à renforcer des *stéréotypes nationaux* déjà existants[7]. Ceci nous incitera à mener une réflexion plus générale sur la lecture de la littérature étrangère. Dans quelle mesure la lecture est-elle influencée par les représentations que nous avons déjà du pays ou de la culture d'origine de la littérature lue ? Et dans quelle mesure la lecture de la littérature étrangère peut-elle, à son tour, influencer et changer ces représentations ? Nous estimons qu'il est important de poser ces questions, bien qu'il soit difficile, voire impossible d'y répondre, l'objectif étant de réfléchir autour de ces questions plutôt que de fournir des réponses certaines. Malgré le fait qu'il ne soit pas possible d'épuiser le sujet de la lecture de la

---

[6] *La République Mondiale des lettres* (1999, p.119)
[7] *Cf.* « Le mystère boréal : Stéréotypes nationaux dans la lecture de Stig Dagerman en France », in Campos, C. et György, L. *Stéréotypes et prototypes nationaux en Europe.* Paris : Forum des langues européennes (Dahl, K. 2007, pp. 140-147)

littérature étrangère, nous avons tout de même souhaité en donner un exemple en étudiant le cas spécifique de la lecture de Dagerman en France et en Italie. Pour cela, penchons-nous d'abord sur l'auteur.

Stig Dagerman, de son vrai nom Stig Halvard Andersson, est né en 1923 à Älvkarleby, village situé au nord de Stockholm. À sa naissance, il fut abandonné par ses parents et grandit chez ses grands-parents, qui étaient paysans. Il débuta comme écrivain en 1945 et eut pendant sa vie beaucoup de succès en Suède. Dagerman partage le thème de l'angoisse dans son œuvre avec beaucoup d'autres écrivains suédois de sa génération, connue comme la « génération des années quarante » et composée de jeunes auteurs qui s'intéressaient surtout aux grandes questions existentielles. Pär Lagerkvist (lauréat du prix Nobel en 1951) avait donné le ton à partir de 1916 en publiant un recueil de poèmes intitulé *Ångest* (Angoisse). Dagerman écrivit quatre romans, quelques pièces de théâtre, plusieurs nouvelles et beaucoup de petits poèmes intitulés 'dagssedlar' ('billets du jour') publiés dans le journal *Arbetaren*. Après un silence de quatre ans, pendant lequel il n'a publié aucun ouvrage, il est mort à Stockholm à l'âge de trente-et-un ans.

Certes, on peut penser que le domaine de la littérature nordique reste en quelque sorte marginal. Issue de petits pays, cette littérature ne jouit pas du même statut que, par exemple, la littérature hispanique, qui est le produit d'une langue très étendue et qui a plus de « capital littéraire »[8], avec des écrivains universellement reconnus comme notamment Cervantès. Dans le champ de la littérature suédoise Dagerman est sans doute, après August Strindberg, l'un des écrivains suédois les plus souvent mentionnés en dehors de la Suède. Il y a aussi naturellement Selma Lagerlöf qu'il nous faut évoquer dans ce contexte. Elle est certes un cas spécial, étant donné que c'est son ouvrage *Le merveilleux voyage de Nils Holgersson à travers la Suède*, destiné

---

[8] Pour reprendre la terminologie de Casanova (1999, p. 28). La notion de « capital » dans ce sens a auparavant été employée par Pierre Bourdieu (« capital symbolique », 1998, p. 235) et par Paul Valéry dans sa réflexion sur une économie littéraire (« capital *Culture* ou *Civilisation* », 1960, p. 1090).

à un public jeune, qui est le plus lu, bien davantage que ses autres romans. A part cela, la renommée littéraire des pays nordiques est dominée par la figure d'Ibsen et partagée, dans une certaine mesure, par H.C. Andersen et Strindberg. Mais c'est au deuxième rang, après les plus connus, que l'on trouve Dagerman. Durant ces dernières années, d'autres auteurs nordiques, notamment Arto Paasilinna, Björn Larsson et certains auteurs de romans policiers ont remporté de grands succès en France et en Italie. Nous avons cependant désiré mettre plus de distance dans le temps par rapport à notre objet d'étude. En Suède, Dagerman est surtout considéré comme l'un des nombreux écrivains de la génération des années quarante et du XXe siècle, et non pas le plus célèbre, ce qui est en grande partie lié à sa carrière si brève, puisqu'interrompue par sa mort prématurée. Une indication récente de l'importance qu'on accorde à Dagerman en France, c'est qu'il a pris place aux côtés de grandes célébrités littéraires, comme Virginia Woolf et Milan Kundera dans le cycle de conférences « Grandes figures européennes du XXe siècle littéraire » organisé à la Bibliothèque Nationale de France à Paris au printemps 2003. Pendant le demi-siècle qui s'étend depuis la première publication de Stig Dagerman en France jusqu'à nos jours, l'auteur a donc effectué un itinéraire impressionnant pour devenir une « grande figure de la littérature européenne ». C'est cet itinéraire-là qui sera décrit dans la présente thèse.

    Dans la perspective des transferts littéraires (circulation internationale des idées, traductions, réception de la littérature étrangère), il semble que l'écrivain étranger soit un personnage fort susceptible de faire l'objet d'une mythification. Dans les articles et les comptes rendus écrits sur Stig Dagerman en France et en Italie, on remarque qu'il est souvent présenté comme « le grand écrivain suédois ». On insiste sur le fait qu'il vient du « Grand Nord », un endroit auquel on attribue des qualités mythiques, en parlant, par exemple, de la « pâleur hyperboréenne » ou du « désespoir des grands fjords ». On insiste également sur le suicide de l'auteur. Qu'il soit mort « à l'apogée de son succès » ou bien « à 31 ans », est souvent la première chose que les articles nous apprennent. Cela contribue au portrait d'un poète possédant l'éternelle jeunesse, qui a en soi un certain charme attirant, ce qui lui confère l'apparence d'une sorte de James Dean de la littérature. Cette mythification est passée par les textes qui ont été écrits sur Dagerman. Georges Périlleux (1993) qui analyse justement le mythe de l'auteur à partir des études que l'on a faites sur lui distingue trois piliers dans ce mythe : le suicide de Dagerman, l'anarchisme de Dagerman et son caractère de poète maudit. Dans la présente recherche nous étudierons également la mythification de Dagerman qui appartient à la critique journalistique, celle qui en est d'ailleurs dans une large mesure responsable ; et nous analyserons aussi un autre aspect de cette mythification, à savoir celui qui se rapporte à l'origine de l'écrivain : le Nord. Étant donné qu'il existait en France et en Italie une mythologie du Nord bien avant que l'œuvre de Dagerman n'y fût introduite : nous réfléchirons sur le rôle qu'a joué le fait d'être un écrivain nordique pour sa réception. Nous allons donc, à cet effet, étudier de plus près ce Nord mythique.

La première étape de notre recherche consiste à définir l'horizon d'attente, « Erwartungshorizont » pour utiliser le terme de Hans Robert Jauss[9], de la France et de l'Italie : nous essaierons d'établir quelles étaient les représentations de la Suède ou du Nord (puisque les deux sont souvent mélangés) dans ces deux pays avant la publication de l'œuvre de Dagerman. Il existe de nombreuses études sur le mythe des écrivains, par exemple *Le Mythe de Rimbaud* (1968) dans lequel Étiemble rend compte du mythe qui s'est créé autour du poète français aussi bien en France qu'à l'étranger. Signalons qu'en France on a justement attribué l'épithète « Rimbaud du Nord » à Dagerman. Parmi les études de réception de littérature étrangère qui portent sur la création de l'image ou de la mythification des écrivains étrangers, citons aussi le cas de Thomas Bernhard en France, qui a été analysé par Ute Weinmann (2000) dans sa thèse de doctorat. Weinmann décrit l'image de l'écrivain autrichien et comment elle s'est modifiée suivant la popularité de son pays d'origine. Il en ressort que cette image est intimement liée et parfois même confondue avec les représentations du pays d'origine de l'écrivain. Louis Pinto, qui a

---

[9] Entre autres dans *Ästhetische Erfahrung und literarische Hermeneutik I* (1977).

étudié la réception de Nietzsche en France (1995), décrit comment Nietzsche, reçu d'abord comme un poète, a atteint le statut de philosophe. Cette étude est intéressante car elle arrive à un résultat surprenant, à savoir que Nietzsche n'est jamais vu en France comme un étranger.

Le corpus sur lequel se base notre étude de la réception de Stig Dagerman en France et en Italie comporte tous les articles de journaux et de revues que nous avons pu dénicher ainsi que les livres consacrés entièrement ou partiellement à l'auteur dans ces deux pays pendant la période qui fait l'objet de nos recherches : de 1955 à 2000. La méthode de travail a d'abord consisté à établir le corpus, c'est-à-dire à réunir les textes sur Dagerman, et ensuite à les étudier scrupuleusement afin d'en réaliser une analyse. Il a fallu lire très attentivement, et à plusieurs reprises, le corpus établi pour identifier les thèmes majeurs relevés par la critique. Cet examen minutieux a permis de distinguer l'essentiel des lectures faites par les critiques à partir des œuvres de Dagerman (thèmes les plus souvent abordés, formulations et structures qui reviennent fréquemment et ainsi de suite) et d'analyser ces données par la suite. Nous avons été grandement aidée par d'autres études sur la réception, en particulier celles de Joseph Jurt (1980), de Jacques Leenhardt (1982), d'Eva Ahlstedt (1985, 1994) et de Björn Larsson (1988). Chaque histoire de réception est différente. Jurt, par exemple, n'a pas appliqué le paradigme d'« horizon d'attente » à son corpus, qui comporte des comptes rendus des livres de Bernanos dans la presse française (1980, p. 314). Cependant, Jurt a établi un système pour catégoriser les critiques du point de vue sociologique et politique. À Larsson, de son côté, le système de Jurt n'est pas paru adéquat à son corpus, qui est aussi composé d'articles de la presse française, mais consacrés à un seul roman, *Les Mandarins* de Simone de Beauvoir (1988, p. 15). En revanche, il a développé une méthode pertinente pour analyser les corpus de réception, notamment en identifiant les « problèmes de lecture » (*ibid.*, p. 51) : il s'agit de trouver les questions sur lesquelles la critique n'est pas d'accord. Bien que cette méthode de travail nous ait inspirée, elle n'a pu être appliquée tout à fait à l'étude de la réception de Dagerman en France et en Italie, dans la mesure où les critiques sont en général plutôt d'accord entre eux. Par exemple, ils pensent quasiment tous que le suicide de Dagerman et sa nationalité sont des faits qui éclairent l'œuvre. En l'occurrence, nous avons donc estimé préférable de parler des *thèmes relevés* par la critique, en d'autres mots les sujets auxquels les critiques ont accordé de l'importance, et de montrer à quel point ils demeurent constants à travers les différentes réceptions de l'œuvre de Dagerman en France et en Italie.

Quant à l'établissement du corpus de la réception des œuvres dans les journaux et les revues, nous avons, dans certains cas, eu la chance qu'une maison d'édition nous ait ouvert ses archives de presse. Dans d'autres cas, la maison d'édition qui a publié un certain livre n'existe plus ou est trop modeste pour disposer d'archives. Nous avons eu accès aux archives de presse des éditeurs Actes sud, Gallimard et Maurice Nadeau, ainsi qu'aux archives du Centre Culturel Suédois à Paris, où se trouvent certains articles de presse concernant des écrivains suédois, certes, dans le cas de Dagerman, plutôt orientées sur le théâtre. La grande partie de notre travail a cependant consisté à dépouiller les microfilms de la Bibliothèque Nationale de France. Nous y avons recherché systématiquement des vestiges de la réception de tous les livres de Dagerman en France et en Italie. La démarche suivie a été de consulter d'abord les tables des périodiques – ce qui, malheureusement, n'a pas souvent donné de résultat – puis les bases de données des articles (disponibles dans les bibliothèques) ce qui n'a pas non plus permis de découvertes importantes. La méthode utilisée pour trouver les articles a donc consisté à décortiquer les revues et journaux page par page. Nous avons consulté les journaux et revues parus à partir de la date de publication du livre dont nous désirions étudier la réception. Souvent, il est indiqué dans les livres pendant quel trimestre de l'année ils ont été imprimés ; nous sommes donc partie du premier mois indiqué et avons cherché ensuite jusqu'à ce que nous trouvions éventuellement un article – heureux moment qui n'a pas toujours eu lieu. Nous avons dépouillé les publications s'étendant sur trois, six, douze ou encore davantage de mois, suivant la vraisemblance selon laquelle le journal en question aurait pu publier un compte rendu (par exemple s'il s'agit d'un journal qui publie beaucoup de critiques de la littérature étrangère, d'un journal qui a déjà rendu compte d'autres livres de Dagerman et ainsi de suite). Le nombre de journaux et de revues dépouillés a également varié en fonction de la plausibilité selon laquelle le livre en question aurait suscité de l'attention (ce qui dépend, entre autres, de l'importance de la maison d'édition dans laquelle il est sorti). Le travail du chercheur qui désire établir un corpus de réception pour un livre particulier est ardu, d'autant plus lorsqu'on est contraint de consulter des microfilms. Étant donné que la digitalisation est un phénomène assez récent (elle a surtout été réalisée en France, pour les journaux, à partir des années quatre-vingt-dix, et même à partir de l'an 2000), elle n'est pas d'un grand secours pour une étude qui prend son point de départ dans les années cinquante. En ce qui concerne l'établissement du corpus italien, cela a été bien plus facile. La plupart des publications ont été faites par une seule maison d'édition, Iperborea, laquelle nous a accueillie chaleureusement et nous a donné accès à ses archives de presse, qui sont d'ailleurs très complètes. Il nous faut donc admettre que, malgré l'effort investi dans l'établissement du corpus, nous ne pouvons prétendre avoir atteint à l'exhaustivité. (Pour une liste complète du corpus voir Bibliographie 9.2.)

La présente recherche est divisée en deux grands volets : l'étude française et l'étude italienne. Les deux études sont construites sur le même modèle. D'abord, lessous-chapitre 2.1 intitulé « La littérature scandinave en France » (ou « en Italie ») fournisse un arrière-plan sur la tradition de la littérature scandinave dans les pays en question, afin de mieux situer l'œuvre de Dagerman dans son contexte. Ensuite, dans « L'histoire du passage de l'œuvre de Dagerman » (sous-chapitre 2.2), nous donnons une vue d'ensemble de la publication et de la réception de l'œuvre de Dagerman dans le pays récepteur. Cette partie est destinée à donner une présentation, brève et chronologique, de la réception (les maisons d'édition, les traducteurs et la réaction de la critique journalistique). Dans le chapitre 3 commence l'analyse fouillée de la réception proprement dite. Devant la multiplicité des réceptions, nous avons choisi de n'en traiter qu'une de manière détaillée. Notre choix s'est porté sur la réception du roman *L'Enfant brûlé*, la première publication de Dagerman en France et aussi la plus importante (la seule à avoir fait l'objet d'un relativement grand nombre de comptes rendus). Le présent travail commence donc avec une analyse chronologique (l'étude de la première réception), suivie d'une analyse thématique de toutes les autres réceptions de l'œuvre de Dagerman en France (chapitre 4). L'image de l'écrivain suédois ne change pas durant les années 1950 à 2000, raison pour laquelle une analyse thématique s'est avérée plus pertinente pour l'ensemble des réceptions. Une analyse chronologique de chaque réception aurait pu donner lieu à des longueurs et à trop de redites fastidieuses. Pour l'étude italienne, nous suivons la même progression en commençant par une analyse détaillée de la réception de *Bambino bruciato*, qui se pose en miroir à l'étude française, et en enchaînant avec une analyse thématique des autres réceptions de l'œuvre en Italie. Cette démarche permet une comparaison plus spécifique entre les réceptions à l'intérieur des deux pays. Dans la conclusion (chapitre 5), nous essayons d'apporter, grâce aux questions soulevées au fil de l'analyse précédente, un nouvel éclairage sur le sujet avant de le clore, tout en ayant ouvert, dans la mesure du possible, de nouvelles perspectives de recherche.

1.2 Points de départ théoriques : comment penser l'interculturalité littéraire ?

Lorsque l'on réfléchit sur le phénomène de la lecture, on peut constater que la lecture de la littérature étrangère se distingue de celle de la littérature nationale. Les lecteurs qui abordent l'ouvrage d'un écrivain étranger se retrouvent en face d'une autre culture dont ils ne sont peut-être pas familiers. L'action du livre peut se dérouler dans un pays étranger ou simplement se référer à des phénomènes culturels qui n'ont pas d'équivalence dans la culture du lecteur. C'est un problème de traduction : si le livre est écrit dans une langue étrangère, le lecteur a en général accès à une version traduite. Un grand nombre de paramètres n'intervenant pas dans la lecture de la littérature nationale peuvent ainsi interférer dans la lecture d'une œuvre étrangère. L'un des plus importants, et celui que nous souhaitons éclairer avec cette thèse, est le fait que la lecture de la littérature étrangère peut être influencée par les représentations que les lecteurs se font du pays d'origine du livre et de l'auteur : la lecture d'un écrivain étranger fait ainsi l'objet, dans certains cas, de projections des stéréotypes nationaux.

Cette thèse s'inspire de la sociologie de la lecture et plus particulièrement de l'esthétique de la réception ; pour cette raison il est important de rendre compte des théories pertinentes pour ce genre d'études. Nous allons également parler des théories relatives à l'interculturalité littéraire (entre autres celles qui sont relatives à la traductologie), car le sujet relève dans une certaine mesure de l'interaction interculturelle. Les études de réception ont une longue histoire, même si la terminologie a varié. Au départ il s'agissait de raconter "la fortune" ou "l'influence" de tel écrivain ou de telle œuvre. C'est Hans Robert Jauss qui utilisa la notion de 'réception'[10] et a fait beaucoup pour orienter les recherches esthétiques vers la réception. Aujourd'hui, l'esthétique de la réception se voit confrontée à de nouveaux enjeux : en particulier l'aspect interculturel de la littérature. La littérature s'est montré un domaine propice à l'étude de la rencontre et des échanges entre les langues et les cultures, puisqu'elle est porteuse justement des deux. La réception de la littérature étrangère, dans sa double qualité qui lui permet de révéler non seulement les rapports entre société et littérature, mais aussi les rapports existant entre différents pays, est donc également un objet d'étude adéquat pour examiner l'interaction interculturelle.

Avec l'intensification des échanges internationaux, il semble important de définir la fonction et le statut de la littérature étrangère[11]. Ce sont en grande partie les idées développées par

---

[10] En réalité, il utilise le mot « rezeption » en allemand qui n'est pas exactement la même chose que « réception » mais qui intègre aussi un sens de plus d'activité, comme de nombreux chercheurs l'ont fait remarquer, entre autres Chevrel, Y. (1995, p. 85).
[11] Sans entrer dans les discussions de globalisation et de mondialisation – et ses raisons d'être ou pas, si nous nous limitons à l'Europe, constatons que le projet européen se construit et s'élargit davantage et que ceci s'accompagne par un

l'école de Constance qui permettent aujourd'hui de réfléchir sur l'interculturalité littéraire. Cette école initia, avec Jauss et Wolfgang Iser, l'esthétique de la réception pendant les années soixante-dix et quatre-vingt en Allemagne : leur contribution principale à la théorie littéraire consiste à reporter l'intérêt sur le lecteur et sur l'effet que la littérature peut avoir sur le lecteur. C'est « la fonction communicative de l'art », comme l'écrit Starobinski dans sa préface souvent citée[12], qui est au centre de l'esthétique de la réception. Il s'agirait donc des rapports entre l'art et la société, qui vont dans les deux sens et s'affectent mutuellement, dans une interaction constante[13].

Une notion clef pour les théories de la réception est la notion de « lecteur implicite » proposée par Wolfgang Iser[14], c'est-à-dire l'idée que le lecteur n'est pas seulement un destinataire imaginé par l'auteur mais qu'il est aussi inscrit dans l'œuvre elle-même. Joseph Jurt, autre chercheur fondateur des études de la réception, s'intéresse lui au lecteur *réel*, à savoir le critique journalistique. Pour notre part, nous suivrons l'initiative de Jurt qui analyse la critique des journalistes afin de comprendre la réception d'un écrivain particulier. Le fait d'étudier des comptes rendus ne donne certes pas une réponse exhaustive à la question de savoir ce que la totalité des lecteurs a pensé d'une œuvre littéraire donnée. Notre ambition est pourtant de présenter une réponse aussi complète que possible, dans la mesure où nous tenterons de réunir et d'analyser tout ce qui a été écrit sur l'auteur qui est l'objet de notre étude, ceci en établissant la réception faite par un ensemble de lecteurs professionnels : les critiques.

---

besoin croissant de comprendre et d'évaluer les échanges, non seulement politiques et économiques, mais aussi sociaux et culturels.
[12] Dans *Pour une esthétique de la réception*, Jauss, 2001 [1978].
[13] Jauss écrit : « Une histoire de la littérature ou de l'art fondée sur l'esthétique de la réception présuppose que soit reconnu ce caractère partiel, cette « autonomie relative » de l'art ; c'est pourquoi précisément elle peut contribuer à faire comprendre le rapport dialectique (*Interaktion*) entre l'art et la société – en d'autres termes : le rapport entre production, consommation et communication à l'intérieur de la praxis historique globale dont elles sont des éléments. » (2001 (1978), p. 268)
[14] *Cf. Der Implizite Leser* (1972), *L'Acte de lecture, théorie de l'effet esthétique* (1976)

Lors du colloque d'Innsbruck en 1979, qui a eu un grand impact sur le développement d'une esthétique de la réception, Jauss expliqua son but : « […] l'esthétique de la réception restitue son droit au rôle actif qui revient au lecteur dans la concrétisation successive du sens des œuvres à travers l'histoire » (1980, pp 15-16). Cette « concrétisation du sens » s'est révélée être un paradigme clef dans ce domaine. Il s'agit *grosso modo* de l'idée qu'une œuvre littéraire n'est pas accomplie avant d'être lue. Dans le développement de cette idée, Iser a été très influencé par le phénoménologue polonais Roman Ingarden, ce dernier ayant consacré dès 1930 un chapitre à « la "vie" de l'œuvre littéraire »[15] où il parle de la « concrétisation » de l'œuvre[16]. Iser traduit le terme concrétisé (« konkretisiert ») en anglais par *realized* :

> If this is so, then the literary work has two poles, which we might call the artistic and the aesthetic : the artistic refers to the text created by the author, and the aesthetic to the realization accomplished by the reader. (Iser, 1972, p. 279)

Durant la même époque, un chercheur d'Allemagne de l'Est, Manfred Naumann, avait des idées similaires à propos de la lecture lorsqu'il constatait qu' « un produit n'est achevé » que par la consommation. Il choisit pour sa part le terme « vollendet »[17]. En Italie, Umberto Eco s'est sans doute inspiré des penseurs cités ci-dessus lorsqu'il développe la notion d'« actualisation » dans son ouvrage sur le rôle du lecteur, *Lector in Fabula* (1979). Il y écrit : « Un testo, quale appare nella sua superficie (o manifestazione) linguistica, rappresenta una catena di artifici espressivi che debbono essere attualizzati dal destinatario. » (p.

---

[15] C'est bien cela, d'ailleurs, la réception : une histoire qui raconte la vie d'une œuvre littéraire.
[16] « Ces concrétisations sont précisément ce qui se constitue pendant une lecture et [ce] qui forme pour ainsi dire un mode d'apparaître de l'œuvre dans la concrétisation, dans laquelle nous saisissons l'œuvre elle-même. » (pp. 281-282 N.B. L'agent entre crochets est du traducteur.).
[17] « Die Konsumtion vollzieht erst den Akt der Produktion, indem sie das Produkt als Produkt vollendet, indem sie es auflöst, die selbständig sachliche Form an ihm verzehrt ; indem sie die in dem ersten Akt der Produktion entwickelte Anlage durch das Bedürfnis der Wiederholung zur Fertigung steigert ; sie ist also nicht nur der abschließende Akt, wodurch das Produkt Produkt, sondern auch, wodurch der Produzent Produzent wird. » (1973, p. 19)

50)[18]. Il revient donc au lecteur de réaliser, ou d'actualiser comme le dit Eco, le texte littéraire et de l'accomplir en lui donnant du sens. Eco et Iser ont tous les deux réfléchi autour d'une 'encyclopédie du lecteur', c'est-à-dire qu'ils supposent que le lecteur est doté d'une encyclopédie de connaissances qu'il utilise pour donner du sens au texte littéraire et le comprendre. Cette encyclopédie n'est pas toujours la même que celle de l'écrivain, surtout lorsqu'il s'agit d'un écrivain étranger et que le lecteur se trouve dans un autre contexte culturel. Les éventuelles lacunes culturelles du lecteur peuvent alors affecter sa lecture et sa compréhension du texte.

La lecture en tant qu'activité attire donc la curiosité des chercheurs depuis relativement peu de temps. La sociologie de la littérature s'est développée pendant le siècle dernier, surtout durant la deuxième partie. En France, la publication en 1958 de *Sociologie de la littérature* de Robert Escarpit joua un rôle important. Mais ce n'est qu'en 1982 que les jalons d'une sociologie de la lecture furent vraiment posés avec la publication de *Lire la lecture. Essai de sociologie de la lecture* de Jacques Leenhardt et Pierre József[19]. Les auteurs y effectuent d'emblée une enquête auprès des lecteurs, qui sont ici des lecteurs réels, de deux nationalités différentes, ayant lu les deux mêmes livres. Leenhardt et József ont ainsi réalisé une étude du phénomène de la lecture à travers une véritable démarche sociologique. En 1989, Leenhardt, en collaboration avec Martine Burgos et Brigitte Navelet-Noualhier, renouvela cette problématique en posant la question, toujours actuelle : *Existe-t-il un lecteur européen ?* dans l'étude qui porte le même nom. Joseph Jurt, pour sa part, a ouvert la porte à une sociologie de la réception dans son étude sur la réception journalistique de Bernanos en 1980 [20].

---

[18] *Cf.* la traduction française de 1985 : « Un texte, tel qu'il apparaît dans sa surface (ou manifestation) linguistique, représente une chaîne d'artifices expressifs qui doivent être actualisés par le destinataire. » (p. 61)
[19] Pour l'histoire de la sociologie de la lecture voir « Notice historique sur le développement de la sociologie de la lecture » (in Leenhardt et József, 1999, pp. 17-26).
[20] « Notre projet semble ainsi relever, à première vue, de l'esthétique de la réception, un des paradigmes scientifiques les plus discutés, ces dernières années,

La réception de la littérature étrangère fait partie de la circulation internationale des idées. Pierre Bourdieu a donné en 1989 à l'université de Fribourg une conférence portant sur « Les conditions sociales de la circulation internationales des idées »[21]. Trois ans plus tard, il publia *Les règles de l'art*, qui transmit aux sciences humaines certaines perspectives des sciences sociales et notamment la notion de « champ »[22]. S'inspirant de ces théories, Pascale Casanova soutient dans son ouvrage *La République mondiale des Lettres* (1999) qu'il existe un champ littéraire international : un « espace littéraire mondial » (p. 119) comprenant des littératures dominantes et dominées, des centres et des périphéries et son propre système de classement et de hiérarchies. Casanova s'intéresse particulièrement à la consécration des écrivains ; pourquoi certains écrivains ont-ils du succès et quels sont les mécanismes qui se cachent derrière les succès littéraires internationaux ? Elle utilise la théorie du champ littéraire pour enquêter sur le renom international des écrivains et

---

surtout en Allemagne. Or, l'esthétique de la réception, en particulier l'école de Constance, est informée par un intérêt primordialement herméneutique ; elle accorde la priorité au « lecteur implicite » et s'attache à dégager de préférence les appels aux lecteurs dans les textes. Notre propos est différent ; nous cherchons à étudier le processus de la réception effective d'une œuvre par un groupe spécifique de lecteurs – les critiques littéraires – ainsi que les conditionnements socio-idéologiques de ce processus. Notre recherche ressort donc plutôt à la sociologie de la littérature ; celle-ci, notamment en France, ne s'est pas particulièrement intéressée aux problèmes de la réception, s'articulant davantage comme sociologie de la création. La tâche que nous nous sommes assignée par notre recherche n'était pas de donner une simple description de l'accueil que l'œuvre de Bernanos a trouvé dans la presse française. Notre ambition était d'apporter une contribution à la mise en place d'une *sociologie de la réception.* » (p. 9)
[21] In *Rom mistische Zeitschrift für Literaturgeschichte*, 1990, 1-2 (pp. 1-10). Republié dans *Actes de la Recherche en Sciences Sociales*, 2002, décembre, n° 145 (pp. 3-8).
[22] Dans un numéro d'*Actes de la Recherche en Sciences Sociales* intitulé « Le champ littéraire » (sept. 1991), Bourdieu écrit dans un article portant le même titre : « Le champ littéraire est un champ de forces agissant sur tous ceux qui y entrent, et de manière différentielle selon la position qu'ils y occupent (soit, pour prendre des points très éloignés, celle d'auteur de pièces à succès ou celle de poète d'avant-garde), en même temps qu'un champ de luttes de concurrence qui tendent à conserver ou à transformer ce champ de forces. » (pp. 4-5)

pour répondre à des questions du genre « Comment un panthéon (national ou international) se constitue-t-il, comment une consécration littéraire s'ordonne-t-elle ? » (Casanova, 2002, p. 63-64). Casanova a, entre autres, analysé la façon dont Ibsen – qui venait d'un petit pays situé à l'extrémité de l'Europe et qui écrivait en norvégien, une langue inaccessible à la plupart des Européens – a réussi à devenir en quelques années l'un des dramaturges les plus reconnus sur le continent européen. Bien entendu, cela n'aurait pu se produire sans la traduction. L'une des conclusions de Casanova est que l'auteur est « une construction collective » : elle écrit à propos d'Ibsen :

> La multiplicité et l'internationalité des moyens utilisés pour transformer des pièces de théâtre inconnues rédigées dans une langue inaccessible, en œuvre universelle universellement reconnue, démontre au moins que l'auteur, loin d'être une essence singulière historiquement inatteignable, est d'abord une construction collective que l'histoire peut décrire et comprendre. (Casanova, 2002, p. 65)

Comment aborder ce que Casanova appelle l'espace littéraire mondial ? Au-delà de la théorie du champ, il existe une approche novatrice qui consiste à concevoir l'interculturalité littéraire d'un point de vue géographique. Franco Moretti a même écrit (et peint) un atlas littéraire : *Atlante del romanzo europeo 1800-1900*. Il explique, à propos du titre de son ouvrage :

> Un atlante del romanzo. Dietro questo titolo, c'è un'idea molto semplice: che la geografia sia un aspetto decisivo dello sviluppo e dell'invenzione letteraria: una forza attiva, concreta, che lascia le sue tracce sui testi, sugli intrecci, sui sistemi di aspettative. E dunque, mettere in rapporto geografia e letteratura – cioè, *fare una carta geografica della letteratura*: poiché una carta è appunto un *rapporto*, tra un dato spazio e un dato fenomeno – è cosa che porterà alla luce degli aspetti del campo letterario che fin qui ci sono rimasti nascosti. (Moretti, 1997, p. 5)

Selon Moretti, il faut donc prendre en compte la géographie lorsqu'on étudie les œuvres littéraires, puisqu'elle est « une force active » de la littérature – aussi bien en ce qui concerne sa création que pour sa consommation, c'est-à-dire l'écriture et la lecture (en d'autres mots la réception).

Dans ce contexte, mentionnons aussi en passant Itamar Even-Zohar et ses théories sur le poly-système (1990) élaborées à partir de ses travaux sur la traduction et plus particulièrement sa réflexion sur la situation de la littérature traduite. On ne peut en effet parler de la circulation internationale des livres sans aborder les problèmes de la traduction. Sans entrer dans les détails linguistiques et stylistiques de cette pratique, on peut étudier la traduction dans une perspective d'ensemble – pour esquisser la vie d'une œuvre littéraire, son itinéraire de pays en pays. C'est bien là que se situe la recherche sur la réception de la littérature étrangère. Dans l'ouvrage *Traduire l'Europe*, Évelyne Pisier écrit à ce propos :

> On traduit de plus en plus. Et c'est en Europe qu'on traduit le plus. La vitalité de la traduction est une marque à la fois de notre époque et de notre espace géoculturel. C'est également une tradition ancienne qui, depuis l'Antiquité, a contribué à forger la culture de l'Europe, tant dans ses domaines les plus élitaires que dans ses manifestations de masse. (Pisier, 1992, p. 15)

Cela nous amène au développement ayant eu lieu ces dernières décennies au sein de l'école de traductologie, ou Translations Studies[23]. On distingue en général entre langues et cultures « source » et langues et cultures « cible » (target). La perspective des théoriciens de cette école a varié : certains se placent du côté de la source, d'autres de la cible (dans ce dernier cas le texte traduit est considéré comme faisant partie de la culture d'arrivée). D'autres s'intéressent surtout à l'espace culturel (cultural space) entre les deux. L'un des représentants principaux de cette position est Anthony Pym qui, à de nombreuses reprises, a réfléchi autour de l'interculturalité littéraire. Selon Pym, la traduction a un intérêt intrinsèque qui va au-delà des discussions purement linguistiques :

> Although frequently sidelined as a technical problem of interest only to linguists, the activity of translators should be a privileged field for study of how cultures interrelate. The simple fact of translation presupposes contact between at least two cultures, and

---

[23] Pour un survol historique des Translation Studies voir par exemple « Puntos de partida teóricos sobre la traducción » in Alvstad, 2005, *La traducción como mediación editorial* (pp. 22-48) et *Translation Studies* par Susan Bassnett (1980).

does so in relation to language use, the social activity that perhaps most effectively and insidiously weaves relations of cultural identity. To look at translation is immediately to be engaged in issues of how cultures interrelate. (Pym, 2000, p. 2)

En ce qui concerne l'interculturalité littéraire, Pym insiste sur la pertinence de la traduction pour étudier les relations entre les cultures[24]. Dans une autre étude, Pym constate le manque de démarches et surtout d'« outils » à disposition pour penser l'interculturalité dans le domaine de la littérature :

> Comment se fait-il que nos disciplines actuelles – et nous sommes bien là, entre le comparatisme et la sociologie – nous fournissent si peu d'outils conceptuels pour parler de l'internationalité littéraire ? (Pym, 1988, p. 6)

Cependant, il semble important, pour ne pas dire nécessaire, de nos jours, d'étudier l'aspect interculturel de la littérature dans un monde où les contacts et les échanges interculturels s'intensifient. L'anthologie *The Translatability of Cultures* (Iser (réd.), 1996) réunit, comme son titre le laisse bien entendre, un certain nombre d'études sur les problématiques immanentes de la traduction des cultures ou du *culturel*. Iser y affirme qu'il s'agit en quelque sorte de problèmes nouveaux, auxquels les chercheurs n'étaient pas confrontés avant ou dont ils n'étaient pas conscients :

> Why has translatability of cultures become an issue? As long as the interconnection of traditions – whether in terms of receiving an inheritance or of recasting a heritage – was taken for granted, the relationship of cultures did not pose a problem. (Iser, 1996, p. 245)

C'est surtout ces dernières années que l'on a commencé à se poser des questions à propos de l'aspect interculturel de la littérature. L'actualité du sujet se manifeste entre autres par le choix qu'a fait la revue *Actes de la Recherche en Sciences Sociales* d'y consacrer, en 2002, deux numéros, « Traduction : les

---

[24] A propos des questions concernant les livres traduits et leurs déplacements, citons par exemple les ouvrages de Pym *Translation and Text Transfer. An Essay on the Principles of Intercultural Communication* (1992) et *The Moving Text. Localization, Translation, and Distribution* (2004) qui traitent des sujets liés à la circulation, la localisation et la distribution des textes traduits.

échanges littéraires internationaux » et « La circulation internationale des idées ». L'un des pionniers dans ce domaine est pourtant Daniel Henri Pageaux qui s'est posé ces questions dès 1983 dans un article intitulé « La réception des œuvres étrangères. Réception littéraire ou représentation culturelle ? ». Terminons ce sous-chapitre par une citation de Pageaux que nous estimons digne d'une nouvelle attention de la part des chercheurs du nouveau millénaire :

> La réception critique d'œuvres étrangères ne peut pleinement se comprendre que dans le cadre d'une étude consacrée aux systèmes de représentations de l'étranger qui sont accrédités, à un moment historique donné, dans une culture considérée comme réceptrice. C'est donc par l'étude de l'image de l'étranger, ou mieux des images de l'étranger que l'on pourra comprendre comment s'énonce le discours critique sur la littérature étrangère et quelles fonctions ce discours peut avoir dans une culture. (p. 21)

Selon Pageaux il est donc essentiel de situer une étude de réception de littérature étrangère par rapport à l'horizon d'attente des récepteurs à l'égard de la culture origine dont l'œuvre littéraire est ressortissante. C'est ce que nous tenterons de faire surtout dans le chapitre sur « La littérature scandinave en France » (chapitre 2.1) afin de décrire comment la littérature nordique et le Nord sont présentés dans des ouvrages relatifs à ces sujets.

1.3 RECHERCHES ANTÉRIEURES

Dagerman est un écrivain qui a retenu l'attention des chercheurs, principalement en Suède mais aussi dans les pays francophones. Dans ce sous-chapitre, nous allons d'abord traiter de la recherche sur Dagerman effectuée dans son pays d'origine, pour passer ensuite aux recherches provenant de France et d'Italie, les pays traités dans cette étude. Nous allons également évoquer les recherches moins nombreuses consacrées à Dagerman dans d'autres pays, à savoir en Allemagne, aux Pays-Bas et dans le monde anglo-saxon. Dans ce dernier cas nous nous baserons presque entièrement sur les articles publiés dans l'anthologie *Stig Dagerman et l'Europe* (1998). L'éditeur de cette anthologie, Georges Périlleux, écrit à propos des quatre articles qui traitent de la réception de Dagerman dans différents pays européens :

Lorsque l'on compare le choix des éditeurs de mentalité et de culture différentes, les époques auxquelles les traductions sont publiées dans les différents pays et les types de critique qu'elles suscitent, on perçoit d'emblée le rôle éminent du destinataire – récepteur dans l'appréciation et l'interprétation de Dagerman. Mais la diversité de réceptions témoigne avant tout de la polysémie d'une œuvre dont la richesse symbolique fait l'universalité et la grandeur. (1993, p. 154)

L'un des articles mentionnés par Périlleux traite de la réception de Stig Dagerman dans les pays francophones. C'est Philippe Bouquet, traducteur et professeur honoraire, qui est l'auteur de cette étude correspondant dans ses grandes lignes au sujet de notre thèse, et auquel nous aurons l'occasion de revenir tout à l'heure.

Il existe très peu de recherches sur la réception de la littérature nordique en France et en Italie. À notre connaissance, aucun ouvrage n'a été consacré à la réception de la littérature nordique en Italie, et, quant à la France, il semble que ce soit surtout August Strindberg qui ait retenu l'attention des chercheurs. Deux thèses de doctorat, l'une publiée en France et l'autre en Suède, traitent de la réception de Strindberg en France : *August Strindberg – sa modernité sa réception en France* (1990) d'André Matthieu et *Cette fameuse* Sonate des spectres... *Une pièce de chambre d'August Strindberg en France : traduction et réception* (1999) de Karin Tidström. La recherche de Tidström est consacrée à une pièce particulière de Strindberg, et l'appui théorique est plutôt orienté vers l'école de traductologie (Translation Studies) que vers l'école de Constance et l'esthétique de la réception (voir 1.3 ci-dessous). Signalons aussi à ce propos l'anthologie *Strindberg et la France* (1994) éditée par Gunnel Engwall, titulaire de la chaire de langues romanes de l'université de Stockholm, et qui comprend certaines études sur la réception de Strindberg en France[25], ainsi qu'un article d'Engwall (2000), auquel nous aurons l'occasion de revenir, sur Strindberg et son introducteur français Georges Loiseau, les introducteurs occupant souvent une fonction clef dans les réceptions littéraires.

---

[25] Notamment l'article d'Ahlstedt sur l'accueil des *Mariées* de Strindberg. Voir aussi Ahlstedt 1988.

Si les études sur la réception de la littérature nordique en France semblent peu nombreuses[26], il existe néanmoins un ouvrage tout à fait utile pour ceux qui désirent entreprendre des recherches de ce domaine, à savoir *Lettres nordiques en traduction française 1720-1995 : Danemark, Finlande, Islande, Norvège, Suède* (1995). C'est Denis Ballu qui a établi cette liste de toutes les traductions nordiques publiées en français.

1.3.1 Dagerman en Suède

En ce qui concerne les recherches existant sur Dagerman en Suède, à la fois les études s'adressant à des universitaires et les livres destinés au grand public, elles sont considérables. Le livre le plus important et le plus souvent cité est sans doute la biographie d'Olof Lagercrantz. Pour plusieurs critiques, cette biographie a selon toute apparence une fonction clef comme une sorte de décodeur de l'œuvre ainsi que de la personnalité de Dagerman. Écrite très tôt, en 1958 déjà, peu après la mort de l'écrivain, la biographie est marquée par l'amitié que Lagercrantz avait pour Dagerman, mais aussi par le suicide de ce dernier. Dans sa réédition de 1985, Lagercrantz commente cela et explique combien sa lecture de l'époque a été influencée par le fait que l'auteur ait mis fin à ses jours : « Je lisais Dagerman comme un roman policier mais à l'envers. Il s'agissait de prouver que la fin était inévitable. »[27]

Cette biographie contient également quelques textes inédits de Dagerman, par exemple « Stig Dagerman, diktaren och människan » ('Stig Dagerman l'écrivain et l'homme'). Lagercrantz qualifie ce texte de quelque peu superficiel et obscur mais affirme qu'il a tout de même un grand intérêt[28]. Il est intéressant de noter que ce texte, qui fut par la suite traduit en

---

[26] Signalons toutefois les contributions toutes récentes de Elisabeth Tegelberg sur le succès du polar suédois en France, en particulier sur Henning Mankell (2007) et Stieg Larsson (2008).
[27] « Jag läste Dagerman som en detektivroman men baklänges. Det gällde att bevisa att slutet var oundvikligt. » (p. 247)
[28] « [Utkastet] tar enligt min mening ej några djupare spadtag och är ej fritt från rökridåer men inte dess mindre måste det anses ha ett betydande intresse. Det återges därför i sin helhet. », (p. 232).

français[29], a été bien accueilli en France. C'est encore un exemple du curieux phénomène que nous avons déjà signalé, c'est-à-dire le fait qu'après avoir découvert en France cet écrivain étranger venant d'un petit pays – mort si jeune, et par conséquent auteur d'une production littéraire assez réduite – on l'apprécie autant. Mais comme nous venons de le signaler, ce phénomène s'est produit après sa mort. Même le petit texte, inédit en Suède pendant la vie de l'auteur et publié ensuite avec un certain scepticisme n'a pas manqué d'être applaudi par les admirateurs français de Dagerman. Le livre de Lagercrantz n'a été traduit ni en français, ni en italien. Une nouvelle biographie sur Dagerman est en revanche parue en français. Nous pensons bien entendu à l'ouvrage d'Ueberschlag. Certains passages de la biographie de Lagercrantz ont toutefois été traduits dans un article sur lequel nous aurons l'occasion de revenir plus loin, « Stig Dagerman, enfant brûlé », de Philippe Bouquet, publié d'abord dans *Plein Chant* (1986), puis dans la revue *Contretemps*[30]. Il est donc possible que des critiques francophones aient eu l'occasion de lire ces passages et qu'ils en aient retiré quelque inspiration. Mais si cette biographie n'a jamais été publiée en France ou en Italie, on a pourtant choisi de traduire en français le roman de Björn Ranelid *Mitt namn skall vara Stig Dagerman* (1993), sorti en 1995 chez Albin Michel sous le titre *Mon nom sera Stig Dagerman*. Ce livre – qui est présenté comme un roman – prétend être une sorte de biographie de Dagerman et parfois même une sorte de journal intime. L'auteur y mélange faits réels et fiction, ce qui peut dérouter un lecteur cherchant des informations sur Dagerman et n'ayant pas la possibilité de vérifier la contrôler de ces faits, ce qui, de toute évidence n'est jamais simple. En effet, c'est un roman, le livre ne comporte ni références, ni bibliographie.

Comme nous l'avons dit plus haut, il existe en Suède plusieurs livres sur Dagerman et son œuvre. Certains ont été écrits par Hans Sandberg, dont le premier ouvrage consacré à l'auteur date de 1975, *Stig Dagerman – författare och journalist* ('Stig Dagerman

---

[29] Publié pour la première fois dans *Plein Chant* 31/32, août/ octobre 1986.
[30] N° 12, 2003, également publié sur Internet:
http://plusloin.org/acontretemps/n12/AC12DagermanEnfantbrule.pdf

– écrivain et journaliste'). Il s'agit d'une bibliographie qui réunit toutes les références aux textes de Dagerman, ainsi que les articles traitant de son œuvre dans la presse suédoise à cette date. Dans son deuxième livre, *Den politiske Stig Dagerman. Tre studier* ('Stig Dagerman, le politique. Trois études'), publié en 1979, Sandberg effectue une lecture politique de l'œuvre de Dagerman. Selon Sandberg, son roman *Le Serpent* serait un roman anarchiste et *L'Île des condamnés* « un roman d'idées politiques ». Il trouve toutefois que le message politique véhiculé par *Le Serpent* semble quelque peu 'collé sur le livre' et pas toujours convaincant, alors qu'il estime que *L'Île des condamnés* est un roman politique solidement construit. Une autre analyse d'un texte dagermanien paraît dans un livre écrit par trois auteurs, Ljung, Hansen & Dahl. Il s'agit de *Ångestens hemliga förgreningar* ('Les ramifications secrètes de l'angoisse'), publié en 1984. Les auteurs y analysent principalement le recueil de nouvelles *Nattens lekar* (*Les Jeux de la nuit*). Ils s'intéressent entre autres au contenu politique, et proposent une lecture de l'ouvrage à partir du concept de l'angoisse de Kierkegaard (le mot danois est « angst »).

Le psychanalyste suédois Johan Cullberg est l'auteur d'un livre traitant des pannes d'inspiration de Dagerman et de Strindberg : *Skaparkriser. Strindbergs inferno och Dagermans* ('Les crises de la création. L'inferno de Strindberg et celui de Dagerman', 1992). Il y soumet les deux écrivains à une sorte de psychanalyse posthume à partir des textes aussi bien littéraires que privés (notes, journaux intimes et ainsi de suite). Nous aurons l'occasion de revenir sur cet ouvrage.

Pour les thèses de doctorat suédoises, elles sont consacrées à différents aspects de l'œuvre de Dagerman. À notre connaissance, la première fut soutenue en 1986, et la dernière en 2002. Les années quatre-vingt correspondent à la période d'activité la plus intense pour les recherches sur Dagerman : sur les cinq thèses existantes, trois parurent pendant cette décennie. Signalons d'abord une étude sur l'aspect cinématographique de l'œuvre littéraire de Dagerman. Gösta Werner montre dans *De grymma skuggorna* (1986 ; 'Les ombres cruelles') les relations qu'entretient l'écriture de Dagerman avec le septième art. Werner est aussi metteur en scène et c'est lui qui a réalisé le film *Tuer un enfant* à partir du texte de Dagerman portant ce même titre. Le titre de cette thèse fait référence aux démons qui tourmentaient Dagerman : le manque de confiance en soi, la peur d'échouer, la peur de la vie. De la même année, 1986, date une autre thèse qui aborde la thématique existentielle de l'œuvre de Dagerman, *Begärets irrvägar* ('Les égarements du désir') de Kerstin Laitinen. L'auteur analyse surtout trois questions existentielles chez Dagerman : la question de l'angoisse, celle de l'amour et celle de la mort. L'étude porte également une attention particulière à la symbolique de la mère, et notamment à la symbiose maternelle dans l'œuvre dagermanienne. En 1989, Karin Palmkvist soutient une thèse sur Dagerman journaliste dont le titre est *Diktaren i verkligheten* ('Le poète dans la réalité'). Elle analyse aussi bien les textes journalistiques de Dagerman (environ 570 articles, notes et esquisses) que les rapports ambivalents qu'il avait avec son métier de journaliste. La thèse de Claes Ahlund, *Fallets lag och jagets stjärna* (1998) ('La loi de la chute et l'étoile du moi') analyse en profondeur différents ouvrages de Dagerman. Ahlund s'inspire principalement dans ses analyses des textes de la critique thématique de Jean-Pierre Richard. Parmi les thèmes qu'il a identifiés et examinés dans l'œuvre de Dagerman se trouvent par exemple le mouvement de la chute, la rencontre interrompue et l'interaction entre le conscient et l'inconscient. Enfin, Lotta Lotass a soutenu en 2002 une thèse intitulée *Friheten meddelad* ('Fairepart de liberté'), dans laquelle elle conclut que le mot clef de l'œuvre de Dagerman est le mot « liberté » et que le but de sa production littéraire est en quelque sorte de libérer le lecteur. Contrairement à Ljung qui prétendait en 1984 que les textes de Dagerman avaient pour effet d'enfermer plutôt que de libérer[31]. Mais la thèse de Lotass signifie aussi une approche nouvelle pour les recherches sur Dagerman. Selon elle, les chercheurs auraient trop longtemps été alourdis et aveuglés par le suicide de l'auteur, ce qui aurait entraîné une lecture trop centrée sur l'angoisse de la part des critiques aussi bien universitaires que journalistiques. La

---

[31] « För flera av Dagermans texter gäller snarare att de fångar än befriar. » (Ljung 1984, p. 44)

thèse de Lotass est aussi le seul ouvrage à prendre en compte la réception. Elle décrit et analyse la manière dont le roman *Bröllopsbesvär* (*Ennuis de noce*) a été reçu par la critique suédoise lors de sa publication en 1949. Citons finalement un article, écrit en français, qui traite de la réception de Dagerman en Suède, dans la mesure où il rend compte de la façon dont Dagerman a été présenté dans les manuels scolaires de l'histoire de la littérature suédoise. Il est signé Bodil Sommer : « Stig Dagerman dans les histoires de la littérature suédoise entre 1952 et 1989 » (réd. Périlleux, 1998). Elle y affirme que le nom de Dagerman apparaît dans un manuel scolaire pour la première fois en 1987, ce qu'elle explique par le désintérêt qui régna longtemps en Suède envers la littérature de l'immédiat après-guerre.

Le fait que les œuvres complètes de Dagerman aient été publiées en Suède entre 1982 et 1983 par Hans Sandberg révèle un intérêt renouvelé pour Dagerman dans son pays, lié sans doute à l'intérêt qu'on a pu manifester pour lui dans d'autres pays et notamment en France. Dans les nouvelles éditions des principaux livres de Dagerman, Hans Sandberg a aussi écrit des postfaces ou des « Commentaires », qui traitent principalement de la réception de ces livres par la critique suédoise contemporaine. On y apprend que *Bränt barn* est le livre ayant reçu le plus d'attention de la part de la presse (comme ce fut aussi le cas en France). Environ 70 articles furent publiés en Suède lors de la publication du roman. C'est aussi Sandberg qui a publié et commenté en 2002 un choix des lettres privées de Dagerman. En lisant ces lettres, on est frappé par la joie et l'énergie exprimées par Dagerman, ce qui s'accorde mal avec l'image de lui qu'on a d'habitude, celle d'un homme perpétuellement angoissé et déprimé.

1.3.2 Dagerman en France et en Belgique

Il est important de souligner qu'il y a plusieurs études scientifiques sur Stig Dagerman dans les pays francophones, tandis que ce n'est pas le cas dans d'autres zones linguistiques en dehors de la Suède (l'ouvrage sur Dagerman en anglais par Laurie Thompson fait exception). Cela représente encore un fait qui témoigne de l'intérêt particulier existant pour Dagerman en France[32].

L'un des événements les plus importants ayant contribué au succès de Dagerman en France est la publication en 1986 par Plein Chant d'un ouvrage intitulé *Stig Dagerman : dossier / réuni & présenté par Philippe Bouquet ; inédits, études et témoignages*. Ce livre rassemble des textes *sur* Dagerman écrits par onze auteurs différents et des textes *de* Dagerman. Ces derniers sont surtout des essais (« L'écrivain et la conscience » et bien d'autres), mais aussi des textes journalistiques et poétiques (par exemple « La dictature du chagrin » et « L'homme qui va bientôt mourir »). Quant aux textes sur Dagerman, certains sont à caractère biographique, d'autres sont des analyses de textes. Parmi les auteurs se trouvent le traducteur Carl-Gustaf Bjurström, les universitaires Georges Périlleux et Gösta Werner, le biographe Olof Lagercrantz et l'écrivain Klas Östergren. Cette publication – tout en témoignant d'un grand intérêt pour Dagerman en France – a également joué un rôle important dans la promotion de l'écrivain suédois dans les pays francophones.

Il existe une biographie de Dagerman en français que nous avons déjà signalée, *Stig Dagerman ou l'innocence préservée. Une biographie*. L'auteur de cette biographie ambitieuse (elle comporte 300 pages) est donc Georges Ueberschlag, et elle fut publiée en 1996 par la maison d'édition nantaise L'Élan, un éditeur spécialisé dans la littérature nordique comme son nom le laisse entendre. Qu'une maison d'édition française ait choisi de faire paraître la biographie d'un écrivain suédois est déjà en soi remarquable. La biographie d'Ueberschlag est en effet l'une des rares biographies écrites en français sur un écrivain nordique. L'ouvrage explique l'évolution de Stig Dagerman et s'adresse au « lecteur français qui veut comprendre l'œuvre de cet écrivain suédois » (p. 11). Notons que c'est actuellement la biographie la plus récente qui existe sur Dagerman. En Suède, aucune nouvelle

---

[32] À titre d'exemple, deux articles ont été publiés en suédois sur ce sujet « Dagerman lever i Frankrike » (Bouquet, 1990) et « Rendez-vous avec Stig Dagerman – i Belgien » (Palmkvist, 1990).

biographie n'est sortie après celle de Lagercrantz, paru en 1958, mais qui a cependant donné lieu à plusieurs rééditions.

Ueberschlag a également publié un article sur « la double naissance » de Dagerman (1994). Par la deuxième naissance de l'écrivain, il entend son engagement syndicaliste. Cet article d'une quinzaine de pages – de type scientifique– est intéressant, car il omet le suicide de l'auteur. Il est fort rare que ce suicide ne soit pas mentionné, surtout en France. Le texte est publié dans une anthologie dédiée aux « regards littéraires sur l'enfance » et parle, comme l'indique son titre, de l'enfance et de la jeunesse de Stig Dagerman. Ueberschlag commente le changement de nom de Dagerman, qui s'appelait d'abord Jansson. Il constate qu'en suédois 'dager' veut dire 'la lumière du jour naissant', 'l'espoir'. On pourrait ajouter que cette signification ressemble à un paradoxe quand on pense à la fin désespérée de l'écrivain et aux notes sombres de son suicide.

Les recherches les plus approfondies sur l'œuvre de Dagerman faites en français ont été réalisées en Belgique par Georges Périlleux. Périlleux, qui enseigna les langues et les littératures scandinaves à l'Université de Mons-Hainaut et à l'Université de Liège, consacra sa thèse de doctorat aux rapports entre Dagerman et la philosophie existentialiste, *Stig Dagerman et l'Existentialisme* (1982). Cette question avait déjà été abordée par le professeur Thure Stenström[33] de l'université d'Upsal, mais Périlleux fait ressortir aussi bien les liens véritables existant entre l'œuvre de Dagerman et les pensées de Kierkegaard, de Camus et de Sartre que les ressemblances qui sont dues à la coïncidence. Périlleux ne veut pas parler d'« influences » au sens strict du terme mais préfère s'en tenir à « l'analyse comparée du contenu intellectuel de la production d'écrivains et de philosophes de nationalités différentes » (p. 17). Dans ce livre, il analyse surtout les deux thèmes de l'angoisse et de l'absurde chez Dagerman. La thèse de Périlleux fut écrite et soutenue à l'Université de Liège, en Belgique, et publiée par la suite à Paris.

---

[33] Stenström en a parlé entre autres à la conférence des Scandinavistes à Reykjavík en 1974. *Cf. Existentialismen i Sverige. Mottagande och inflytande 1900-1950* (1984, p. 267).

En 1993, Périlleux publia à Bruxelles un autre livre sur Dagerman, *Stig Dagerman : le mythe et l'œuvre*. Il y fait surtout une vaste étude du thème de l'angoisse dans l'œuvre de Dagerman. Périlleux examine les origines de cette angoisse (qui peuvent par exemple être « la menace de la mort » ou bien « l'État moderne ») aussi bien que ses différents stades (en commençant selon la mode existentialiste par « la découverte de l'absurde »). Néanmoins, son but principal semble être de souligner l'universalité de la poétique de Dagerman.

Périlleux organisa aussi en 1990, à Bruxelles et à Mons, un colloque international intitulé « Stig Dagerman, situation, réception ». Il en rend brièvement compte dans le dernier chapitre de son livre. Les Actes du colloque furent publiés à Paris en 1998 sous le titre *Stig Dagerman et l'Europe : perspectives analytiques et comparatives*. Ce livre important réunit pratiquement tous les universitaires engagés à ce jour dans la recherche sur Dagerman. Il est composé de dix-sept articles dont la plupart analysent différents aspects de l'œuvre dagermanienne[34]. L'un de ces articles est consacré à la réception de Stig Dagerman dans les pays francophones. C'est Philippe Bouquet qui est l'auteur de cet article, déjà mentionné. Dès le début de son étude, il souligne que Dagerman a été accueilli en France par trois catégories différentes de lecteurs: les écrivains, les journalistes de métier et les universitaires[35]. Les écrivains sont en effet nombreux, mais il déclare que, malgré cela, « il serait excessif de réduire Dagerman à un "écrivain pour écrivain" » (p. 111). Bouquet constate, comme

---

[34] Entre autres ; Per Erik Ljung s'occupe de l'aspect politique de la poétique dagermanienne, le psychanalyste Johan Cullberg écrit sur le suicide, Gösta Werner analyse les relations entre les personnages masculins et féminins dans l'œuvre de Dagerman, Georges Ueberschlag fait une comparaison entre Dagerman et l'écrivain allemand Wolfgang Borchert, Karin Palmkvist écrit sur *Automne allemand* et Denis Ballu y signe un article sur Dagerman et le cinéma.

[35] Les critiques mentionnés sont, pour commencer par les écrivains : Pierre Martens, J.-M.-G. Le Clézio, Hector Bianciotti, Christiane Baroche, Max-Pol Fouchet, Célia Bertin, Claude Roy, F.-R. Bastide, Marcel Brion, Michel Mohrt et Angelo Rinaldi ; les journalistes de métier : André Clavel, Jacques Franck, Bernard Geniès, Michèle Gazier, Hélie Lassaigne, Guy Leclec'h, Pierre Lepape, Henri Stierlin et Emmanuel Todd ; les universitaires : Régis Boyer et Geneviève Cimaz-Martinau.

nous aurons aussi l'occasion de le faire, que la réception du premier roman de Dagerman en France, *L'Enfant brûlé*, est celle qui est la plus intéressante, à la fois du point de vue quantitatif et du point de vue qualitatif. Il déplore que si peu d'articles aient été publiés au sujet du roman *L'Île des condamnés* en 1972. Il écrit aussi qu'au moment de la sortie du *Serpent*, en 1966, Dagerman n'est pas encore « pris au sérieux » en France, comme il l'était en 1982 au moment de la publication d'*Ennuis de noce*, que Bouquet appelle un « autre favori de la critique française » (p. 112). En somme, Bouquet dit en résumé que « la critique francophone a en général été favorable à Dagerman, parfois même lucide [...] » (p. 118).

Notons qu'une nouvelle anthologie consacrée à Dagerman vient de paraître en France : *Stig Dagerman, la littérature et la conscience* (2007). C'est la revue *Marginales* qui a dédié un numéro spécial à l'écrivain suédois, édité par Héléna Autexier (l'éditrice de Dagerman dans la maison d'édition marseillaise Agone), Samuel Autexier et Philippe Geneste. Des textes de Dagerman traduits par Philippe Bouquet s'y trouvent également publiés. Cette anthologie témoigne du vif intérêt pour Dagerman qui règne toujours en France.

1.3.3 Dagerman en Italie

Dans un article publié dans la revue *Annali dell'Istituto Universitario Orientale*[36] et intitulé « Propaganda e strumenti retorici in Stig Dagerman giornalista », Giuseppe Micera parle des écrits journalistiques de Dagerman. Cet article, comportant plus de vingt pages, représente à notre avis l'une des études les plus intéressantes et les plus complexes ayant été faites sur Dagerman. Comme l'indique le titre, Micera analyse les instruments rhétoriques et de propagande dont se sert Dagerman en tant que journaliste, entendant par le mot propagande que chaque discours

---

[36] *Aion-n* 1981, XXVI. Naples : Annali dell'Istituto Universitario Orientale (pp. 143-166).

peut être considéré comme une opération de propagande[37]. Micera présente Dagerman comme un écrivain brillant (« brillante scrittore », p. 143) et explique qu'à son activité littéraire s'ajoute celle du journalisme, qui n'est pourtant pas secondaire, car il affirme que Dagerman est également très doué comme journaliste militant[38]. Sa recherche est basée sur les deux cent articles écrits par Dagerman (la plupart publiés dans *Arbetaren*) et il s'intéresse particulièrement à la tentative de persuasion antifasciste à laquelle Dagerman se consacre durant la seconde guerre mondiale. Micera soutient que Dagerman s'est consacré, malgré les difficultés de cette tâche, à exprimer son opposition au nazisme qui avait prise, durant ces années même, sur une Suède neutre[39]. L'auteur analyse en plus le public qui a lu ces écrits, les séquences de l'argumentation et la manière dont Dagerman emploie le ridicule pour convaincre.

Cet article de 1981, et deux mémoires universitaires, sont, à notre connaissance, pratiquement les seules études effectuées sur Dagerman en Italie. En ce qui concerne les deux « tesi di laurea »[40] sur Dagerman qui ont vu le jour en Italie, l'une s'intéresse à l'oppression psychologique dans l'œuvre de Dagerman et l'autre traite du roman *Ormen* (*Le Serpent*) qui n'a toujours pas été édité en italien[41].

---

[37] Voici sa réflexion sur la propagande en entier : « Ogni discorso, e a maggior ragione un discorso molto motivato pragmaticamente, è quindi un'operazione di propaganda; ma fino a che punto? O per meglio dire, è solo questo? » (p. 143).
[38] « Alla nota e celebrata attività narrativa si aggiunge quella sconosciuta ma non certo secondaria di giornalista militante » (*ibid.*).
[39] « Anni nei quali la Germania si insedia nel nord Europa e mantiene la sua ferrea influenza anche sulla Svezia, che, pur rimanendo neutrale, è costretta a subire il ricatto nazista. La difficile opposizione, in quegli anni, al nazismo è il compito abbracciato da Dagerman in senso pieno. » (p. 147)
[40] L'équivalent italien d'un mémoire de D.E.A..
[41] *Il tema dell'oppressione psicologica nella narrativa di Stig Dagerman* de Belinda Perni (Tesi di laurea, Università degli studi La Sapienza, Roma, 1993) et *"Ormen" di Stig Dagerman* de Maria Rosaria Saquella (Tesi di laurea, Istituto Universitario Orientale, Napoli, 1970).

1.3.4 Dagerman en Allemagne

Hedwig Reuter est l'auteur d'un article intitulé « La réception de Dagerman dans les pays de langue allemande » (in Périlleux (réd), *Stig Dagerman et l'Europe : perspectives analytiques et comparatives*, 1998, pp. 147-153). Elle explique qu'il s'agit surtout de la réception en République Fédérale d'Allemagne, et que Dagerman a fait l'objet de peu d'attention en Autriche et en Suisse. En Allemagne, seules quelques très rares publications de brefs textes de Dagerman eurent lieu avant les années quatre-vingt, et une fois que la publication dagermanienne démarre, pendant les années quatre-vingt, la critique reste tout de même relativement sceptique. Il est intéressant de noter qu'*Automne allemand* n'a été publié qu'en 1979 et « n'a eu absolument aucun succès et a dû être rapidement soldé » (p. 150). Ce n'est qu'en 1983, avec une réédition comprenant une traduction de meilleure qualité, que ce livre sera enfin reconnu en Allemagne. Il peut paraître étonnant que ce livre composé de reportages sur l'Allemagne de 1946, faits par le journaliste et poète qu'était Dagerman, n'ait pas suscité d'intérêt plus tôt. En somme, le chemin à parcourir pour l'œuvre de Dagerman en Allemagne fut assez difficile. Il faut, de plus, se rappeler qu'il s'agit uniquement de l'Allemagne de l'Ouest. Reuter souligne qu'en Allemagne de l'Est, très peu de publications eurent lieu et que plusieurs ouvrages de Dagerman furent longtemps interdits à cause de « leur vision du monde trop absurde et trop pessimiste » (p. 153). *Automne allemand* fait partie de ces ouvrages.

Notons enfin qu'il existe un article, publié dès avril 1950 en Allemagne, qui établit des liens entre Dagerman et Kafka : « Stig Dagerman, ein schwedischer Kafka » publié par Egon Kötting dans *Frankfurter Hefte*.

1.3.5 Dagerman aux Pays-Bas

Il y eut également un certain intérêt pour Dagerman aux Pays-Bas, comme le note Egil Törnqvist dans son article « Stig Dagerman in the Netherlands » (in Périlleux (réd), *Stig Dagerman et l'Europe*, 1998, pp. 143-146). Ce sont d'abord ses pièces de théâtre qui ont attiré l'attention du public. En 1962, le roman

L'Enfant brûlé vit le jour en néerlandais dans une traduction de l'un des plus grands écrivains néerlandais de l'époque, J. Bernlef, et remporta un grand succès[42]. Une grande partie de l'œuvre de Dagerman a été éditée aux Pays-Bas et, selon Törnqvist, la critique semble avoir été plutôt favorable.

1.3.6 Dagerman dans le monde anglo-saxon

Laurie Thompson, qui paraît être le seul chercheur anglo-saxon à s'intéresser à Dagerman, est l'auteur d'une étude captivante « Stig Dagerman in English » (in Périlleux (réd), *Stig Dagerman et l'Europe*, 1998, pp. 119-128) qui raconte et analyse le triste chemin de l'auteur dans les pays anglo-saxons. Ce qui est curieux, c'est que *L'Enfant brûlé* est publié en anglais dès 1950, c'est-à-dire du vivant de Dagerman. *A Burnt Child* sortit simultanément à Londres et à New York. Mais la critique ne fut guère élogieuse. La pièce *Le Condamné à mort*, montée par deux équipes différentes en 1950 et en 1952, subit le même destin. À chaque fois, la critique la démolit. Thompson cite le critique du *Times*[43] qui rend compte de la représentation dans les termes suivants :

> A young playwright struggling with inexperience to express some idea which, he is convinced, has never been expressed before, one is prepared to put up with a degree of ineptitude that would be intolerable in less ambitious authors. [...] There is a good deal of repetitive and vaguely mystical talk which seemed to reveal very little in the way of ideas, whether familiar ones or not. There are four gentlemen labelled explorer, missionary, duellist and fisherman, whom we hopefully take to be aspects of the condemned man, but apparently are not. And, most mysteriously of all, there is a lawyer who comes to sit in the porter's room at the prison because he has just seen a corpse being trundled through the park in a wheelbarrow. That... is about all. (p. 123)

On voit bien que ce critique n'a pas vraiment apprécié la pièce. À vrai dire, Dagerman lui-même n'était pas satisfait non plus de cette mise en scène à l'Irving Theatre à Londres, mais le fait est

---

[42] « *Het verbrande kind* [...] became a great success and the novel was reprinted in 1966, 1967 and 1987. » (p. 143)
[43] *The Times*, 14.10.1952

que la critique anglaise condamna ses deux pièces et son roman. On ne peut que spéculer sur les réactions de Dagerman en lisant ces critiques et se demander si cela a eu un quelconque rapport avec sa panne d'inspiration survenue justement en 1950. Après ces déboires, aucune œuvre (ou presque) de Dagerman ne fut publiée en anglais. Lorsque Thompson présenta son étude en 1990, les autres romans n'avaient toujours pas paru en anglais (*Le Serpent, Ennuis de noce, L'Île des condamnés*). Par la suite *Island of the Doomed* (1991) et *The Snake* (1995) furent publiés, dans une traduction de Laurie Thompson lui-même, par Quartet books, une petite maison d'édition londonienne. Aucun des deux ne fut l'objet d'une réédition. Par contre *A Burnt Child* fut réédité, également par Quartet books, en 1990 et pour la première fois depuis la parution de l'original de 1950, avec une introduction de Laurie Thompson. Il exprime l'idée que l'insuccès de Dagerman est moins lié à lui-même qu'à la situation difficile de la littérature traduite en général et à celle de la traduction de la littérature scandinave moderne dans le domaine anglo-saxon en particulier :

> So, part of the problem may have to do with Anglo-Saxon attitudes to translations in general and to modern Scandinavian novels as a category, rather than to anything specific to Dagerman. (p. 121)

Un autre problème concerne les représentations du Nord dans les pays anglo-saxons, qui ne jouèrent guère à l'avantage de Dagerman dans la réception de son œuvre. Thompson explique que Dagerman confirmait les préjugés de la critique :

> Reviewers in England are predisposed to dismiss all Swedish writing as depressing and gloomy and are likely to find that Dagerman confirms their prejudices. (p. 128)

Il parle également de l'attitude négative de plusieurs Anglais vis-à-vis de ce qu'ils pensent être un manque de joie typiquement scandinave : « [...] the negative attitude towards what many English people see as typical Scandinavian joylessness [...] » (p. 124). En d'autres mots, la même mythologie du Nord, qui fut en France un moteur pour le succès de Dagerman, se révéla en Angleterre un frein ou même une véritable barrière culturelle qui fit obstacle à son succès. Finalement, Thompson écrit à propos de *L'Enfant brûlé* :

> And so, *Bränt barn*, it was, despite the frequently brooding atmosphere, attempted suicide, incest and the like, evidently tailor-made to arouse the ire of those who see Sweden as a place of gloom and doom. (p. 125)

Nous avons déjà signalé que Laurie Thompson est l'auteur du seul ouvrage sur Dagerman qui existe en anglais. Le livre, intitulé *Stig Dagerman* et publié en 1983, présente l'écrivain et son œuvre. Un chapitre est consacré à chaque livre majeur de Dagerman. En revanche, dans cet ouvrage Thompson ne prend pas du tout en compte la réception.

1.3.7 Recherches antérieures : bilan

Concluons cette section de la thèse par la constatation suivante : il existe, jusqu'à ce jour, très peu d'études sur la réception de l'œuvre de Dagerman. Comme nous venons de le montrer, il existe à notre connaissance, quatre articles parus dans *Stig Dagerman et l'Europe* et rendant compte de sa réception en Allemagne, aux Pays-Bas, et dans les domaines anglo-saxon et francophone, un chapitre de la thèse de Lotass analysant la réception d'*Ennuis de noce* par la critique suédoise ainsi que les notes de Sandberg parues dans les œuvres complètes. En d'autres mots, il reste encore beaucoup à faire dans ce champ de recherches auquel nous espérons, en toute modestie, apporter notre contribution. La seule étude coïncidant partiellement avec notre thèse est l'article de Bouquet (1998) qui constate, comme nous allons le faire, que la réception francophone a été très favorable à Dagerman et que la réception la plus intéressante est celle faite au roman *L'Enfant brûlé*. Il se base sur les articles de presse qui lui ont été communiqués par les maisons d'édition et non pas sur d'autres textes traitant de Dagerman, par exemple les livres écrits sur cet auteur. L'article de Bouquet, intéressant et enthousiasmant, reste un article de huit pages qui entre très peu dans les détails. Bouquet intitule son étude « la réception de Stig Dagerman dans les pays francophones » et il précise qu'il n'y a pas dans son corpus d'articles provenant des pays francophones d'Afrique, mais en revanche quelques-uns qui viennent de Belgique, de Suisse et du Canada. De notre côté, nous avons choisi de nous concentrer sur la réception de Dagerman en France[44], et de comparer cette réception avec celle de l'œuvre de Dagerman et Italie, dans une perspective d'interculturalité littéraire. Pour faire une thèse sur la réception de Dagerman dans le monde francophone tout entier, il aurait fallu dépouiller sérieusement les presses suisse, canadienne, etc. Tout porte d'ailleurs à croire que c'est surtout en France que Dagerman est lu et commenté et non pas dans les autres pays francophones, sauf dans une certaine mesure en Belgique. Nous avons donc l'intention, dans cette thèse, de continuer et d'approfondir l'étude commencée par Bouquet il y a une dizaine d'années.

---

[44] Notre corpus comporte néanmoins certains articles sur Dagerman parus dans la presse belge, et nous n'en avons pas non plus exclu les articles exceptionnels de la presse suisse qui nous ont été communiqués par les maisons d'édition. Il ne faut cependant pas oublier que ces rares articles rendent compte de livres publiés en France.

La réception de l'œuvre de Dagerman en France

2. Vue d'ensemble de la réception de l'œuvre de Dagerman en France

2.1 LA LITTÉRATURE SCANDINAVE EN FRANCE : LES INTRODUCTEURS

> Nous commençons à nous intéresser aux littératures du Nord...
> nous étendons le champ de notre curiosité intellectuelle. (Paul
> Ginisty, *La République Française*, le 16 novembre 1891)

Avant d'entrer dans le vif du sujet de la thèse, il convient d'esquisser un arrière-plan historique : dans quel contexte l'œuvre de Stig Dagerman est-elle arrivée en France ? Dans ce chapitre, nous tenterons donc de répondre aux questions suivantes : Quelle était la situation de la littérature scandinave en France avant que l'œuvre de Dagerman ne fût traduite ? Quels écrivains suédois étaient déjà traduits ? Comment avaient-ils été accueillis ? Quelles sont les recherches faites en France sur la littérature scandinave ? Quels sont que les manuels d'histoire littéraire et autres ouvrages de ce genre ? Et, finalement, parmi les introducteurs de la littérature nordique en France, lesquelles étaient des personnages clefs et quelles fonctions occupaient-ils ?

2.1.1 Les manuels d'histoire de littérature scandinave

L'un des premiers manuels d'histoire de la littérature scandinave à sortir en France fut celui de Xavier Marmier, publié en 1839 : *Histoire de la littérature en Danemark et en Suède*. Marmier était professeur de littérature étrangère à l'Université de Rennes, directeur de la *Revue germanique* et traducteur. Il est encore reconnu pour avoir été l'un des premiers introducteurs de la culture scandinave en France. Son manuel de littérature scandinave semble déjà refléter un désir de mythifier le Nord. Dans la préface du livre, il raconte par exemple dans les termes suivants le voyage qu'il a entrepris dans les pays nordiques :

C'était au commencement de l'été. Nulle part cette saison n'est aussi belle à voir que dans le Nord, car les hivers y sont bien durs et bien longs, et le jour où l'hirondelle reparaît sur la grève est un jour de fête pour toutes les familles. L'âme de l'homme, attristée par l'aspect continuel d'un horizon sombre, sort de son deuil aux premières lueurs du soleil et se réveille et se ranime comme l'alouette dans les sillons, et l'arbrisseau sur la colline ; et moi je m'en allais avec une joie d'enfant à travers ces contrées du Nord que j'avais si longtemps désiré voir […]. (p. I)

Marmier présente un pays visiblement lointain, inaccessible, inconnu de ses compatriotes (« ces contrées du Nord ») et c'est en fabulant qu'il décrit l'étranger et son comportement (« L'âme de l'homme […] sort de son deuil aux premières lueurs du soleil et se réveille et se ranime comme l'alouette dans les sillons […] »). *Histoire de la littérature en Danemark et en Suède* traite surtout de la littérature danoise, puisque « le développement de la littérature a été plus tardif en Suède qu'en Danemark » (p. 257), ce qui est sans doute juste. Voici les arguments évoqués au sujet de la Suède par Marmier :

La Suède, par sa position géographique, se trouvait en quelque sorte séquestrée du reste de l'Europe, à une époque où l'industrie n'avait pas encore créé les moyens de communications que nous employons aujourd'hui. C'était, au commencement du Moyen Âge, une contrée inculte, hérissée de forêts et difficile à traverser. (*Ibid.*)

L'idée de la Suède comme « contrée inculte, hérissée de forêts et difficile à traverser » a régné longtemps dans les représentations des Français et elle disparaît doucement mais difficilement. Cette idée n'est sans doute pas totalement erronée. Elle ne correspond cependant pas à l'idée que les Suédois eux-mêmes se font de leur pays. Ils n'ont pas l'impression d'habiter ou d'avoir habité une « contrée inculte » mais se vantent d'une longue tradition d'ingénierie, de technique et de constructions infrastructurelles qu'ils estiment souvent supérieures à celles d'autres pays. Par la suite, Marmier mythifie les Suédois, comme s'ils étaient des habitants non pas d'un pays réel, mais d'un endroit magique, sortant d'une saga :

Le fondateur de la monarchie suédoise était ce chef des tribus asiatiques, cet Odin dont l'histoire raconte vaguement les courses aventureuses et dont la fable a fait un dieu. Ses descendants avaient hérité de son ardeur pour les combats. Dans les heures de loisir qu'ils passaient assis devant la table de chêne, buvant de mioed avec leurs compagnons, on eût dit qu'ils sentaient l'aiguillon de cette lance teinte de sang que les Valkiries promenaient sur les champs de bataille. Le repos leur pesait comme un remords. Le triomphe de la force était leur foi, la guerre leur religion. (p. 258)

Marmier écrit cela comme s'il s'agissait de faits historiques, tout en utilisant des expressions qui semblent authentiques et précises comme « le fondateur de la monarchie suédoise », quand, en réalité, il esquisse le portrait des barbares (ils sentent le sang, la guerre est leur religion etc.). Il enchaîne ensuite avec l'Histoire (« Les premiers rois auxquels les missionnaires chrétiens firent entendre leur voix pacifique [etc....]) : son discours est donc un mélange de faits réels et mythiques et peut facilement égarer des lecteurs pas très renseignés. *Histoire de la littérature en Danemark et en Suède* devait longtemps rester le principal ouvrage de référence en France par rapport au sujet en question. En 1923, un autre manuel fut publié. Il s'intitule *Histoire de la littérature suédoise* et couvre la littérature scandinave ancienne jusqu'à la littérature du XIXe siècle. Cet ouvrage, d'abord écrit par un Suédois, Henrik Schück, membre de l'Académie suédoise, fut traduit en français par Lucien Maury, également auteur de l'avant-propos. Maury insiste sur le fait que c'est la langue suédoise qui a privé les écrivains suédois du public qu'ils méritaient :

> Voyageurs, polyglottes et volontiers cosmopolites, les Scandinaves ont été mêlés à toutes les péripéties de l'histoire européenne. L'obstacle linguistique les a privés de l'audience qu'ils auraient méritée. Et sans doute les découvertes de leurs savants dans l'ordre des sciences mathématiques, physiques et naturelles ne sont jamais passé inaperçues. Le rayonnement de leurs littératures a été considérablement retardé par le fait qu'ils n'ont jamais pu imposer la familiarité de leurs idiomes à un nombre suffisant d'étrangers cultivés.

> L'Europe s'est ainsi privée d'un chant qui avait sa place marquée dans la polyphonie de ses arts et de ses disciplines intellectuelles.

Il s'agit ici de la Suède. Or, par delà les imitations et les inspirations étrangères, l'inspiration suédoise témoigne d'un accent et d'une dignité comparables à ce que les grandes nations nous offrent de plus original. C'est un esprit de liberté, d'audace et de folle bravoure, l'amour du péril, le goût de l'aventure, saisissables dans cette littérature lyrique et tragique, violente et colorée, des Vikings ; à mesure qu'une société mieux ordonnée se constitue, cet esprit enregistre l'indépendance du citoyen dans la loi, en sorte que la terre suédoise n'a jamais connu le servage. (Maury, 1923, p. XX de la préface)

On peut par conséquent constater que le paradigme du Nord a changé entre ces deux manuels d'histoire littéraire publiés respectivement en 1839 et en 1923. Qualifiée de « contrée inculte » par Marmier, la Suède est défendue quatre-vingts ans plus tard, par Maury, qui maintient que la Suède a souffert d'un « obstacle linguistique » qui l'a empêchée de pleinement faire connaître aux autres pays ses qualités. Ces dernières années, on a vu paraître de nouveaux manuels présentant l'histoire des littératures scandinaves qui prennent également en compte le XXe siècle (et qui parlent aussi de Stig Dagerman), par exemple celui de Frédéric Durand en 1974 et celui de Régis Boyer en 1996. Dans le premier, Durand affirme que les littératures scandinaves ont souffert en France de leur « éloignement géographique » et de leur « obstacle linguistique » (p. 5-6). Il s'explique :

Desservies pas l'usage de langues au rayonnement limité, les littératures du Nord demeurent pour nous une province mystérieuse, noyée de pénombre vaporeuse de laquelle seuls émergent quelques sommets à la lumière de nos connaissances : inscriptions runiques, *eddas*, *sagas*, Kierkegaard, Ibsen ou Strindberg.

Selon Durand, le Nord serait donc pour les Français « une province mystérieuse » et il estime que les associations littéraires sont très limitées. La situation de la France ressemble à celle de l'Italie sur laquelle nous reviendrons. Il faut tout de même indiquer que la renommée des littératures nordiques s'est beaucoup accrue depuis 1974.

2.1.2 Les relations littéraires entre la France et la Suède

Certains chercheurs se sont interrogés sur les rapports entre la littérature suédoise et la littérature française, par exemple E. Wrangel, professeur à la Faculté des lettres de l'université de Lund. En 1900, lors du congrès d'histoire comparée à Paris, il a donné à ce sujet une conférence (publiée sous le titre *Aperçu de l'influence de la littérature française sur la littérature suédoise*) dans laquelle il adopte une attitude fort humble par rapport à la littérature française, qu'il admire apparemment beaucoup. Wrangel prévoit que « la poésie suédoise aura longtemps, toujours, à profiter des qualités supérieures de la poésie française […] »[45]. Pour celui qui désire approfondir la question de l'influence de la littérature française sur la littérature suédoise, l'une des meilleures sources est le livre d'Anton Blanck, professeur à l'université d'Upsal, traduit en français en 1947 déjà par Lucien Maury : *La Suède et la littérature française des origines à nos jours*. L'ouvrage, en trois tomes, propose, comme l'annonce son titre, un survol partant des origines (c'est-à-dire du Moyen âge) et s'étendant jusqu'au XXe siècle.

Lucien Maury (1872-1953) est donc l'un des premiers et l'un des plus importants introducteurs, en France, de la littérature suédoise et de la culture scandinave en général. Son nom a déjà figuré plusieurs fois dans ce texte. Lucien Maury a été lecteur français à l'université d'Upsal et s'occupa surtout de littérature suédoise. Il est l'auteur de nombreux ouvrages sur la Suède. Véritable passionné de la Scandinavie, il a joué un rôle très important dans la construction des représentations de cette région en France, représentations qu'il a modifiées d'une manière avantageuse. Ses deux ouvrages principaux portant sur l'histoire de la littérature scandinave sont *Panorama de la littérature*

---

[45] « L'historien n'a pas le devoir de faire d'horoscope. Mais il n'est pas difficile de prévoir que la poésie suédoise aura longtemps, toujours, à profiter des qualités supérieures de la poésie française, la clarté de la composition, le véritable réalisme de la description, le style pur mais brillant, l'expression à la fois exacte et sonore, c'est-à-dire le simple et le naturel, qui constituent les bases de la beauté, comme l'a dit l'immortel auteur de *l'Art poétique* : "Rien n'est beau que le vrai." » (*Op. cit.*, p.15.)

suédoise contemporaine (1940), qui va du romantisme jusqu'aux années trente, et *L'imagination scandinave*. *Études et portraits* (1929) qui comporte, comme le titre le laisse entendre, des études sur certains écrivains scandinaves particuliers (notamment Lagerlöf et Strindberg). C'est un livre sur « le génie septentrional », comme le déclare l'auteur dans la préface[46]. Le dernier chapitre du livre s'intitule « le Nord dans la littérature française ». Dans sa préface, Maury écrit à propos de l'attitude française vis-à-vis de la Scandinavie :

> L'esprit français, si hardi aux grandes époques de son histoire, a semblé parfois renier ce plaisir au nom d'un idéal de dure précision latine, réduit à l'étroite conception d'une bourgeoisie casanière, défiante, superbe, timide... On n'humilie pas l'esprit français en l'invitant à sortir de soi-même. Les jeunes générations l'ont compris. Elles explorent l'imagination scandinave dont leurs pères se firent, on ne sait pourquoi, une si étrange et inquiétante idée. Les nations du Nord ont nourri de grands et beaux rêves et les ont portés aussi haut qu'il fut jamais donné à l'homme d'atteindre ; elles ont enfanté tout un peuple de poètes et d'écrivains, créé des œuvres substantielles...

En 1929, Maury estime donc que les Français ne se sont pas beaucoup intéressées à la Scandinavie. A-t-il changé d'avis vers la fin de sa vie ? Il semble bien que non. En 1948, il publia un texte (qui se présente comme un cahier d'une trentaine de pages) intitulé : *Les Scandinaves et nous. Essai d'explication des relations littéraires franco-scandinaves*. Dans ce texte, il fait référence à Léouzon le Duc, qui avait écrit, en 1867, « Le Nord nous fait peur ». Maury lui répond :

> *Le Nord nous fait peur* [cit. le Duc, 1867], tout le poids des brumes imaginaires, des malentendus, préjugés, erreurs et meurtrières ignorances s'alourdit en ce mot, qui résume, aujourd'hui encore, le sentiment d'une partie des foules françaises à l'égard des Lettres scandinaves.
>
> Peu importe que Xavier Marmier nous ait avertis : « la Suède, cette vieille terre scandinave, est l'une des contrées les plus poétiques qui existent », et qu'André Bellessort, grand voyageur et grand lettré, trois quarts de siècle plus tard lui fasse écho : « de

---

[46] Les pages de cette préface ne sont pas numérotées.

pays plus poétiques, je n'en connais pas [...]». Les ténèbres ne se dissipent pas en un jour. Elles obnubilent merveilleusement le clair génie français lorsque après 1870 la France semble se retirer sur elle-même, déçue en ses rêves les plus généreux, inquiète, en défiance contre l'influence étrangère. (p. 25)

Lucien Maury était très compétent dans le domaine scandinave et il a écrit de nombreux livres sur ce sujet. *Le nationalisme suédois et la guerre 1914-1918* parle, en 1918 déjà, de la politique intérieure suédoise, de la Suède par rapport à la guerre mondiale, des tendances de sa politique étrangère et cætera. En 1932, Lucien Maury publia une sorte de guide de voyage (*La Suède*) et, en 1951, un beau livre qui contient à la fois des faits (de religion, d'histoire etc.) et des souvenirs personnels, par exemple ceux de son voyage en Laponie qu'il appelle « l'Eden polaire ». Il écrit : « J'ai connu, presque intacte jusqu'à nos jours, une province du Paradis terrestre, la Laponie suédoise. » (*Métamorphose de la Suède. Impressions et souvenirs 1900 - 1950*, p. 59). Inversement, Maury a fait beaucoup pour intéresser les Suédois à la littérature française. Cela a été souligné notamment par Sigbrit Swahn (1981) qui insiste sur l'impact de Maury sur la réception en Suède de Proust, mais aussi de Gide et de Valéry.

Lorsqu'on parle des rapports littéraires entre la Suède et la France, il est impossible de ne pas mentionner Strindberg. Cet auteur, qui de plus était francophile et écrivit même directement en français, a naturellement eu une grande importance dans ce contexte. Gunnel Engwall a présenté l'introducteur français de Strindberg[47]. Il s'agit de Georges Loiseau, déjà mentionné, lui-même auteur de pièces et critique théâtre. Loiseau fut le secrétaire particulier de Strindberg de 1892 à 1895. Il l'aida à corriger les textes rédigés directement en français, mais sa tâche fut surtout de maintenir les contacts parisiens de Strindberg, notamment ceux qu'il avait avec le Théâtre Libre. Stellan Ahlström a publié en 1956 un ouvrage sur Strindberg et sa « conquête » de la capitale française, où il décrit à quel point Strindberg dut lutter pour être

---

[47] Engwall, G. 2000. « Strindberg et son introducteur français. » In *Europe*, numéro spécial August Strindberg, n° 858, octobre 2000 (pp. 119-141).

reconnu à Paris. L'ouvrage contient un résumé en français, dont nous tirons le passage suivant :

> Pour nous, il ne saurait question de conquête […] Mais l'expression se justifie dans la mesure où Strindberg réussit, finalement, à se faire remarquer sur le champ de bataille parisien plus que tout autre écrivain scandinave. En fin d'année 1894, début 1895, Strindberg devint même un personnage plus célèbre et plus discuté que son rival Henrik Ibsen. […] Il y déploya toute son énergie à faire connaître ses œuvres scientifiques et littéraires, à pénétrer dans le monde de la presse et surtout à faire jouer ses pièces sur les scènes parisiennes. (p. I)

Selon Ahlström, Strindberg réussit donc finalement en 1895 à devenir « plus célèbre » qu'Ibsen à Paris. Strindberg lui-même est l'auteur d'un livre sur les relations entre la France et la Suède (1891) livre qu'il a écrit en français. La structure de l'ouvrage ressemble à celle d'un catalogue contenant plusieurs listes de nature variée, entre autres une liste des « familles françaises anoblies en Suède » et une liste de « L'école française de peinture au Musée National de Stockholm ».

Une autre personnalité dont l'importance est indéniable pour le développement des rapports franco-suédois est le traducteur suédois Carl Gustaf Bjurström (1919-2001). Bjurström résidait à Paris et a traduit de nombreux livres du français en suédois et vice versa : il a fortement contribué à ce que la littérature suédoise soit lue et appréciée en France.

En 1968 eut lieu à Paris, un congrès international d'Histoire des littératures scandinaves ayant pour thème « Rencontres et courants littéraires franco-scandinaves ». Les Actes du congrès traitent donc des relations littéraires entre la France et tous les différents pays nordiques. Pour les relations franco-suédoises traitant de la culture en général, signalons l'anthologie éditée par Gunnar von Proschwitz *Influences* (1988). Sur les relations littéraires entre ces deux pays au XXe siècle, il existe un texte détaillé et riche d'informations écrit par Philippe Bouquet, qui est d'ailleurs sans doute l'une des personnes les mieux placées pour traiter de ce sujet. Il se demande si l'« histoire des relations littéraires franco-suédoises au cours de ce siècle ne serait pas celle d'une longue suite d'occasions manquées ? » (p. 401). Cet article, intitulé « Les relations littéraires franco-suédoises », se trouve dans l'ouvrage intitulé *Une amitié millénaire. Les relations entre la France et la Suède à travers les âges* édité par Marianne et Jean-François Battail. Il constitue la plus importante œuvre de référence pour ces questions. Ce livre a été publié lors de l'exposition *Le Soleil et l'Étoile du Nord*, qui eut lieu en 1993-94 à Stockholm et à Paris. Le couple Battail est également l'auteur d'une *Orientation bibliographique* (pp. 509-511) à laquelle nous renvoyons ceux qui seraient désireux de s'informer davantage sur ce sujet[48].

Philippe Bouquet est également l'auteur de l'étude sans doute la plus ample faite sur la littérature suédoise en France, *La Bêche & la plume, l'aventure du roman prolétarien suédois* (1986). Il y présente un mouvement littéraire spécial en Suède : la littérature prolétarienne. Bouquet présente et analyse dans les trois tomes de l'ouvrage les écrivains issus de ce mouvement, pour la plupart actifs pendant la première moitié du XXe siècle. Le fait qu'une recherche aussi poussée ait été réalisée en France en 1986 montre qu'il existait à cette époque-là un intérêt authentique pour la littérature suédoise, phénomène qui, à notre connaissance, n'a pas été observé dans d'autres pays. Philippe Bouquet est d'ailleurs devenu un véritable ambassadeur de la littérature suédoise en France – et surtout de Stig Dagerman (nous aurons l'occasion de revenir sur ce propos). Il nous faut aussi, dans ce contexte, souligner l'importance de l'éditeur Hubert Nyssen et de sa maison d'édition Actes sud qui, depuis les années quatre-vingt, a totalement bouleversé la situation de la littérature nordique en France. Cependant, nous avons choisi de parler plus loin du rôle d'Actes sud, qui a édité plusieurs livres de Stig Dagerman.

Avant 1956, c'est-à-dire avant la première traduction d'un livre de Stig Dagerman, un très petit nombre d'œuvres littéraires suédoises avaient été traduites en français. Il s'agissait surtout de livres écrits par de grands écrivains nationaux comme August

---

[48] Il convient d'ajouter ici que J.-F. Battail a également édité un livre intitulé *La Suède intellectuelle et savante* (1986).

Strindberg et Selma Lagerlöf. La traduction des œuvres de Pär Lagerkvist avait tout juste commencé[49]. La littérature contemporaine – celle de Dagerman – appelée la littérature de la génération dite des années quarante, comptant des auteurs comme Lars Ahlin et Karl Vennberg, n'avait pas encore été traduite en français, ni la génération précédente (seuls quelques textes de par exemple Arthur Lundkvist, Harry Martinson, Karin Boye et Gunnar Ekelöf). Ces écrivains n'ont pas été beaucoup traduits et ils n'ont jamais connu de vraie percée en France.

La réception des œuvres de cette génération quarante en France n'a fait, à notre connaissance, l'objet d'aucune étude, et leurs livres ne semblent pas avoir attiré beaucoup l'attention de la presse française (magazines littéraires inclus). Ils n'ont malheureusement pas non plus vraiment éveillé l'intérêt des chercheurs, c'est-à-dire, il n'existe pas en France d'études approfondies consacrées à ces écrivains. Stig Dagerman a dans cet espace une place privilégiée et plutôt étonnante. Lui-même aurait sans doute été très surpris d'apprendre la position exceptionnelle qu'il occupe en France. Philippe Bouquet a même écrit que, pour Dagerman *post mortem*, « la France est devenue la seconde patrie – bien inattendue » (in Battail, 1993, p. 415).

2.2 L'HISTOIRE DU PASSAGE DE L'ŒUVRE DE STIG DAGERMAN EN FRANCE

2.2.1 Survol des publications de Dagerman en France, et de leur réception

Les traductions françaises de l'œuvre de Dagerman représentent à ce jour 31 publications[50]. Souvent, il s'agit de rééditions, et

---

[49] Lagerkvist est un cas assez particulier. Par la suite, il sera l'un des rares écrivains suédois à être beaucoup traduit en français et en italien et à être apprécié dans ces deux pays. Cela s'explique sans doute par le fait qu'il a beaucoup de points communs avec les écrivains catholiques. Il est étonnant qu'une étude de la réception de son œuvre en France et en Italie n'ait pas encore été faite.
[50] Ce chiffre inclut la publication de deux textes de Dagerman dans d'autres livres: *Dieu rend visite à Newton* en 1959, et *L'écrivain et la conscience*, en 1984

nous comptons en réalité 17 livres différents. Ces publications ont eu lieu à partir de 1956, soit deux ans après la mort de l'écrivain. Notre étude se situe entre 1956 et 2000. Pendant cette période l'œuvre de Dagerman a été publiée en France dans six maisons d'édition et traduite par sept traducteurs différents. Les traducteurs traduisent souvent en couple, ceci dans le but d'avoir un traducteur au moins qui traduise vers sa langue maternelle (ici le français). Signalons toutefois que l'œuvre de Dagerman continue à paraître en France après 2000 et que ses pièces de théâtre sont régulièrement jouées dans les théâtres français, raison pour laquelle nous avons choisi d'intégrer également ces livres dans le tableau ci-dessous, bien que leur réception ne fasse pas partie de notre corpus. Le but de ce chapitre est de tracer l'itinéraire de l'œuvre de Stig Dagerman en France : Quels sont ses éditeurs ? Quels sont ses traducteurs ? Comment les accueils successifs de ces œuvres différentes se sont-ils passés ? Dans ce survol, nous présentons un résumé rapide de chaque réception.

(ce qui est conforme au système de classification des catalogues de la Bibliothèque nationale de France et de Kungliga Biblioteket en Suède).

Les publications françaises de l'œuvre de Dagerman

Titre	Titre original	Maison d'édition	Traducteur/ Préfacier	Année de publication	Années de réédition
L'Enfant brûlé	*Bränt barn*	Gallimard	E. Backlund	1956	1981, 1985
Le Serpent	*Ormen*	Denoël	C.G. Bjurström et H. Coville	1966	1985, 1993[51], 2001
L'Île des condamnés	*De dömdas ö*	Denoël	J. Gauffin	1972	1986, 2000[52]
Dieu rend visite	Choix de nouvelles	Denoël	C.G Bjurström et E. Backlund	1976	-
Automne allemand	*Tysk höst*	Actes Sud	Ph. Bouquet	1980	1985, 1989, 2004
Notre besoin de consolation est impossible à rassasier	*Vårt behov av tröst är omöjligt att mätta* [n'a pas été publié comme livre à part]	Actes Sud	Ph. Bouquet	1981	1984, 1989
Ennuis de noce	*Bröllopsbesvär*	Maurice-Nadeau	C.G. Bjurström et L. Albertini	1982	1990[53]
Le Condamné à mort : précédé de Théâtre et réalité	*Den dödsdömde, Entrérepliker*	Actes Sud	Ph. Bouquet	1983	-

[51] Les rééditions du *Serpent* en 1993 et en 2001 furent assurées par Gallimard (la dernière sortit chez Denoël).
[52] C'est la maison d'édition Agone, à Marseille, qui a réédité de *L'Île des condamnés* en 2000.
[53] La réédition d'*Ennuis de noce* eut lieu chez un autre éditeur, Christian Bourgois éditeur.

Les Wagons rouges	Choix de nouvelles	Maurice-Nadeau	C.G. Bjurström et L. Albertini	1987	-
Notre plage nocturne	Choix de nouvelles	Maurice-Nadeau	C.G. Bjurström et L. Albertini	1988	-
Le Froid de la Saint-Jean	Choix de nouvelles	Maurice-Nadeau	C.G. Bjurström et L. Albertini	1988	-
Printemps français	5 articles pour un quotidien, 1948	Ludd	Ph. Bouquet	1988	1995[54]
L'Arriviste ; Le Jeu de la vérité	Streber, Ingen går fri	Actes Sud	Ph. Bouquet	1991	-
L'Ombre de Mart	Skuggan av Mart	Presses Universitaires de Caen	G. Koch de Ribaucourt et C. G. Bjurström	1996	-
La Dictature du chagrin et autres écrits politiques (1945-1950)	Choix d'articles publiés dans Arbetaren	Agone	Ph. Bouquet et H. Autexier	2001	-
Billets quotidiens	Dagssedlar	Cent pages	Ph. Bouquet	2002	-
Tuer un enfant	Choix de nouvelles	Agone	E. Backlund	2007	-
Somme :				17 livres (dont 8 publiés dans les années 80)	14 rééditions (dont 8 dans les années 80)

[54] *Printemps français* est dans la réédition suivi des *Poèmes satiriques*.

2.2.2 Les débuts dans la revue littéraire *ROMAN* et chez Gallimard

La décision de traduire et d'éditer un écrivain étranger mort par suicide peut être un choix assez osé de la part d'une maison d'édition. C'est cependant chose accomplie par Gallimard en 1956, lorsque la maison sort le premier livre de Dagerman en France : *L'Enfant brûlé*. La réception de ce roman sera analysée en détail dans le chapitre 3. Le choix de la maison d'édition de publier d'abord ce roman-ci et non pas le premier livre écrit par Dagerman (*Le Serpent*) pourrait, selon nous, s'expliquer par une volonté d'introduire cet écrivain étranger – qui n'avait pas obtenu de prix littéraire et qui était inconnu en France auparavant – en insistant sur le fait qu'il s'était suicidé. *L'Enfant brûlé* est en effet le livre de Dagerman qui traite le plus ouvertement du thème du suicide. On lance donc d'emblée l'écrivain comme écrivain 'suicidé'. Le roman est reçu avec les louanges d'une critique unanime. Parmi ceux qui en ont écrit des comptes rendus, on remarque des personnalités célèbres comme Michel Mohrt et François-Régis Bastide. On ne peut bien sûr que spéculer sur les raisons pour lesquelles Gallimard avait choisi cette année précise, 1956, pour initier la publication de l'œuvre dagermanienne. Si la grande maison parisienne a découvert Dagerman lors de sa mort (ce qu'elle a bien pu faire à travers l'article de Célia Bertin sur lequel nous reviendrons tout à l'heure) et a décidé à ce moment-là de publier son œuvre, il se peut qu'il ait fallu deux ans pour traduire et éditer le livre.

Le terrain avait cependant été préparé par Célia Bertin et sa revue littéraire *ROMAN*. En effet, avant la publication du premier roman de Dagerman en France, un autre événement dagermanien avait eu lieu, grâce à une revue littéraire intitulée *ROMAN* ayant opéré durant quelques années à Saint-Paul de Vence, en Provence (1951-55). Cette revue, qui fut fondée et dirigée par Célia Bertin (1921-1983) et Pierre de Lescure (1891-1963) (également cofondateur des Éditions de Minuit) et dont la couverture fut illustrée par Henri Matisse, était consacrée à l'art romanesque et s'intéressait aussi bien à la littérature française qu'à la littérature étrangère. On y note un intérêt particulier pour la littérature suédoise[55].

Les rédacteurs annoncent dans la préface du cinquième numéro (1951) qu'ils désirent que leurs lecteurs puissent « comprendre un peu mieux l'état du roman suédois actuel » puisqu'ils le croient « capable de [leur] apprendre beaucoup ». Dans le deuxième numéro de 1951 paraissent à la fois un article sur Stig Dagerman et l'une de ses nouvelles, ce qui constitue d'emblée la première traduction de Dagerman en français. Cette nouvelle, intitulée « La Tour et la Source » (traduction mot à mot du titre original *Tornet och källan*) est traduite par C. G. Bjurström et tirée du recueil de nouvelles *Nattens lekar*. Åke Runnquist, l'auteur de l'article sur Dagerman, la qualifie de « symbolique ». Runnquist était un critique littéraire et un éditeur important en Suède, puisqu'il dirigait *BLM*, revue littéraire renommée. Cet article sur Dagerman se distingue de tous les autres textes publiés sur l'auteur en France. D'abord, il est écrit par un Suédois, et ensuite il parle de Dagerman de son vivant – avant son suicide. Tous les autres écrits publiés en France référeront à l'auteur après sa mort. Runnquist évoque le thème de l'angoisse – pas seulement celle de Dagerman, « l'angoisse » étant en effet le mot clef pour toute une génération d'écrivains suédois – et il avance quelques réflexions intéressantes :

> Au moment où se révéla Dagerman, l'angoisse semblait être le thème favori de la jeune littérature suédoise : angoisse devant la vie, devant les premiers souvenirs d'enfance, les rapports sexuels, mais surtout l'angoisse devant la situation du monde. Ce thème, d'ailleurs, ne donnait pas toujours accès aux problèmes qui agitaient le plus profondément les jeunes écrivains, mais il exprimait un sentiment vrai même si on laisse jouer son rôle à une autre impression : celle d'une sorte de culpabilité des non-combattants vis-à-vis de l'Europe qui avait participé à la guerre. (p. 150)

---

[55] Cela se voit particulièrement dans des articles tels que « Gide et le roman suédois » par Vilgot Sjöman (1951, n° 5, pp. 454-458) ; « Langage écrit et parlé en Suède » dans le reportage « Signes et faits romanesques par l'équipe de ROMAN » (1951, n° 1, pp. 82-83).

L'article de Runnquist respire une fraîcheur et une légèreté qui fait exception dans la réception de Dagerman en France. Cela est naturellement dû en grand partie au fait qu'il échappe aux expressions de condoléances que les critiques venus après lui ont dû formuler après le suicide de l'auteur.

Mais quels étaient alors les lecteurs de *ROMAN*, c'est-à-dire le premier public de Dagerman en France ? Il est bien entendu question ici d'une revue littéraire destinée à un public restreint et, en même temps, s'il faut en croire ses éditeurs – d'une revue à succès. Dans leur deuxième numéro, ils écrivent dans la préface, intitulée justement « Le succès de Roman », que le premier numéro avait été « épuisé en trois semaines » (*ibid*. p. 101). Si l'équipe a eu du succès, celui-ci fut toutefois malheureusement éphémère. Leur activité cesse en 1955, qui est d'ailleurs l'année suivant la mort de Dagerman. Célia Bertin écrivit cependant un article important sur Dagerman publié dans *ROMAN*, dont nous parlerons plus longuement dans le chapitre 3, à propos de la réception de *L'Enfant brûlé*.

2.2.3 L'époque Denoël

Malgré le succès de *L'Enfant brûlé*, Gallimard – chose étonnante – ne publia pas aussitôt un autre livre de Dagerman. À la place, il y eut un silence qui dura dix ans. C'est en 1966 que Denoël[56] fit paraître le roman qui avait signifié sa percée littéraire de l'auteur en Suède, *Le Serpent*. Denoël avait en fait déjà publié une nouvelle de Dagerman en 1959, mais il n'en reste pas moins qu'après *L'Enfant brûlé* en 1956 et jusqu'en 1966, aucun livre de l'auteur ne sortit en France. Pourquoi Gallimard choisit de ne pas continuer la publication des œuvres de Dagerman tout de suite est une question à laquelle il est difficile d'apporter une réponse. Un écrivain étranger accueilli avec tant d'enthousiasme par une critique unanime et donnant lieu à un si grand nombre de comptes rendus dans la presse française – cela aurait pourtant dû encourager d'autres publications. Mais c'est la collection

---

[56] La maison Denoël fut rachetée par Gallimard en 1951. Pour l'édition de l'œuvre de Dagerman il ne s'agit donc pas d'un changement de maison, uniquement d'un changement de collection éditoriale.

éditoriale de Denoël qui reprend le flambeau dix ans après. Il est pourtant toujours question d'une édition parisienne prestigieuse. Le livre de Dagerman sorti dans la collection Denoël aura cependant moins de chance que son prédécesseur. Cette fois-ci, l'attention et l'enthousiasme de la presse par rapport à l'écrivain suédois laissent beaucoup à désirer.

Avant cette deuxième publication, un court texte de l'auteur avait donc paru dans un recueil publié par Denoël dans sa collection *Les Lettres nouvelles*, en février 1959. Dagerman avait conçu ce texte, intitulé « Dieu rend visite à Newton », comme une idée de roman, mais l'œuvre ne prit jamais cette dimension. Ni le texte, ni son auteur ne furent présentés dans *Les Lettres nouvelles*. À la fin de la nouvelle, on trouve juste une parenthèse en bas de page qui dit : « De Stig Dagerman, poète et romancier suédois qui s'est donné la mort à vingt-huit ans, les Éditions Gallimard ont publié il y a quelques années *L'Enfant brûlé* ». Cette phrase comporte les renseignements habituels : la nationalité de Dagerman ; le fait qu'il est mort jeune et qu'il s'est suicidé (même si on se trompe ici sur son âge). Le texte est traduit en français par C. G. Bjurström.

Le deuxième livre de Dagerman paru en France est donc celui qui correspond à ses véritables débuts littéraires en Suède. *Le Serpent* fut traduit par C.G. Bjurström et Hervé Coville. Bjurström est aussi l'auteur de la longue postface d'une trentaine de pages qui présente en détail la vie et l'œuvre de Dagerman. À notre connaissance, ce livre ne fit l'objet dans la presse que d'un seul article[57]. En revanche, il ne s'agit pas de n'importe quel critique. C'est l'académicien Michel Mohrt qui a écrit ce long article sur Dagerman et *Le Serpent* dans *Le Figaro littéraire*. Il avait d'ailleurs déjà fait la critique de *L'Enfant brûlé*, en 1956, dans le même journal et sous la même rubrique. Il est plutôt étonnant que

---

[57] Nous avons dépouillé les journaux suivants pour trouver des échos de la publication du *Serpent* : *Le Canard enchaîné* (mai –66 à août 1966), *Le Figaro* (1/5 1966 au 31/5 1966), *Le Figaro littéraire* (5/5 1966 au 1/9 1966), *L'Humanité* (1/5 1966 au 31/12 1966), *N.R.F.* (mai à octobre 1966), *Le Nouvel Observateur* (4/5 1966 au 3/1 1967), *Le Monde* (juin à décembre 1966), *La libre Belgique* (mai -66 au février –67) et *La Croix* (mai – décembre 1966).

le livre n'ait pas donné lieu à d'autres échos dans les médias. Surtout lorsqu'un journal aussi important que *Le Figaro littéraire* en a publié une critique sérieuse, il est rare que cela n'amène pas d'autres critiques à suivre l'exemple dans d'autres journaux nationaux et locaux. L'article s'intitule « La difficulté d'être Suédois » et, dès le titre, qui nous laisse deviner le genre de lecture du roman fait par Mohrt, nous comprenons que cet article reflète une certaine vision du pays d'origine de l'écrivain et que cette vision n'a pas été sans importance pour la compréhension de l'œuvre. L'article est néanmoins fort positif vis-à-vis du *Serpent*, mais il faut dire qu'il parle également beaucoup du précédent livre de Dagerman en traduction française, *L'Enfant brûlé*, d'autant plus que Mohrt se réfère à la postface de Bjurström, où il est aussi question de cet ouvrage.

Malgré le silence de la critique, le même éditeur, Denoël, ne se laissa pas décourager et publia six ans plus tard une nouvelle œuvre de Dagerman. Il fit paraître, en 1972, *L' Île des condamnés*, sans doute le roman le plus profond et le plus poétique de Dagerman. C'est Jeanne Gauffin qui est l'auteur de la traduction. Il convient de signaler ici que le livre est le plus conçu et le plus travaillé de Dagerman, le plus expérimental, et, selon certains, son chef-d'œuvre. Or – ce qui surprend encore – sa parution en France ne donna lieu qu'à trois critiques, ce qui est clairement un résultat très faible[58]. Ces critiques furent cependant publiées dans des périodiques importants, *Le Figaro*, *Le Monde* et *La Quinzaine littéraire*. Dans cette dernière, Christiane Baroche évoque « l'univers impitoyable de Dagerman ». Le livre suscita aussi un compte rendu favorable dans un journal belge, *La libre Belgique*. Cela n'a rien d'étonnant : *La libre Belgique* suivait avec beaucoup d'attention les traductions en français d'auteurs suédois (entre autre en rendant compte des livres de l'écrivain suédois Eyvind Johnson, qui n'a pas vraiment attiré l'attention de la presse

---

[58] Philippe Bouquet confirme qu'il est vraiment question de trois critiques seulement (Bouquet, Ph. 1993. « Les relations littéraires franco-suédoises », in Battail M. et J.-F. (réd) *Une amitié millénaire. Les relations entre la France et la Suède à travers les âges*. Paris : Beauchesne éditeur (p. 416)). A part ces articles, nous avons seulement trouvé un article dans un journal belge.

française). D'ailleurs, ce journal avait déjà publié un compte rendu de *L'Enfant brûlé* de Dagerman en 1956.

Denoël ne perd pourtant pas espoir après cette déconvenue et publie, trois ans plus tard, en 1976, un autre livre dagermanien, qui sera d'ailleurs le premier recueil de nouvelles de Dagerman à paraître en langue française. Il est intitulé *Dieu rend visite à Newton* d'après l'un des textes qui en fait partie (le texte déjà publié en 1959)[59]. Les nouvelles sont traduites par C.G. Bjurström et Elisabeth Backlund (la traductrice qui s'était chargée de la traduction de *L'Enfant brûlé*). A notre connaissance, le livre ne suscita qu'un seul compte rendu en France mais, en revanche, celui-ci fut très important. Il était signé par l'écrivain Jean-Marie Gustave Le Clézio, qui se prononça de manière extrêmement élogieuse non seulement sur le livre, mais aussi à l'égard de Stig Dagerman en tant qu'écrivain, sur son écriture et sur son style. À nouveau, il est plutôt étonnant de constater que l'on ne trouve pas d'autres articles publiés à la suite de celui-ci, qui était en effet une manifestation très forte en faveur de Dagerman : l'écriture de Le Clézio est très personnelle et cet article, paru dans *Le Quinzaine littéraire*, n'a pas pu passer inaperçu. Cependant, *Dieu rend visite à Newton* sera pour la maison Denoël la dernière publication de Dagerman. Nous arrivons ainsi à la fin de la première étape de la réception de Dagerman en France.

2.2.4 L'époque Actes Sud

L'année 1980 marque le début d'une nouvelle époque. La maison d'édition Actes Sud entame son activité éditoriale en se spécialisant dans la littérature nordique. Cette année, elle publie ses deux premiers textes littéraires, celui d'un écrivain français, Anne-Marie Roy intitulé *Pierre pour mémoire* et celui d'un écrivain étranger, Stig Dagerman. On a choisi un livre particulier, *Automne allemand*, qui sera l'un des livres les plus aimés de Dagerman : un recueil d'articles racontant son voyage en tant que

---

[59] *Dieu rend visite à Newton* contient les nouvelles suivantes : « Les jeux de la nuit », « Neige fondue », « Où est mon chandail islandais? », « Ouvre la porte, Rickard ! », « La surprise », « Tuer un enfant », « Dans la maison de grand-mère », « Les Mémoires d'un enfant » et « Dieu rend visite à Newton ».

reporter dans l'Allemagne post-hitlérienne. C'est Philippe Bouquet qui est l'auteur de la traduction et c'est également sous sa plume que l'on peut lire dans la préface :

> Ce voyage au bout de l'angoisse a été écrit par un jeune homme de vingt-trois ans, un journaliste et écrivain suédois dont toute la production littéraire fut concentrée en l'espace de cinq ans, un Rimbaud du Nord (mis à part le fait qu'il n'écrivit guère qu'en prose) qui choisit lui aussi de se taire, avant de disparaître de sa propre main à l'âge de trente et un ans. (p. 7)

L'éditeur Hubert Nyssen présente *Automne allemand* sur la quatrième de couverture de la façon suivante : « Que n'a-t-on pas dit, pas écrit sur les relations des écrivains avec leur temps ! En tout cas, voici à notre avis, au dossier de cette question, une pièce essentielle ». Il souligne en plus que le livre a pris aujourd'hui « une actualité stupéfiante ». L'année suivante, 1981, est une autre année importante pour Dagerman en France. C'est l'année où Hubert Nyssen réalise son idée, qui s'avérera très fructueuse, de publier comme un livre à part un essai de Dagerman ne comportant qu'une trentaine de pages : *Notre besoin de consolation est impossible à rassasier*[60], toujours en traduction de Philippe Bouquet. Ni *Automne allemand* ni *Notre besoin de consolation* ne semblent d'emblée avoir suscité beaucoup de commentaires dans la presse française lors de ces premières publications. Nous ne connaissons à vrai dire que l'article intitulé « Lucidité scandinave » du scandinaviste Régis Boyer dans *Le Quotidien de Paris*[61]. Cela paraît d'autant plus curieux que ces deux publications ont tant fait pour la réputation de Dagerman en France, ainsi que pour la réputation de sa maison d'édition. Les deux livres ont cependant attiré l'attention des critiques au moment de leurs réimpressions et ils ont souvent été commentés dans les articles généraux sur Dagerman. Nous avons pu remarquer que, par la suite, le nom de Dagerman a été intimement associé en France au titre *Notre besoin de consolation est*

---

[60] Il convient de noter que cela n'avait jamais été fait en Suède et qu'il s'agit donc d'une initiative éditoriale française.

[61] D'après notre consultation des archives de presse d'Actes Sud qui ne sont pas exhaustives. Malheureusement, nous n'avons pas pu réaliser un dépouillement complet des journaux des ces années-là dans le cadre de cette recherche.

impossible à rassasier. Dans l'entretien que nous avons eu avec Bouquet en 2004, ce dernier commente le succès éditorial du texte, qui a continué à se vendre autour des 3000 exemplaires par an (voir les annexes). Il nous a affirmé récemment que ce chiffre est monté à 5000 exemplaires.

Inspiré sans doute par Actes Sud et les nouveaux triomphes de Dagerman en France, Gallimard décide de se relancer dans la publication de l'écrivain suédois et fait paraître, en 1981, *L'Enfant brûlé* dans une édition de poche. C'est Hector Bianciotti, membre de l'Académie française, qui rédige la préface de cette nouvelle édition. Bianciotti appelle *L'Enfant brûlé* le « chef d'œuvre » de Dagerman et parle aussi de Flaubert dans sa préface. C'est bien entendu une référence fort flatteuse pour Dagerman – et peut-être est-il plus facile pour quelqu'un qui n'est pas Français (Bianciotti est Argentin) d'établir ce genre de parallèle avec l'un des grands auteurs de la littérature française. Un seul article accueille le livre. Il est vrai qu'il est assez rare qu'une réimpression suscite des comptes rendus. Dans ce cas c'est Yann Granjon qui publie un entretien avec Hector Bianciotti intitulé « Dagerman, l'auteur brûlé » dans la revue *PAGE*.

Le dernier des quatre romans de Dagerman à être traduit en français est *Ennuis de noce*, qui paraît en 1982. Cette fois, c'est une nouvelle maison d'édition qui prend le relais de la publication de l'œuvre dagermanienne : Maurice Nadeau. La maison Nadeau joue aussi un rôle important pendant cette période et ses publications donnent lieu à beaucoup d'échos dans la presse. Nadeau est connu pour son flair et pour ses choix éditoriaux judicieux, choix qui ont souvent précédé ceux des jurys littéraires. (Il a publié entre autres Roland Barthes, Raymond Queneau et Georges Perec.) La traduction d'*Ennuis de noce* est faite par C.G. Bjurström et Lucie Albertini, une traductrice des langues nordiques qui a traduit, entre autres, les livres d'Ingmar Bergman en français. Une dizaine de comptes rendus fort positifs sont publiés à propos du livre dans des journaux à grande diffusion (entre autres *Le Monde des livres, L'Express, Libération* et *Télérama*) et ce sont des articles sérieux, écrits par des auteurs reconnus comme Bianciotti et Le Clézio.

En 1983, une pièce de théâtre de Dagerman, *Le Condamné à mort*, est publiée pour la première fois en France - précédée de l'essai de Dagerman *Théâtre et réalité*. C'est Actes Sud qui a eu l'idée de cette publication et Philippe Bouquet qui en a assuré la traduction.

Actes Sud prend, en 1984, une autre initiative éditoriale concernant Dagerman. Ils publient ce qu'ils appellent un cahier intitulé *"Nous, je"* contenant des textes de différents auteurs (français et étrangers) et ayant comme thème le rapport des hommes au monde. Parmi ces textes figure un texte de Dagerman, à savoir « L'écrivain et la conscience », où l'auteur développe ses idées sur les problèmes liés au métier d'écrivain[62].

Après la deuxième réédition de *L'Enfant brûlé* en 1985, la maison Gallimard continua à publier Dagerman. Les responsables achètent les droits du roman *Le Serpent* de Denoël (toujours avec la traduction et la postface de C.G. Bjurström) et republient le livre en 1985 et en 1993. La première fois, la presse française n'y fait pas attention, mais en 1993 un article important d'A. Diatkine est publié dans *Libération*. Après avoir republié deux fois leur premier succès dagermanien (*L'Enfant brûlé*), Gallimard semble regretter de ne pas avoir publié *Le Serpent*, paru grâce aux soins de Denoël en 1966. La maison republie donc ce livre, également deux fois. C'est une bien curieuse histoire éditoriale. Denoël, pour sa part, renonce donc à la réédition du *Serpent*, mais republie pourtant en 1986 le roman intitulé *L'Île des condamnés*, soit quatorze ans après la publication originale en français.

A la fin des années quatre-vingt, le tour est venu pour d'autres nouvelles de Dagerman d'être traduites en français, une initiative dont est responsable l'éditeur Maurice Nadeau. Il publie d'abord *Les Wagons rouges* en 1987 et, dès l'année suivante, deux autres recueils de nouvelles : *Notre plage nocturne* et *Le Froid de la*

---

[62] Signalons qu'il y a deux autres textes de Dagerman qui ont été publiés indépendamment en France. Il s'agit d'une part d'une nouvelle inédite, « En höst kommer », traduite en français par Georges Ueberschlag, « Un automne », et publié dans la revue *Germanica* n° 12, 1993, et d'autre part, d'une autre nouvelle intitulée *Belleville en hiver*, traduite par Denise Bernard-Folliot, et publiée dans *La Nouvelle Revue française* (n° 265, janvier 1975).

Saint-Jean. Toutes ces nouvelles ont été cotraduites par C. G. Bjurström et Lucie Albertini. Dans *Les Wagons rouges*, Bjurström a également signé un « Avertissement ». *Le Froid de la Saint-Jean* contient une préface de Lucie Albertini intitulée « Dagerman, aujourd'hui ». La publication des *Wagons rouges* ne semble pas avoir suscité beaucoup d'attention dans la presse, mais les deux autres livres, *Notre plage nocturne* et *Le Froid de la Saint-Jean*, en auront davantage. Huit articles et cinq entrefilets seront publiés à propos de ces deux recueils de nouvelles (puisque ces deux livres sortent en même temps, en tout cas la même année, la critique rend compte des deux dans les mêmes articles).

En 1989, Actes Sud republie *Notre besoin de consolation...* et, à l'occasion de cette réédition, ce livre spécial donne lieu à trois articles. La même année, Actes Sud republie *Automne allemand* à qui la presse consacrera deux articles, dont l'un dans *Actualité juive*. Son auteur y estime que Dagerman fait preuve d'un peu trop de pitié pour les Allemands.

Une autre réimpression a lieu en 1990, celle d'*Ennuis de noce*. Signalons que cette traduction change de maison d'édition et n'est plus publiée par Maurice Nadeau, mais par Christian Bourgeois éditeur. Il s'agit toujours de la même traduction et des mêmes paratextes. Sur la quatrième de couverture on trouve l'association suédoise par excellence, une référence au metteur en scène Ingmar Bergman : « On songe en lisant ce roman à l'inoubliable film de Bergman : *Sourires d'une nuit d'été* ».

Après le succès des reportages sur le voyage allemand de Dagerman dans *Automne allemand*, un autre éditeur français, Ludd (une maison d'édition très modeste) essaye en 1988 de répéter ce succès en publiant les reportages français de Dagerman toujours traduits par Philippe Bouquet. Dagerman les avait rédigés lors d'un voyage en France, où il s'était fait envoyer par le journal *Expressen* pour écrire une nouvelle série de reportages. Seulement, Dagerman avait alors souffert d'une panne d'inspiration et n'avait écrit que cinq reportages. Jusqu'à cette date, ils n'avaient jamais été publiés sous la forme d'un livre en Suède. C'est, de ce fait, encore un exemple d'une initiative de l'édition française démontrant un intérêt particulier pour cet écrivain suédois. Ludd les publie sous le titre bien trouvé de *Printemps français*, Or, les reportages français étaient d'un côté moins nombreux (cinq) et n'avaient, de l'autre côté, ni la force stylistique, ni l'intérêt politique d'*Automne allemand*. Dans ses descriptions de la situation d'après-guerre en Allemagne, Dagerman touche à quelque chose d'universel au niveau de la misère, et c'est aussi cela qui fait l'unicité du livre. Effectivement on peut constater que *Printemps français* n'a pas séduit le public.

La deuxième fois qu'on publie une pièce de théâtre de Dagerman en français, c'est en 1991, avec *L'Arriviste :* suivi de *Le jeu de la vérité*. C'est toujours chez Actes Sud que paraît cette pièce. *Le jeu de la vérité* est en fait la version théâtrale du roman *L'Enfant brûlé*. La traduction en a été faite par Philippe Bouquet, qui commente aussi le livre dans un « avertissement ».

Printemps français sortit en réédition en 1995, toujours chez Ludd, cette fois-ci suivi de *Poèmes satiriques ; et précédé de deux lettres de l'auteur*. L'éditeur eut la bonne idée de rendre le livre un peu plus ample, étant donné que les textes de *Printemps français* ne forment pas un ensemble très volumineux. Les poèmes satiriques dont il est question sont des poèmes – ou des vers rimés – que Dagerman publiait de façon quotidienne dans le journal suédois *Arbetaren*. Par la suite – plus précisément en 2002 – d'autres poèmes furent traduits en français par Philippe Bouquet et publiés sous le titre *Billets quotidiens* par la maison d'édition grenobloise Cent pages.

Le troisième drame dagermanien à paraître en français fut *L'Ombre de Mart* - publié en 1996 non pas chez Actes Sud comme les autres pièces, mais aux Presses Universitaires de Caen. Le texte fut traduit par Gunilla Koch de Ribaucourt, qui a d'ailleurs longtemps été responsable des activités littéraires du Centre Culturel Suédois à Paris. La préface, par contre, est signée par un autre traducteur, C. G. Bjurström.

2.2.5 Mise en scène des pièces de théâtre de Dagerman en France

En plus des livres de Dagerman publiés en France, il existe aussi un certain nombre de représentations théâtrales de ses œuvres. Les mises en scène des pièces de théâtre de Dagerman ont été présentées et sont régulièrement présentées en France, à Paris aussi bien qu'en province. La presse attache en général beaucoup d'attention aux mises en scène du théâtre de Dagerman, souvent plus qu'à la publication de ses livres. En somme, il y a un grand intérêt en France pour le théâtre dagermanien.

En voici quelques exemples. En 1987, Véronique Widock a mis en scène *Le condamné à mort* au théâtre Gérard Philipe de Saint-Denis. Le Ballatum Théâtre monta au Festival d'Alès, en 1993, une adaptation théâtrale d'*Ennuis de Noce*. Une critique favorable fut publiée dans *Libération*, intitulée symboliquement « Les noces de Dagerman et du Ballatum ». Au Centre Culturel Suédois, à Paris, on joua également la pièce *L'Ombre de Dann*[63]. Mais le plus grand événement théâtral concernant Dagerman (non seulement en France mais sur le plan mondial) fut lorsque Patrick Collet, du Théâtre de l'Utopie, mit en scène *Le Jeu de la vérité* (une version théâtrale rédigée par Dagerman à partir de *L'Enfant brûlé*) et de *Notre besoin de consolation*.... Les pièces furent montées en 1989 et en 1990 à La Rochelle, à Cherbourg ainsi qu'à Paris. Ce fut un grand succès, et la critique fut élogieuse. Nous avons pu réunir trente-quatre comptes rendus et aussi une trentaine d'entrefilets parus, ce qui dépasse le nombre de critiques qu'aucun livre de Dagerman n'ait jamais reçues. (Le livre ayant attiré le plus d'attention est *L'Enfant brûlé* qui fit l'objet en 1956 de quinze comptes rendus et de trois entrefilets.) Notons également un texte publié dans les Carnets du Théâtre de Cherbourg, constituant une sorte de brève biographie de Dagerman illustrée de nombreuses photos.[64] Finalement, précisons que plusieurs dramatisations de textes non-dramatiques de Dagerman ont eu lieu en France.

---

[63] Nous avons pris connaissance de quatre articles (auprès des archives de presse du Centre culturel suédois) qui se réfèrent à cette pièce *L'ombre de Dann* – nous supposons qu'il s'agit de la pièce *L'ombre de Mart* dont le metteur en scène a simplement pris la liberté de modifier le titre. Le Centre culturel n'a pas pu nous renseigner davantage là-dessus.

[64] L'étude du théâtre de Dagerman, particulièrement de la mise en scène en France des pièces dagermaniennes ainsi que de leur réception (aussi après 2000) serait une piste de recherche intéressante à suivre.

2.2.6 Les articles généraux publiés sur Dagerman en France

Nous avons dépisté treize articles généraux publiés en France sur Stig Dagerman et son œuvre. Il est intéressant de noter à quel moment ils ont paru, puisque cela nous permet de mieux comprendre la réception de Dagerman. Quatre de ces articles datent de la période s'étendant de 1989 à 1990, ce qui est sans doute tout d'abord lié à la réédition en 1989, chez Actes Sud, d'*Automne allemand* et de *Notre besoin de consolation*..., mais aussi aux mises en scène des pièces dagermaniennes par Patrick Collet au même moment. Ces quatre articles sont « Connaissez-vous Stig Dagerman ? » où Jean Contrucci fait, comme l'évoque le titre, une présentation de l'écrivain. Dans *Lettre internationale*, le Suédois Hans Magnus Enzensberger a écrit un article pour lequel il a choisi le titre « L'Europe en ruine » traitant des livres mentionnés ci-dessus ainsi que de *L'Île des condamnés*. « Préfaces européennes », publié en 1989 dans *Livres Hebdo*, fait référence à l'œuvre entière de Dagerman. Finalement, en 1989, « Le désespoir des grands fjords », un article de Patrice Delbour dans *L'Événement* que nous allons analyser plus en détail dans le chapitre sur les représentations du Nord, fait référence à la plupart des livres[65].

En 1995 « Bonnes pages de Suède », un article général qui portait notamment sur *Automne allemand* et *L'Enfant brûlé*, est publié dans *CFDT Magazine*. En 1997, un portrait de Dagerman par Gwénaëlle Supic paraît dans *Pro-libris X*. Son titre « L'innocence préservée » s'inspire sans aucun doute de celui de la biographie d'Ueberschlag, *Stig Dagerman ou l'innocence préservée. Une biographie* (1996). Sylvie Lisiecki écrit en 2003 une présentation de Dagerman pour les *Chroniques* de la Bibliothèque Nationale de France, « Stig Dagerman et l'inhumanité du monde ». La motivation de cet article est certainement la grande conférence – déjà signalée dans l'introduction – sur Dagerman qui eut lieu à Paris en juin 2003.

---

[65] *Automne allemand, Le Condamné à mort, Notre besoin de consolation..., Le Serpent, L'Île des condamnés, Dieu rend visite..., Ennuis de Noce, Les Wagons rouges, Le Froid de la St Jean, Notre plage nocturne et L'Enfant brûlé.*

Cette conférence s'inscrivait dans le cycle de conférences de la BNF *Grandes figures européennes du XXe siècle littéraire* qui, durant le printemps 2003, donna lieu à trois rencontres consacrées à Milan Kundera, Virginia Woolf et Stig Dagerman. Il est bien entendu fort flatteur pour Dagerman d'être intégré parmi ces « grandes figures européennes » de la littérature. La conférence sur Dagerman fut présidée par Hector Bianciotti et comporta une table ronde à laquelle participèrent notamment Philippe Bouquet et Georges Ueberschlag. Lors de cette conférence, on projeta également le documentaire français *Stig Dagerman* réalisé par Pierre Beuchot en 1989 et produit par La Sept et Archipel 33 – ce qui représenta d'ailleurs un autre événement significatif de 'l'année Dagerman' (1989) en France.

2.2.7 Bilan préliminaire

Nous avons identifié trois phases éditoriales dans la publication de l'œuvre de Dagerman en France. D'abord ses débuts avec *L'Enfant brûlé* chez Gallimard. Le public avait déjà été discrètement préparé à la réception de cet écrivain étranger par le travail d'introduction fait par *ROMAN*, une revue littéraire à la mode pendant la première moitié des années 1950 malheureusement vite disparue. Cette revue se référait souvent à Dagerman et avait publié un article sur lui et fait traduire l'une de ses nouvelles. La deuxième phase éditoriale fut marquée par l'activité d'une autre maison d'édition parisienne, Denoël (faisant certes partie du groupe Gallimard), qui fit publier entre 1966 et 1976 trois livres de Dagerman. La phase la plus importante fut cependant la troisième, celle qui correspond aux années quatre-vingt, une période fortement marquée par la nouvelle maison d'édition fondée à Arles par Hubert Nyssen, Actes Sud. Cette phase correspond à la deuxième époque de la réception de Dagerman en France, qui se caractérise par une sorte de renaissance de son œuvre, remise sur la place publique par un éditeur (lui-même étranger) qui favorise ces littératures périphériques, ayant parfois des difficultés à être reconnues dans le milieu littéraire français. Les publications chez Maurice Nadeau ont aussi une influence importante pendant cette période, et ce n'est pas rare que les critiques mentionnent les publications d'Actes Sud et de Maurice Nadeau dans le même article.

On compte vingt-neuf publications de Dagerman en France de 1956 à 2007. Seize de ces publications, c'est-à-dire, plus de la moitié, eurent lieu dans les années quatre-vingt. Cela montre bien la densité de la publication, et par conséquence de la réception, de Dagerman en France pendant cette période. On pourrait parler d'une quatrième phase éditoriale, qui commence dans les années 1990 et s'étendrait jusqu'à nos jours. C'est une phase pendant laquelle on continue à publier Dagerman, alors que le grand travail qui consiste à faire connaître l'écrivain étranger a déjà été fait. Dagerman appartient désormais en France à l'établissement littéraire. Un trait spécifique du passage de l'œuvre de l'écrivain suédois en France est qu'elle a donné lieu à plusieurs rééditions, et l'on note que plusieurs maisons d'édition se sont réparti cette tâche entre elles. On remarque un mouvement des maisons d'édition de Paris (avec de grandes structures éditoriales) vers des maisons d'édition en province (avec de petites structures éditoriales), qui signifie également un changement de traducteurs. Récemment, le scénario est pourtant devenu plus complexe : Dagerman est publié à la fois à Paris (par exemple par Maurice Nadeau qui serait plutôt considéré comme une petite structure) et de province (par exemple par Agone à Marseille). Le destin de la maison Actes Sud a aussi radicalement changé depuis ses débuts avec Dagerman pendant les années 1980. Malgré son siège à Arles, Actes Sud a depuis longtemps un bureau à Paris et est maintenant reconnue comme une grande maison d'édition prestigieuse, qui compte dans son catalogue des lauréats de prix Nobel.

Nous avons choisi d'appeler la période qui commence en 1980 « l'époque Actes Sud ». Cela se justifie à nos yeux par le fait que cette maison d'édition joue alors un rôle prépondérant dans la distribution de l'œuvre de Stig Dagerman en France, et que c'est elle qui a la plus grande influence sur l'image très répandue de cet auteur dans le domaine francophone. Il est vrai que Gallimard et Denoël ont eux aussi publié quatre livres de l'auteur pendant les années quatre-vingt, mais il s'agit de republications. En revanche, la maison Maurice Nadeau traduisit et publia pour la première fois en France quatre livres de Dagerman – dont trois recueils de nouvelles – qui n'eurent pas une force d'impact aussi important que les livres publiés chez Actes Sud. Ensuite, on trouve les maisons d'édition de petite structure, comme Ludd qui publia *Printemps français* (un livre qui n'eut pas beaucoup de succès) ou la réédition d'*Ennuis de noce* chez Christian Bourgois, mais ces publications ne semblent pas avoir eu grande influence sur la réception de Dagerman en France. Les deux livres publiés par Actes Sud, et notamment *Notre besoin de consolation est impossible à rassasier* en 1981, ont par contre complètement dominé la réception française de Dagerman. Ce sont ces livres qui ont le plus marqué et impressionné les lecteurs français et auxquels on associe Dagerman en France encore aujourd'hui. Constatons que l'introduction et l'édition de cette œuvre en France sont dues à l'engagement de quelques personnes ou « agents »[66], pour utiliser le terme de Bourdieu, qui sont principalement ses éditeurs, ses traducteurs et quelques critiques littéraires sans lesquels les textes, et finalement l'œuvre intégrale de Dagerman, n'auraient pas vu le jour en français.

Dans le chapitre suivant, nous allons examiner plus en détail les articles écrits en 1956 sur *L'Enfant brûlé*, la première publication de Dagerman en français. Nous tenterons de déterminer le sentiment des critiques à l'égard de l'œuvre et de comprendre s'il y a quelque chose dans l'écriture de Dagerman qui leur a particulièrement plu.

---

[66] « C'est en effet dans un processus de circulation et de consommation dominé par les relations objectives entre les instances et les agents qui s'y trouvent engagés que se constitue *le sens public* de l'œuvre par lequel l'auteur est défini et par rapport auquel il doit se définir : les rapports sociaux dans lesquels s'accomplit la production de ce sens public, c'est-à-dire de cet ensemble de *propriétés de réception* que l'œuvre ne révèle que dans le processus de « publication » (au sens de « devenir public ») [...]. » (Bourdieu, 1971, p.62)

3. La réception de *L'Enfant brûlé* (1956)

Nous allons dans ce chapitre entamer une étude de la première réception de Dagerman en France, la publication du roman *L'Enfant brûlé* par Gallimard en 1956, d'abord en offrant un survol de cette réception, ensuite en continuant par un inventaire fouillé des thèmes relevés par la critique. Nous pourrons ainsi voir s'il est possible de trouver d'ores et déjà dans cette première réception les réponses aux questions soulevées dans notre introduction : pourquoi l'œuvre de Dagerman est-elle si appréciée en France ? Est-ce son style qui plaît à la critique française, ou les sujets qu'il aborde, ou encore autre chose?

3.1 Survol chronologique d'une réception

Lors de sa publication en France, *L'Enfant brûlé* fut accueilli par une presse favorable. Nous avons recueilli au total dix-huit articles. La réception fut concentrée : les articles furent publiés durant une période de sept mois, et quatorze d'entre eux paraissent pendant trois mois, donc une période très limitée.

Dossier de presse de *L'Enfant brûlé* lors de sa publication en France

(Tous les comptes rendus ci-dessous furent publiés en 1956.)

Tribune des Nations	16 mars
L'Express	23 mars
Information	1er avril
Le Monde	12 avril
La vie littéraire de la Tribune de Lausanne	14/15 avril
La Liberté de Clermont-Ferrand	17 avril
Peuple de Bruxelles	18 avril
Les Lettres Modernes	Avril
La Libre Belgique	2 mai
Le Bulletin Paris	4 mai

Le Temps de Paris	5 mai
l'Humanité	26 mai
Notes Bibliographiques	Mai
Bulletin Bibliographique	Juin
H. et M.	1er juillet
Bulletin Critique du Livre français	Juillet
Études	Septembre
Le Figaro littéraire	Date illisible

Trois des articles sont particulièrement importants et ont marqué la réception, en donnant en quelque sorte le ton. Il s'agit des articles de *L'Express*, du *Monde* et du *Figaro littéraire*. Ces articles sont relativement longs et bien écrits ; ils sont donc importants à la fois du point de vue quantitatif et qualitatif. Leurs auteurs possèdent une certaine autorité : François-Régis Bastide, qui écrit dans *L'Express*, était lui-même écrivain et peut être considéré comme un connaisseur de la Suède, dans la mesure où il avait publié, en 1954, un livre intitulé tout simplement *La Suède*[67]. Le critique littéraire du *Monde*, Marcel Brion, était non seulement un romancier reconnu, mais aussi un essayiste et un spécialiste de l'histoire de l'art. Michel Mohrt, qui fait le compte rendu du livre pour *Le Figaro littéraire*, était lui aussi romancier, historien de la littérature et, à l'époque, éditeur chez Gallimard (dans le département de littérature anglophone)[68].

Esquissons rapidement le contexte littéraire présent en France en 1956 pour mieux comprendre dans quel espace littéraire arrivait la traduction du roman suédois encore inconnu, en d'autres mots voyons quel était alors l'horizon d'attente de la critique. La scène littéraire française de l'époque était surtout dominée par trois courants. D'abord celui du Nouveau Roman qui venait de naître[69].

---

[67] Nous aurons l'occasion de revenir sur ce livre plus loin (dans le sous-chapitre 3.3.4.1.).
[68] Mohrt est aussi le successeur de Marcel Brion pour le 33e fauteuil de l'Académie française, après la mort de Brion en 1984.
[69] Notons que la notion de Nouveau roman a été forgée plus tard, et que ce courant littéraire n'a vraiment démarré comme 'école' qu'en 1963, année de la publication de *Pour un Nouveau Roman* de Robbe-Grillet.

Plusieurs romans, signés Nathalie Sarraute, Claude Simon, Robbe-Grillet etc., avaient déjà été écrits. Robbe-Grillet publia en effet un roman, *Le Voyeur*, au moment de la parution de *L'Enfant brûlé* et, comme nous le verrons, les critiques font souvent un lien entre ces deux livres. Un autre courant littéraire dominant pendant cette période était l'existentialisme ; l'essentiel des œuvres existentialistes avait déjà été écrit en 1956. Simone de Beauvoir avait publié, en 1954, soit deux ans avant la sortie de *L'Enfant brûlé*, *Les Mandarins*, roman sur lequel une étude de réception a été effectuée par Larsson en 1988, une étude qui nous intéresse tout particulièrement étant donné que cette réception est si proche, dans le temps, de celle du roman de Dagerman. Le troisième courant important était celui du Théâtre de l'absurde ; Ionesco a écrit quelques-unes de ses pièces les plus importantes au début des années cinquante. Cela donne une idée du climat littéraire qui régnait en France lors de l'arrivée du roman de Dagerman, et dans quel cadre d'associations pouvaient opérer ses critiques.

3.2 INTERFÉRENCES

Il arrive souvent que des événements survenus avant ou qui sont en rapport avec la publication d'une œuvre littéraire influent le cours que prendra la réception de cette œuvre. Joseph Jurt appelle ce genre d'événements *interférences* (1980, p. 35) et nous emploierons ce terme par la suite. Ces interférences peuvent être de nature diverse : un prix littéraire, un entretien avec l'auteur dans une revue importante et ainsi de suite. Dans le cas de la publication de *L'Enfant brûlé* en France, on observe deux interférences très importantes : 1) l'article publié sur Dagerman dans le magazine *ROMAN*, en juillet 1955, l'année avant la publication du roman en traduction ; 2) la mort de l'auteur, qui précède l'édition française de deux ans. Ces deux interférences auront une influence très palpable sur l'horizon d'attente et par conséquent sur la réception du livre.

3.2.1 L'article de Célia Bertin

L'article de Célia Bertin, qui devait avoir beaucoup d'impact sur l'accueil de *L'Enfant brûlé*, fut le premier à paraître sur

Dagerman en France. Il parut dans le magazine littéraire *ROMAN* sous le titre « Visite à un ami mort ». Célia Bertin y esquisse un portrait à la fois de la Suède et de Dagerman et crée autour de l'auteur une ambiance de mystère. C'est en effet un récit de voyage, et comme c'est souvent le cas pour ce genre de récits, il est fortement empreint d'exotisme. Le voyage de Célia Bertin avait lieu peu de temps après la mort de Dagerman. Ayant décidé de rendre visite à sa veuve, Anita Björk, qui était aussi son amie, Célia Bertin raconte ses souvenirs de voyage de façon détaillée. Elle prend un taxi pour se rendre dans l'archipel de Stockholm, où habitait le couple Dagerman-Björk. Bertin donne de la Suède l'image d'un pays civilisé : le taxi roule sur « une admirable route ». La nature est très présente et elle compare le paysage à celui de la Bretagne : « Comme ce pays est beau, magique autant que la Bretagne, avec une vraie grandeur qui bouleverse ! ». Il fait mauvais, « les vitres de la voiture sont pailletées de pluie », mais surtout « il fait nuit ». L'obscurité est omniprésente dans l'article et les verbes « illuminer » et « éteindre » ne cessent d'apparaître et de réapparaître. Elle boit du xérès avec Anita Björk sous l'éclairage modeste d'une lampe à pétrole et « on [sent] la nuit et les arbres au-delà des vitres ». Elle cite le chauffeur de taxi : « on ne s'habitue pas à vivre dans le mauvais temps et l'obscurité. Aujourd'hui, il n'a pas fait jour ». Il fait sombre, il pleut, mais ce n'est tout de même pas une description négative que Bertin veut faire de la Suède, elle veut plutôt en donner une image mystérieuse. La description de la maison où a vécu Dagerman contribue à créer cette impression de mystère : « J'avais déjà pensé que la maison était d'une étrange beauté, simple. Une maison dans laquelle on aimerait vivre à cause de sa situation parmi les arbres, de son mystère un peu féerique ».

En ce qui concerne Stig Dagerman et Anita Björk, c'est un couple d'intellectuels que Bertin nous présente. Elle parle de leurs voyages et des livres en différentes langues qui se trouvent dans leur bibliothèque. Quand Bertin décrit au début de son article Dagerman et le rôle qu'il joue dans la littérature et la société suédoises, elle le fait avec les mots suivants : « Dagerman était pour les autres un patron, un modèle, conscient de son époque et appliqué à l'étude des problèmes de son art de romancier ». Bertin évoque la panne d'inspiration dont avait souffert Dagerman, mais elle insiste surtout sur le grand talent de cet écrivain si jeune. Elle clôt son article en racontant sa conversation avec Anita Björk :

> Je les revoyais à Paris, trois ans plus tôt, elle enceinte et pleine de projets de travail : Anouilh qu'elle allait jouer, après la naissance de sa fille, les Epiphanies qu'elle tenait à monter : lui, enfermé dans son univers qu'il n'arrivait plus à exprimer depuis quatre ans déjà, tendu vers ce roman qu'il ne pouvait écrire. Elle me raconte à présent, leur vie, leurs voyages, et le temps est immobile. Je ne sais plus quand ce jeune homme qui avait été un grand écrivain est mort.

C'est une présentation attrayante que Bertin fait de ce jeune écrivain étranger. L'article a sans doute préparé le terrain pour la publication de *L'Enfant brûlé* en France et peut-être même influencé la décision de publier le livre un an plus tard. De toute manière, nous allons voir dans l'étude présente que l'article de Bertin a beaucoup influencé les critiques. Ses images de l'obscurité nordique et son concept d'une « étrange beauté » resurgiront dans plusieurs articles sur Dagerman. On peut d'ailleurs se demander si, dans le cas où Bertin aurait effectué son voyage non pas en novembre mais en juin, avec une lumière nordique permanente, cela n'aurait pas sensiblement changé ses impressions sur la Suède, et donc indirectement une bonne partie de celles des critiques : en effet, comme la plupart d'entre eux ne s'étaient jamais rendus en Suède, il était naturel qu'ils s'appuient sur le témoignage de Bertin, leur collègue française. L'insistance sur l'« étrangeté » et l'idée d'utiliser l'adjectif « étrange » en combinaison avec un adjectif plus « positif », que l'on retrouvera sous la plume de plusieurs critiques et sur la quatrième de couverture du livre (« cet étrange et beau roman »), portent sans doute la marque de Célia Bertin.

3.2.2 La mort de Dagerman

> « Enfant brûlé craint le feu », dit une phrase du roman de la Rose. Mais l'auteur nie l'aphorisme dans un commentaire placé en épigraphe de son livre : « Ce n'est pas vrai, un enfant qui s'est brûlé ne craint pas le feu. Il est attiré vers le feu comme un

papillon vers la lumière. » Il sait que s'il s'approche, il se brûlera de nouveau. (Michel Mohrt, *Le Figaro littéraire*)

Dans le dossier de presse de *L'Enfant brûlé*, tous les comptes rendus sauf un parlent de la mort de l'écrivain et, en général, ils font d'abondants commentaires à ce propos. Nous y reviendrons ci-dessous dans le sous-chapitre 3.3.1 intitulé « Le suicide ». Pour la réception de *L'Enfant brûlé* en France - qui est en effet posthume - la mort de Dagerman est donc l'une des interférences principales. Le fait que l'écrivain soit mort, et la manière dont il est mort, a beaucoup affecté l'introduction de son œuvre en France : qu'il soit mort si jeune, à l'âge de 31 ans, que toute son œuvre ait par conséquent été celle d'un écrivain très jeune. Dagerman n'ayant, de plus, presque rien écrit pendant les quatre dernières années précédant sa mort, tout cela a contribué à la fascination qu'il suscita. Puisque l'écrivain n'est plus, il est présenté comme « suicidé », ou encore comme « l'écrivain suédois suicidé ». Et comme il n'a été couronné d'aucun prix littéraire sur lequel Gallimard pouvait attirer l'attention des lecteurs, l'éditeur insiste sur la mort spectaculaire de l'écrivain. Cela permet de comprendre comment le suicide de l'écrivain a pris la fonction d'une stratégie de vente pour la maison d'édition.

Parmi les articles qui font partie de notre dossier de presse de *L'Enfant brûlé*, très peu décrivent la vie de Dagerman de manière détaillée. En général les critiques mentionnent sa dépression, mais sans mentionner le goût qu'il avait de jouer avec la mort : il lui arrivait souvent de défier la mort en conduisant sa voiture à une vitesse exagérée, ou d'aller s'asseoir dans sa voiture dans son garage, et de mettre le moteur en marche. Cela pourrait expliquer son engouement pour la célèbre phrase : « Enfant brûlé est attiré par le feu »... Le jour où Dagerman est mort dans son garage, 'gazé' dans sa voiture, ce n'était pas la première fois qu'il jouait à ce jeu.

Les suicides commis par des personnes connues et admirées peuvent susciter l'imitation. L'une des plus célèbres incitations au suicide dans l'histoire de la littérature occidentale est sans doute celle du jeune Werther de Goethe dont le suicide (pourtant fictif) a donné lieu à une vague de suicides en Europe parmi les jeunes gens, qui, pour l'occasion, s'habillaient de la même manière que le héros du roman. Heureusement, le suicide de Dagerman n'a pas eu de conséquences aussi tragiques. Cependant, pour la survie de Dagerman en tant qu'écrivain, ou plutôt pour l'image de Dagerman, son suicide a joué un rôle majeur. Le fait qu'il se soit suicidé a eu un impact important sur la réception de l'œuvre de Dagerman en France

3.3 INVENTAIRE DES THÈMES RELEVÉS PAR LA CRITIQUE

Nous avons effectué un inventaire des thèmes relevés par la critique dans cette réception journalistique particulière. Ci-dessous se trouve un schéma des différents sujets les plus fréquemment abordés par la critique et le nombre de mentions obtenues par chaque sujet.

Les sujets discutés

Sujets discutés	Nombre de mentions
Personnages	18
Suicide	17
Style	16
Genre	13
Suède	13
Écrivain étranger	12
Morale	10
Angoisse	9
Composition	9
Amour incestueux	9
Folie	8
Autobiographie[70]	8
Psychologie	5

---

[70] Ce sujet correspond aux passages où les critiques discutent la question de savoir si le roman est *autobiographique* ou non (*nota bene*, sans utiliser forcément ce terme), ou apparaît lorsque les critiques révèlent de manière explicite qu'ils ont effectué une lecture autobiographique du roman (voir sous-chapitre 3.3.6 intitulé « La lecture autobiographique du roman »).

Par la suite, nous allons analyser ces commentaires après les avoir catégorisés suivant les différents thèmes qu'ils abordent : le suicide de Dagerman, le style de l'écrivain, l'appartenance du roman à un sous-groupe romanesque particulier, le pays d'origine de l'écrivain, les aspects psychologiques du roman (c'est-à-dire le thème de la folie mais aussi ceux de l'angoisse et de la morale), la question de savoir si c'est oui ou non un roman autobiographique et finalement les jugements d'ensemble sur *L'Enfant brûlé*. Afin d'éviter les répétitions, les commentaires sur les personnages du roman, qui constituent en effet le sujet ayant donné lieu au plus grand nombre de mentions, ne seront pas présentés dans une section à part, mais dans d'autres sections, comme celle sur le suicide, celle sur la lecture autobiographique, et ainsi de suite.

3.3.1 Le suicide

Tous les articles portant sur *L'Enfant brûlé* sauf un accordent beaucoup d'espace à la discussion sur le suicide de Dagerman. Souvent les articles commencent et/ou se terminent par le thème du suicide. Le commentaire du *Peuple de Bruxelles* est très typique : « Stig Dagerman est mort, à trente et un ans, en 1954. Suicidé. Perte irréparable pour les lettres suédoises ». Les critiques ont également tendance à associer le suicide à autre chose : le pays d'où vient l'auteur, sa culture (chose dont nous traiterons plus profondément dans le sous-chapitre 3.3.4 sur la Suède), ou bien ses sources d'inspiration littéraire. Le critique de la *Libre Belgique* écrit : « Stig Dagerman qui crut en Sartre et Kafka se suicida. » C'est presque comme s'il estimait que ces deux autres écrivains étaient coupables du suicide de Dagerman, ou comme si c'étaient les lectures de Dagerman qui étaient responsables de son suicide ; en tout cas, cela laisse entendre qu'il y a un rapport entre ces lectures et le fait qu'il se soit suicidé.

3.3.1.1 Le suicide en tant que « chef d'œuvre »

Certains critiques choisissent de lire le suicide de Dagerman comme un comportement plus ou moins courant parmi les Suédois en général ou les artistes suédois en particulier. Il semble bien que ces deux groupes de personnes aient la réputation de se suicider plus que d'autres. Stephen Hecquet écrit sur la Suède que c'est un étrange pays « où la plupart des artistes ont une destinée qui ressemble à celle de notre Nerval » (*Le Bulletin Paris*). On ne sait pas à quels autres artistes suédois il songe, mais il laisse entendre que « la plupart » ont eu une destinée nervalienne, en d'autres mots celle de finir leurs jours en proie à la folie et d'attenter à leur propre vie. En effet, Hecquet fait dans ce compte rendu également référence à d'autres artistes français entourés du mystère d'une mort précoce. Il affirme que l'acte de Dagerman fait penser « non pas tant à Radiguet ou Rimbaud, qu'à tel de nos poètes surréalistes, ne trouvant plus que dans le suicide l'occasion d'un dernier chef-d'œuvre ». Notons qu'il écrit sur le suicide en termes de *chef-d'œuvre*, quasiment comme s'il s'agissait d'une œuvre littéraire. Ceci est intéressant parce que l'histoire lui donnera raison. En ce qui concerne la réception de Dagerman en France, le suicide a, comme nous venons de le dire, en quelque sorte remplacé un prix littéraire important et éveillé une fascination presque morbide. Marcel Brion, critique du *Monde* semble par exemple avoir été inspiré par la même idée lorsqu'il parle du suicide comme « le couronnement véritable de cette existence traquée qui fut la sienne, dévorée par une inquiétude sans remède ».

Soyons attentifs à toutes ces formulations qui établissent un lien entre le suicide de Dagerman et une certaine lecture de *L'Enfant brûlé* ; lorsque les critiques évoquent le suicide de l'auteur, ils le font très souvent par rapport à celui du personnage principal de *L'Enfant brûlé*, Bengt. Mais Bengt ne se suicide pas dans le roman : il fait deux tentatives qui échouent. Voici comment les critiques se formulent par exemple à propos du suicide de Dagerman : « [...] l'auteur, lui, a réussi le sien à 31 ans » (*Bulletin Bibliographique*). Ou bien : « Stig Dagerman terminera *L'Enfant brûlé* par un double suicide manqué. Luimême, six ans après avoir écrit cette œuvre d'une extraordinaire intensité, se donna la mort, à l'âge de 31 ans, en 1954 » (*La vie littéraire de la Tribune de Lausanne*). Ou encore : « Quant à l'auteur de ce livre [...] il a réussi son suicide » (*Bulletin Critique du Livre français*). Le thème du suicide dans le roman est donc

souvent mis en relation avec la vie de l'auteur. C'est ce que l'on remarque également dans la citation ci-dessous :
> La dernière lettre de Bengt, « las de vivre dans le monde des petits chiens », est celle d'un fou, mais ayant manqué son suicide, on peut se demander si cet Enfant brûlé qui a commencé de mourir, ne va pas commencer de vivre réellement. L'auteur de ce roman, traduit par E. Backlund (Gallimard), n'a pas manqué son suicide.

(La Liberté de Clermont-Ferrand)

Cette tendance à mettre en rapport le suicide de l'auteur avec les tentatives de suicide de son personnage romanesque est fort répandue parmi les critiques. Parfois cela va même plus loin, et révèle carrément que le critique a effectué une lecture autobiographique du roman. Ce point de vue sera, comme nous l'avons dit plus haut, étudié à part dans le sous-chapitre 3.3.6 intitulé « La lecture autobiographique du roman ».

3.3.1.2 Enfants du siècle

L'histoire de la littérature comporte un certain nombre d'écrivains beaux et mystérieux dont l'image a été figée le jour de leur mort ; si cette mort est arrivée précocement ils restent depuis éternellement jeunes, au moins dans le souvenir des lecteurs. Raymond Radiguet, mentionné par l'un des critiques, est mort très jeune, à 20 ans, mais il est mort d'une fièvre et ne s'est pas suicidé. Dans le cas d'Arthur Rimbaud, il ne s'agit pas non plus d'une mort volontaire : il dut subir l'amputation d'une jambe à cause d'un cancer, et décéda peu de temps après. En revanche, d'une autre façon la mort de Rimbaud peut être mise en parallèle avec la destinée de Dagerman : il est mort précocement à la littérature, dans le sens où il avait abandonné sa carrière littéraire à l'âge de 21 ans déjà, ce qui pourrait être comparé à la crampe d'écriture dont a souffert Dagerman. Parmi les poètes anglo-saxons, Edgar Allen Poe tenta de se suicider, mais sans réussir. Il est cependant mort dans la folie, ce qui peut aussi contribuer à la mystification du génie. Finalement, Lord Byron et Shelley connurent tous les deux des morts spectaculaires, glorifiées. Ils périrent en mer (l'un de la fièvre, l'autre à cause d'une tempête) mais dans aucun des deux cas il ne s'agit de ce qu'on pourrait appeler un suicide de poète. Tous ces écrivains, et bien d'autres, ont contribué à créer le mythe, la représentation du poète mystérieux, mort jeune. L'image de Dagerman n'est pas un phénomène isolé ; elle est alimentée par les images d'autres écrivains célèbres.

Nous avons donc souligné que l'image de Dagerman en tant qu'écrivain éternellement jeune est une image énigmatique et attirante. Il est, selon la critique, mort comme un grand poète se le doit. Si les critiques français mettent l'accent sur le suicide de l'auteur et sur le thème du suicide dans son roman, c'est dans le but, semble-t-il, de le rendre plus intéressant. Cette image plaît beaucoup, surtout aux jeunes lecteurs. Comme nous l'avons vu, certains critiques parlent même de chef d'œuvre. Bien évidemment, même si la façon dont un écrivain meurt ne change rien à ses textes, cela peut être un élément importantissime dans la réception posthume de son œuvre, et cela d'autant plus s'il s'agit d'une mort hors du commun. Cela contribue de manière essentielle à créer et à nourrir l'image qui circulera aussi bien parmi les lecteurs contemporains que parmi les lecteurs futurs de l'auteur, une image qui influe beaucoup sur l'horizon d'attente.

Dans l'article des *Lettres Modernes*, on trouve un excellent résumé du drame du livre :

> Obsédé par le souvenir de sa mère, le fils en vient à identifier Gun à la morte, et sa jalousie même le conduit à renforcer cette identification et, en devenant l'amant de Gun, il se venge tout autant qu'il prend conscience de posséder sa mère. Cette obsession le poursuit encore après son propre mariage et, par désespoir de ne pouvoir rompre cet envoûtement il tentera de se suicider.

Le critique des *Lettres Modernes* est l'un des rares à essayer d'élucider le motif qui se cache derrière les tentatives de suicide de Bengt, et, c'est à son avis la relation entretenue par Bengt avec Gun (la maîtresse du père) qui explique son désir de mourir. Comme plusieurs autres critiques, celui-ci analyse le personnage principal en parlant de sa relation malsaine avec Gun, mais il le fait en termes d'obsession et d'envoûtement, sans parler explicitement d'inceste, un terme que certains autres critiques associent à cette relation.

Si l'on analyse la thématique du suicide non seulement dans *L'Enfant brûlé*, mais aussi dans toute l'œuvre de Dagerman, on constate que *L'Enfant brûlé* est l'ouvrage où elle est développée de la façon la plus frappante. Cela ne veut pas dire que l'auteur ne le traite pas dans d'autres livres. Johan Cullberg aborde par exemple ce sujet dans son livre consacré à l'analyse psychanalytique de Dagerman et de Strindberg. Cullberg constate que « la problématique narcissique est constamment traitée dans l'œuvre de Dagerman » (p. 152)[71]. Il ne pense pas que le thème du suicide soit propre à *L'Enfant brûlé*. Selon lui, chaque livre de Dagerman parle du sujet suivant : « comment nous vivons, pourquoi nous vivons si mal ». Et il ajoute : « Le suicide est un thème ouvert ou caché dans la plupart de ses œuvres » (p. 124)[72].

Un critique, celui de *H. et M.*, parle de Dagerman comme d'un « enfant du siècle » en se référant à son suicide. Il ne cite pas de noms pour expliquer quels seraient ces autres enfants du siècle, mais le lecteur pourrait faire des associations à Rimbaud ou peut-être à Cocteau. De toute façon, le critique déclare que ces enfants du siècle « sous quelque forme qu'ils se présentent, sont toujours les mêmes », et il les caractérise de la manière suivante : « [...] ils veulent tout, et quand on ne leur donne rien, ils s'en vont, pour peu qu'ils aient l'âme généreuse. Ce fut le cas de Stig Dagerman ». C'est, en d'autres mots, une lecture assez défavorable. En plus, il termine son article avec des propos plutôt cruels : « [...] Cela fit un malheureux de moins, et une belle œuvre de plus. Tout se paye. »

3.3.2 Le style

Nombreux sont les commentaires sur le style du roman. Quasiment tous les critiques, seize sur dix-huit, discutent la

---

[71] « Den narcissistiska problematiken bearbetas ständigt i Dagermans författarskap. » (Notre traducion.)
[72] « Från den första till den sista av hans böcker har frågorna handlat om hur vi lever, varför vi lever så illa. Självmordet är ett öppet eller fördolt tema i de flesta av hans verk. » (Notre traduction)

dimension du style de *L'Enfant brûlé*. Les commentaires sur le style sont souvent proches de ceux qui parlent de la composition et de ceux qui traitent de l'appartenance romanesque. Nous tenons tout de suite à souligner que la plupart des critiques sont d'accord pour dire que Dagerman a un style bien à lui, une écriture spéciale qui se distingue de celle des autres écrivains. Cela semble bien être l'un des traits dagermaniens qui plaisent le plus à la critique française.

3.3.2.1 Le style concis

Les critiques mettent surtout en avant la précision des descriptions, le soin appliqué par Dagerman à l'évocation des détails. François-Régis Bastide utilise dans *L'Express* la formule « détail possédé » pour décrire le style de Dagerman, dans une définition qui nous paraît d'ailleurs très juste. « La connaissance théorique est ici forcenée, le réalisme maniaque et les nuances, ce qui s'appelait autrefois "psychologie", naissent du détail possédé, comme le cri de la [vocaliste]. » Ce style qui revient à « posséder le détail », c'est-à-dire à décrire les détails avec abondance et d'une manière extrêmement précise, est un aspect du style dagermanien fréquemment mis en lumière par les critiques. Certains vont même jusqu'à établir des liens entre cette précision du style de Dagerman et le cinéma :

> *L'Enfant brûlé* est un livre étonnamment cinématographique. Si l'on devait étudier l'influence du cinéma sur la littérature, on trouverait dans ce roman un exemple typique de cette psychologie par images, dont le cinéma est indiscutablement le meilleur instrument. (*Information*).

Ensuite, ce critique (qui signe son article S. de P.) continue en disant que le livre est « muet », c'est-à-dire que le dialogue en est absent comme dans « un long film muet » - mais cependant « merveilleusement explicite »[73]. En disant que « le cinéma est indiscutablement le meilleur instrument », il reproche quasiment à Dagerman d'avoir choisi de raconter son histoire sous la forme

---

[73] « On pourrait presque croire que ce livre est muet, tant le dialogue est absent : un long film muet, mais merveilleusement explicite, par la grâce d'une image, la poésie d'une vision. » (*ibid.*)

d'un roman. Dagerman était en effet conscient du caractère dramatique de son écriture, et il créa lui-même une version théâtrale de *L'Enfant brûlé* paru en français sous le titre *Le Jeu de la vérité* (*Ingen går fri*, 1949). Les critiques ne précisent pas dans cette réception à quels films l'écriture de Dagerman fait penser, sauf un seul qui mentionne, par rapport à sa lecture de Dagerman, le cinéaste hispanique Buñuel. La critique n'a sans doute pas tort de faire un rapprochement entre l'écriture de Dagerman et le cinéma. On sait que Stig Dagerman était un grand amateur du cinéma – dès son enfance son principal plaisir était d'aller voir un film le samedi dans un cinéma stockholmois. Le critique de l'*Information*, qui qualifie l'écriture de Dagerman de « cinématographique », est le seul à utiliser ce terme précis (d'autres critiques en revanche établissent implicitement un lien avec le cinéma), et il explique ainsi l'une des raisons pour lesquelles il serait permis de parler du côté cinématographique du style :

> Cela tient sans doute au style bref, saccadé, fait de phrases très courtes et précises, qui permettent la juxtaposition immédiate de deux images sans lien apparent entre elles, mais qui est toute la richesse, parfois, du cinéma.

La définition du style de Dagerman qui insiste sur son côté bref et saccadé est intéressante, car elle vaut aussi pour beaucoup d'autres écrivains suédois. Il est possible que le critique ait perçu comme un trait individuel et représentatif de l'auteur quelque chose qui pourrait aussi bien être une expression de la tradition littéraire dont il était issu. Dans les langues nordiques, la brièveté peut quasiment être considéré comme un idéal d'écriture. L'expression suédoise *kort och koncist* (court et concis) témoigne de cette attitude : il s'agit de s'exprimer d'une façon condensée et sans trop de fioritures[74]. C'est un problème bien connu, que l'on rencontre lors de la traduction des langues germaniques vers les langues latines (et vice versa bien entendu) : ces dernières ont

---

[74] Il est vrai qu'il existe un idéal de la concision en France aussi. Deux œuvres aussi différentes que celles de Proust et de Camus montrent bien la diversité des styles possibles.

tendance à être plus riches en propositions subordonnées (hypotaxe)[75].

Stierlin décrit aussi le « style rapide » de Dagerman : « Œuvre curieusement actuelle et puissante, de style rapide et concis qui s'enrichit, comme une symphonie, de certains leitmotivs tenaces et presque obsessionnels » (*La vie littéraire de la Tribune de Lausanne*). Stierlin a visiblement apprécié le style de l'écrivain. Dans la *Tribune des Nations*, nous trouvons un autre commentaire sur le style concis, la brièveté et les phrases courtes de Dagerman. Michel Mohrt, dans *Le Figaro littéraire*, définit l'écriture de l'écrivain ainsi : « [...] écriture précise, brève, linéaire parfois ». Mohrt rapproche également *L'Enfant brûlé* d'un autre roman, *Le Voyeur* de Robbe-Grillet :

> Cette précision méticuleuse dans la description des objets et des mouvements, cette minutie appliquée, nous les avons récemment vus dans un roman français qui a fait quelque bruit. C'est la même lueur froide, également distribuée sur les visages et les choses : le même hiératisme des gestes. A mesure que nous avançons dans notre lecture, nous remarquons la réapparition obsédante de détails identiques.

Plus loin dans son article, Mohrt mentionne la description des chaussures et de la robe rouge – à l'instar de nombreux autres collègues. Les objets occuperaient une place spéciale dans l'œuvre de Dagerman : ce qui serait un trait particulier du style dagermanien.

Si nous résumons, il semble bien que le style de Dagerman ait plu aux lecteurs français. Les critiques font remarquer en

---

[75] Nous nous sommes par exemple entretenue avec le traducteur suédois de Boccaccio, Sven Ekblad, qui nous a expliqué comment il a souvent dû découper les longues phrases de Boccaccio en trois ou quatre phrases courtes en suédois. (*Cf.* Ekblad, S. 1995. "Översättarens efterskrift" in Boccaccio, G. *Decamerone*. Lund: Studentlitteratur (pp. 379-380). Un autre traducteur célèbre, Philippe Bouquet, s'est prononcé ainsi sur les différences entre le suédois et le français : « De toute façon nos deux langues sont à l'opposé l'une de l'autre : l'une est synthétique, l'autre analytique ; l'une concrète, l'autre abstraite ; l'une évocatrice, l'autre discursive ; l'une musicale, l'autre atonale... » (2004, p. 94). Pour la linguistique générale et la stylistique comparée du français et de l'anglais voir aussi par exemple Vinay J.P. & Darbelnet, J. (1958) et Bally, Ch. (1965).

particulier le côté bref de son écriture, qu'ils décrivent comme « concis » et « rapide ». Plusieurs notent aussi l'importance des détails dans ce roman : ils font des commentaires sur l'espace et le soin que l'écrivain apporte à la description de certains détails, surtout les objets matériels.

3.3.3 La question générique

L'appartenance d'une œuvre littéraire à un genre particulier est l'un des multiples éléments qui influent sur l'horizon d'attente du lecteur : l'interprétation du lecteur peut être guidée par ce qu'il sait déjà du genre auquel appartient – à son avis – l'œuvre qu'il est sur le point d'aborder. Philippe Lejeune définit le genre comme « [...] une sorte de code implicite à travers lequel, et grâce auquel, les œuvres du passé et les œuvres nouvelles peuvent être reçues et classées par les lecteurs » (1975, p. 311). Dans quel genre ou sous-genre le roman *L'Enfant brûlé* s'inscrit-il ? Même si un critique parle en termes de conte de fée et quelques-uns de drame, il n'y a pas de doute parmi les critiques : il s'agit bien d'un roman. Cela est d'ailleurs indiqué sur la quatrième de couverture. Mais de quel type de roman s'agit-il ? À quel sous-genre appartient-il, ou dans quel courant littéraire s'inscrit-il ? Est-ce un roman réaliste, existentialiste, néonaturaliste ou un roman noir ? Là-dessus les commentateurs ne sont pas d'accord ; c'est justement l'un des rares problèmes de lecture observé dans la réception de *L'Enfant brûlé*. Nous avons choisi d'aborder le problème de la perception des sous-genres sous un autre angle que celui de Lejeune. Au lieu de partir de l'idée que le genre de l'œuvre est établi avant la lecture, nous supposerons que les lecteurs ne savent pas au début de leur lecture à quel genre (ou plutôt sous-genre) l'œuvre appartient, mais qu'ils identifieront ce genre eux-mêmes, au fil de leur lecture.

3.3.3.1 À quel sous-groupe romanesque appartient L'Enfant brûlé?

Parmi les treize commentateurs qui classifient le roman dans un sous-genre littéraire et /ou un courant littéraire spécifiques, six critiques optent pour le réalisme. Souvent, les critiques signalent l'importance accordée par l'auteur aux objets et aux descriptions dans le roman. À juste titre, puisque Dagerman décrit bien avec précision des objets dans le roman, et que ceux-ci occupent même parfois un rôle important dans l'histoire. Signalons par exemple la robe rouge qui devient le véritable symbole de la mesquinerie humaine, ou la paire de chaussures souvent décrite par l'auteur et à laquelle les critiques ont porté beaucoup d'attention. François-Régis Bastide écrit dans *L'Express* que « Dagerman a choisi de montrer la douleur par les objets […] ». C'est lui qui, nous l'avons vu, va jusqu'à parler d'un « réalisme maniaque », dû à l'importance donnée aux objets. Et l'auteur du compte rendu de *La vie littéraire de la Tribune de Lausanne* parle d'un « réalisme cruel ». Selon le critique du *Bulletin Paris*, *L'Enfant brûlé* serait le « premier ouvrage "réaliste" de Dagerman ». Les autres critiques semblent plutôt penser que la totalité de l'œuvre de Dagerman est réaliste. Jean Mogin, le critique de *l'Humanité*, déclare cependant qu'il se sent presque agressé par le livre, plus précisément « victime d'une agression du néonaturalisme ». Il se pourrait que ce que Mogin appelle néonaturalisme dans le roman se rapproche en réalité de ce que d'autres critiques appellent 'réalisme'.

Comme nous venons de le dire, six sur treize des critiques pensent qu'il convient de qualifier *L'Enfant brûlé* de roman réaliste, mais parmi les sept autres, les opinions divergent. Selon Stephen Hecquet, l'œuvre est « à moitié chemin entre le conte de fées et le roman noir », une opinion qu'il exprime dans le *Bulletin Paris*. Avouons qu'il est plutôt difficile de comprendre comment *L'Enfant brûlé* se rapproche du conte de fées. Il est en revanche plus aisé de saisir la référence faite au roman noir ; si le roman ne comporte pas de meurtres, on y trouve du moins une certaine violence, une atmosphère un peu menaçante et quelques tentatives de suicide, ce qui pourrait lui conférer quelque vague ressemblance avec le roman noir. Cependant, Hecquet discerne aussi dans ce roman, qu'il trouve proche du roman noir, poésie et vérité :

> Telle est alors la plus remarquable originalité de ce récit : qu'il allie si bien la poésie et la vérité, la transfiguration et la reproduction, l'anormal et le quotidien, la pureté et l'audace. Il est vrai que le secret de cette dualité n'est pas bien malin : il s'appelle l'enfance.

Le critique de *La Liberté de Clermont-Ferrand* est d'accord avec Hecquet pour ce qui est de l'aspect poétique du livre puisqu'il parle de l'œuvre de Dagerman en termes de 'lyrisme' : « Quoique son lyrisme contienne tant de notes sombres ». En ce qui regarde Dagerman, il continue : « la jeunesse suédoise l'aime et le comprend, cette jeunesse dont il a exprimé l'angoisse et fait l'examen de conscience ». En contraste avec des sous-genres comme le roman noir ou le roman néonaturaliste, François-Régis Bastide se sert dans *L'Express* des expressions roman du langage et roman d'amour : « Qu'un romancier, à notre époque, ait réussi à écrire à la fois un « roman du langage » et un « roman d'amour » me paraît tout à fait exceptionnel. Puissent, de même, pour une fois, les deux publics, se rejoindre. ». Nous ne sommes pas vraiment sûre de ce que Bastide entend par roman du langage. Peut-être un roman esthétique où le langage, c'est-à-dire la forme, compte autant ou plus que l'histoire ? C'est en tous cas le seul critique à appeler ainsi *L'Enfant brûlé*, et le seul aussi à utiliser le terme de roman d'amour.

> Malgré son atmosphère lourde et âpre, sa sordide amertume existentielle où l'on peut reconnaître la marque de Sartre et de Kafka il se dégage du roman de Stig Dagerman un climat que nous pourrions qualifier d'épique. De l'épopée, nous retrouvons en effet cette qualité unique et pour ainsi dire cette force d'archétype que possèdent tous les personnages. Chacun est représentatif d'une entité déterminée, presque abstraite en dépit du cruel réalisme des descriptions [...]. (*La vie littéraire de la Tribune de Lausanne*)

Henri Stierlin, qui est l'auteur du passage cité ci-dessus, estime que le roman est surtout épique, mais il le rapproche aussi de l'existentialisme et il établit des liens entre l'écriture de Dagerman et les œuvres de Sartre et de Kafka. Il n'est pas le seul à le faire. Il existe en effet d'autres critiques qui soutiennent que *L'Enfant brûlé* est un roman existentialiste. Notons que le nom de Sartre est mentionné par six critiques dans la réception de *L'Enfant brûlé* et que le nom de Kafka (écrivain inspirateur pour Sartre) l'est autant de fois. Camus n'est cité qu'une fois, alors que Kierkegaard, le philosophe danois parfois considéré comme le père de la philosophie existentialiste, est mentionné trois fois dans cette réception.

Continuons avec le critique Stierlin qui écrit : « [...] toute l'œuvre se déroule sur deux plans différents, dont l'un est réaliste et brutal, et l'autre profondément symbolique... ». Il laisse ainsi entendre que le roman a un côté symbolique, raisonnement qu'il poursuivra ensuite en évoquant « le symbolisme mythique de ce roman ». Il s'adonne aussi à des spéculations sur les noms des personnages, et à partir de Gun, qu'il associe au prénom Gunnlöd, figurant dans un mythe germanique, il invente l'explication suivante : « [...] le géant Suttung s'empare de la boisson merveilleuse qui donne l'inspiration. Il en confie la garde à sa fille Gunnlöd. Alors Odin, désireux de se procurer cette boisson, séduit Gunnlöd ». Stierlin se montre aussi favorable à un rapprochement avec les mythes scandinaves et notamment ceux qui parlent du loup. Il croit découvrir une association entre le loup et le chien de Gun que le personnage principal finit par tuer.

Notons finalement que deux critiques se démarquent des autres, mettant plutôt en rapport l'ouvrage avec le genre dramatique. Dans *Les Lettres Modernes*, nous trouvons une comparaison entre *L'Enfant brûlé* et *Huis clos* ainsi que l'emploi fréquent des termes de drame et de dramatique. Un autre critique se sert, en parlant du roman, de l'expression « tragédie », sans que cela implique qu'il considère que le texte appartienne à ce genre littéraire. Dès le titre de ce compte rendu, publié dans *Temps de Paris*, l'association est établie : « Une tragédie de la pureté ». Ajoutons que l'auteur de cet article, Max-Pol Fouchet, utilise aussi l'expression « fantastique morbide » pour définir le roman de Dagerman. Il semble, en somme, difficile de dire à quel sous-groupe romanesque appartient le roman de Dagerman.

3.3.4 Le pays de l'écrivain

3.3.4.1 La Suède de Bastide

Plusieurs livres ont été publiés en France sur la Suède. Nous avons déjà mentionné par exemple ceux de Lucien Maury. L'un des plus importants est celui de François-Régis Bastide, *La Suède*, qui parut en 1954, soit deux ans avant la publication de *L'Enfant brûlé* en France. *La Suède* de Bastide est un document intéressant sur les représentations françaises du Nord à l'époque citée. Ce petit livre, qui se présente sous la forme d'un guide de voyage contient précisément des renseignements pratiques pour le voyageur, comme la manière de compter jusqu'à 10 en suédois, une carte de Stockholm et les dernières statistiques concernant le suicide en Suède. Ces renseignements objectifs se mêlent à des anecdotes tirées des souvenirs de voyage personnels de Bastide, des expériences que nous croyons pouvoir qualifier de relativement tristes. Les titres des chapitres sont constitués de mots suédois – que l'auteur trouve sans doute significatif de la culture suédoise – et de traduction en français. Un chapitre s'appelle par exemple « Grubbla – Méditer en ruminant ». Il est intéressant d'observer que Bastide a pris note de ce phénomène de la culture suédoise. « Grubbla », mot difficile à traduire (selon le dictionnaire de Norstedts, il peut aussi signifier « 'se préoccuper' », à côté de 'méditer' et 'ruminer' ; peut-être que l'expression qui rendrait le mieux ce terme en français est « tourner en rond »[76]). Dans ce chapitre le lecteur peut lire :

> La solitude : premier nerf moteur de l'angoisse qui déclenche ces longs moments de *grubbla*. Dans le Grand-Nord, me promenant dans la neige [...]. Il faisait –25° et le ciel était si clair que j'avais envie de crier.

Cette description de l'angoisse du Nord est tellement saisissante qu'on se demande où Bastide a trouvé son inspiration (on est tenté de se demander si c'était dans l'iconographie du peintre norvégien Munch reproduite à une échelle mondiale). *La*

---

[76] En comparant avec la langue anglaise, il se trouve que ce terme suédois – qu'on pourrait qualifier de terme culturel – est traduit en général par des mots comme *ponder*, *brood* et *ruminate*, proches donc des mots proposés en français. Or, quelques dictionnaires (par exemple Webster's Revised Unabridged Dictionary (1913) et on-line : http://www.babylon.com/define/121/swedish-english-dictionary.html, 10-05-2008) offrent aussi une traduction plus explicative : *To feel or grope in the dark*. Cette traduction contient une valeur sémantique plus dépressive, c'est-à-dire plus proche du sens de 'déprimer'. Il est également intéressant de remarquer qu'on ajoute dans cette explication le mot *dark* ('obscurité'), si souvent associé au Nord.

Suède est illustré de photos qui ont rarement un rapport direct avec le texte, excepté le fait qu'elles ont été prises en Suède. La photo qui illustre le chapitre « Grubbla » représente un jeune homme – visiblement musicien d'orchestre – qui met sa main devant les yeux et qui a l'air déprimé. D'autres images montrent des paysages hivernaux dépourvus de toute présence humaine. Il faut croire que le livre a eu un certain succès puisqu'il a été réimprimé trois fois et il se vend d'ailleurs encore. L'un des critiques de Dagerman fait une référence directe au livre de Bastide et aussi au chapitre intitulé « Grubbla ». Il s'agit de Michel Mohrt, qui écrit dans *Le Figaro littéraire* : « *L'Enfant brûlé* est un exercice de grubblage entrepris dans la longue nuit nordique, à la lumière des bougies et avec le secours de l'aquavit ». Mohrt a donc transformé ce phénomène suédois (qui lui paraît étrange et étranger) en un mot plus français « grubblage », et il a en outre appliqué ce comportement culturel pour ainsi dire introduit par Bastide, à sa lecture du roman de Dagerman.

3.3.4.2 *Impressions de Suède à travers les lectures de* L'Enfant brûlé

Plusieurs critiques parlent de la Suède dans leurs articles traitant de *L'Enfant brûlé*. Quand Francois-Régis Bastide rend compte de *L'Enfant brûlé* dans l'*Express* il évoque dans ce contexte une référence à la littérature nordique assez commune en France, celle de Selma Lagerlöf. Il aborde aussi dans son article une question plus subtile qui porte sur le bonheur (ou plutôt le malheur) des Suédois :

> Les lecteurs français, depuis tant d'années, ont résolu une fois pour toutes le problème de la Suède : hors de Selma Lagerlöf, point de salut. Des oiseaux sauvages, des événements féeriques, des enfants-lutins. Mais ceux qui reviennent de Suède sont bien étonnés : ce pays de la perfection sociale et du socialisme triomphant, d'où peut bien lui venir son angoisse, et ce regard tragique des Suédois lorsqu'ils parlent d'eux-mêmes ?

La dernière partie de cette citation fait donc allusion à la Suède en tant que pays, tout de suite associé au socialisme et à la situation politique, qui à l'époque (les années 50), constituait le début de l'État providence. Bastide continue en déclarant à propos du roman : « Toute la réalité suédoise, la plus mécanique, la plus glacée, la Suède des cinémas et des téléphones et des boîtes de conserves est là ». Cette réalité est « vue par un ardent militant socialiste qui a combattu pour le bien-être matériel de son pays ». On ne peut savoir qui est cet « ardent militant socialiste », si c'est le personnage de Bengt dans le livre ou s'il s'agit de Dagerman lui-même.

Ces remarques précises à propos du contexte suédois contrastent avec à la critique de l'*Information* :

> Nous ignorons à quoi ressemblent le pays, la ville, la maison, les chambres où se déroule l'histoire. La Suède ? A peine fait-il, de temps à autre -29° ou -30° en hiver... Rarement aussi un auteur s'est aussi peu soucié du contexte social : mais le drame n'est-il pas purement interne, et universel ?

Notons que l'auteur prend soin de souligner combien il fait froid, chose qui n'est pas mentionnée dans le livre. Il conclut cependant que ce dont parle le roman est « universel ». Hedwige Louis-Chevrillon exprime en revanche dans *Études* son désaccord sur le caractère « universel » de *L'Enfant brûlé*. Elle trouve que ce roman ne présente aucun intérêt pour les lecteurs français à cause des éléments nordiques suivants :

> [...] le thème du froid, du gel, image omniprésente du Néant, crée à cette atmosphère d'envoûtement une réalité toute nordique. Il ne me semble pas qu'elle puisse être pour un esprit de notre tradition d'une quelconque attirance.

Revenons à Bastide. Il nous explique qu'il a l'intention de montrer ce qui rend cette histoire (celle de *L'Enfant brûlé*) suédoise, ou, comme il le dit, en se servant d'un néologisme : « *L'Enfant brûlé* répond par une histoire d'apparence assez banale, que je vais résumer dans des termes volontairement plats, pour montrer ensuite ce qui la suédoise » (*L'Express*). Cela nous donne l'impression que ce qui est typiquement suédois dans l'histoire est ce qui donne au livre sa littérarité. Finalement « ce qui la suédoise » est donc ce qui donne son intérêt à l'histoire.

Dans l'introduction très négative du compte rendu de l'*Humanité*, Jean Mogin semble regretter que l'histoire se déroule justement en Suède :

> Le souverain ennui qui règne dans les premiers chapitres de *L'Enfant brûlé*, risque de décourager le lecteur nerveux. Poussé par je ne sais quel avertissement, j'ai poursuivi au-delà de la description des funérailles d'une ménagère arrachée à un foyer citadin de Suède. Je n'avais ressenti qu'une morne indifférence pour le mari de la défunte, homme mûr au chagrin mesuré [...]

Ces lignes expriment un certain mépris. L'allusion au fait que la morte était une ménagère domiciliée en Suède donne l'impression que le récit n'a que peu d'intérêt.

Le personnage de Bengt dans le roman vit une année sombre après la mort de sa mère et essaye plusieurs fois de se tuer au fil du roman. Michel Mohrt évoque cela dans *Le Figaro littéraire* en disant de Bengt que « c'est fatal qu'il en arrive à vouloir se punir soi-même, dans le suicide ». Pourquoi cela est-il fatal ? Le critique l'explique ainsi :

> Nous sommes en Suède, et tous ces sentiments horribles mijotent dans un chaudron de sorcière rempli d'aquavit. Punir, venger, faire justice, battre les chiens à coups de fouet, cingler les visages avec le même fouet, s'interroger sans cesse : notre héros déchiré tourne en rond au cours des mois d'un éternel hiver.

Mohrt utilise ici « la Suède » pour recréer une ambiance plutôt magique à l'aide de la référence au « chaudron de sorcière ». En outre, on pourrait dire qu'il nous permet d'établir un rapport entre le suicide et la Suède en nous donnant des éléments suédois, c'est-à-dire des faits liés à la Suède, pour expliquer les motifs des tentatives de suicide du personnage principal. D'abord il rappelle que nous sommes en Suède et il évoque aussi l'« aquavit », souvent associé au Nord. Puis le critique constate que le héros « fait justice » à sa manière : il explique plus tard dans son article que le fait d'adorer la justice est une caractéristique des Suédois. Finalement, c'est l' « éternel hiver » suédois qui est associé aux dépressions et aux suicides dans le Nord. Jean Mogin établit aussi dans *L'Humanité* ce lien entre le suicide et l'hiver : « C'est au fort d'un hiver nordique que [...] il veut se trancher les veines ».

3.3.5 Les aspects psychologiques du roman

En ce qui concerne l'aspect psychologique du roman, les critiques de la presse française disent souvent du livre qu'il est angoissant. Nous allons tenter de cerner cette angoisse dans *L'Enfant brûlé* : quels sont les phénomènes que les critiques associent à l'angoisse ? Il règne dans ce roman une ambiance située entre le rêve et la réalité qui a vivement impressionné les critiques. Apparemment, la réalité décrite dans *L'Enfant brûlé* est perçue comme déprimante, puisque l'écrivain arrive à faire ressentir au lecteur ce que le protagoniste vit : la vie est si terrible qu'elle ne vaut même pas la peine d'être vécue. Pour illustrer cette attitude, nous pouvons citer le compte rendu de la *Libre Belgique* qui dit par rapport à l'écriture de Dagerman : « on l'excuse presque d'avoir quitté un monde qu'il voit si laid ». Cette idée que la réalité est laide vient peut-être des événements du livre qui sont exagérés, comme le peuvent être les événements des mythes[77]. À titre d'exemple, Œdipe n'aime pas seulement sa mère, il l'épouse ; la sœur de Cadmos ne lui manque pas seulement, il la cherche partout en Europe, et ainsi de suite. Dans *L'Enfant brûlé*, le protagoniste Bengt apprend non seulement que son père a une maîtresse, mais aussi qu'il l'avait déjà avant la mort de sa femme et qu'il la donc doublement trompée ; Bengt ne fait pas que ressentir du désir vis-à-vis de la maîtresse de son père, il la séduit ; finalement, il n'est pas seulement fatigué de la vie, il essaye aussi de se tuer.

Ce qui est du domaine du rêve, ou plutôt de celui de la psychologie (les rêves, les pensées, les obsessions etc.) dans *L'Enfant brûlé* est aussi souvent perçu par les critiques comme désagréable, angoissant. Dans le même article (*La Libre Belgique*) on lit ce commentaire : « Sur ce réel haïssable, se plaque une fantasmagorie de rêves, de transferts au sens freudien, d'obsessions, d'hallucinations, de vertiges, de dédoublements, d'horreur et de folie ». Max-Pol Fouchet du *Temps de Paris* trouve qu'« un univers d'obsessions se crée » dans le roman. Il pense que

---

[77] *Cf.* Lévi-Strauss, C. 1958. « La structure des Mythes » dans *Anthropologie structurale*, (pp. 227-256).

beaucoup interpréteront le livre comme étant « sombre à l'excès » mais clôt sa critique en affirmant que son analyse « ne saurait rendre compte du désespoir d'un tel livre, ni de sa tension tragique. Sa "noirceur" n'est pas d'ordre littéraire ». André Dalmas écrit dans la *Tribune des Nations* que le jeu entre le père et le fils « les conduit par l'obsession jusqu'à la limite de la folie ». Le même article offre une explication de l'angoisse : « Sur ces gens très pauvres, pèse, en effet, le monde matériel. Il crée leur angoisse et fait leur obsession ». Le compte rendu de *La Liberté de Clermont-Ferrand* parle lui aussi en termes « d'obsessions ». Cette fois-ci, on vise le fait que Bengt identifie sa maîtresse (qui est à la fois la sienne et celle de son père) avec sa mère : « Mais de telles obsessions mènent au bord de la folie ». Le mot « obsession » revient aussi dans l'article d'*Études* : « Ce roman morbide, dont les ressorts ne sont qu'obsessions et réflexes, dont aucune lumière ne s'élève, sombre dans l'inceste et le suicide pour s'achever dans la victoire de la volupté sur la honte et le désespoir ». Hedwige Louis-Chevrillon constate aussi, toujours dans *Études*, qu'en Bengt « s'incarnent à la fois l'angoisse inhérente à la vie consciente et le tourment de l'amour qui tente d'en émerger ». Sa conclusion est frappante : « Stig Dagerman s'est tué. Ces pages s'ouvrent vraiment sur une profondeur inversée, infra-humaine, où s'entrevoit, comme en un miroir, le mystère de la transcendance de l'homme ». L'auteur de la critique de la *Libre Belgique* constate simplement que « tous les personnages sont fous ».

Pour un roman qui traite d'un thème incestueux assez flagrant (le désir entre un fils et sa belle-mère) il n'est guère étonnant que certains critiques parlent d'Œdipe. Un seul critique fait cependant le rapport avec le drame d'Œdipe et pas seulement avec le complexe d'Œdipe. Regardons encore une autre fois le long texte de Marcel Brion dans *Le Monde*, qui évoque « ce naturel effrayant que l'on rencontre aussi dans la tragédie grecque lorsque nous nous trouvons en présence de ces hommes frappés par la fatalité : Œdipe, Oreste ».

Henri Stierlin parle de la voix de l'auteur qu'il croit entendre à travers le narrateur : « la voix étrange du jeune romancier suédois » (*La vie littéraire de la Tribune de Lausanne*). Il la perçoit donc comme « étrange ». Cet adjectif revient à nouveau dans la critique de Demeuze publiée quatre jours plus tard dans le *Peuple de Bruxelles* : « étrange roman, certes, mais roman puissant », et un peu plus tard : « étrange roman qui baigne dans une atmosphère étrange ». Dans l'entrefilet du *Bulletin Critique du Livre Français* l'auteur dit par rapport à ce livre suédois qu'il baigne dans une « "étrangeté" aussi originale qu'envoûtante ». Cette image d'« étrangeté » et l'idée d'utiliser l'adjectif « étrange » en combinaison avec un adjectif plus « positif », est probablement inspiré de la quatrième de couverture (« cet étrange et beau roman ») (qui porte de son tour sans doute la marque de Célia Bertin qui utilisait, comme nous l'avons déjà signalé, l'expression « d'une étrange beauté » dans son article). Le critique du *Bulletin Critique du Livre Français* parle aussi de « beautés » : « livre pénible et déprimant, mais qui ne manque cependant pas de beautés ». Marcel Brion s'exprime ainsi dans *Le Monde* : « sombre et beau roman ». Dans *La vie littéraire de la Tribune de Lausanne* nous lisons le passage suivant, signé Henri Stierlin :

> Ce roman, tout traversé d'obsessions, de retours, de rappels et de réponses qui tissent la trame inextricable d'une signification supérieure et qui touche à l'universel est marqué par une lourde angoisse, par un sauvage affolement devant la vie. Il y règne une indicible nausée.

Le mot qui clôt cette citation constitue, selon toute apparence, une allusion au roman de Sartre, *La Nausée*. Dans ce roman, rappelons-le, le protagoniste, Antoine Roquentin, est atteint de malaises physiques (de véritables vertiges, de nausées) déclenchés par sa vision du monde ; un monde où les choses n'ont pas de signification. Cela n'est pas développé dans l'article, mais les tentatives de suicide et les attaques de violence (lorsqu'il tue un chien ou fouette le visage de sa maîtresse) ne sont-elles pas l'expression de ses crises d'angoisse ? Tout cela n'est-il pas du même ordre que les montées de nausée dont souffre Antoine Roquentin dans *La Nausée* ? Les deux écrivains tentaient sans aucun doute d'exprimer quelque chose de semblable, comme la solitude d'un homme dans un monde qu'il ne comprend pas, mais ils n'ont probablement pas été inspirés l'un par l'autre, car *La*

Nausée ne fut publié en suédois qu'en 1949, soit un an après la publication de *L'Enfant brûlé*. La publication originale en français date de 1938, mais, si l'on en croit Périlleux (1982, p. 227), Dagerman ne lisait pas volontiers le français.

Plusieurs remarques, dans les comptes rendus font allusion à l'ambiance du roman, souvent liée à la question de la moralité : est-ce que le roman a un motif moral ou pas ? Louis-Chevrillon parle directement, dans *Études*, de « son immoralité » et estime que le lire constitue une menace pour « les lecteurs déséquilibrés ». La « Petite brève » de *Notes Bibliographiques* dit à propos du livre : « L'atmosphère en est malsaine, et le sujet tout à fait immoral. A déconseiller ». Un mot qui revient pour décrire l'atmosphère est « crispant » ou « crispé ». Dans *Le Monde* nous lisons : « L'oppressante atmosphère de ce roman [...] cette atmosphère de froid crispé et de grisaille sans lumière » et dans *Temps de Paris* : « Cette œuvre singulière, crispante et crispée ». Max-Pol Fouchet dit encore: « Il tourmente. On le porte en soi comme une blessure ». *La vie littéraire de la Tribune de Lausanne* décrit l'atmosphère du livre comme « lourde » et « âpre » et parle de « la voix étrange de Stig Dagerman ». Le critique du *Monde* évoque d'ailleurs lui aussi l'idée de l'amertume : « Il faut lire ce livre tragique et amer » et utilise des adjectifs comme « sombre » et « beau ». Il parle de « douloureuse ardeur ». Les critiques de *L'Express* et du *Peuple de Bruxelles* évoquent l' « envoûtement » ; le dernier en disant qu'« on subit l'envoûtement avec une sorte de rage intérieure ». Leur collègue du *Peuple de Bruxelles* ne trouve pas le roman « aisé, abordable par tous les lecteurs » à cause de ses « brusques et étranges plongées aux creux des êtres qu'il anime ». Selon ce critique, *L'Enfant brûlé* n'est pas un livre pour tous, mais ceci non en raison de son immoralité mais à cause du désespoir qu'il contient.

Nous pouvons donc constater que l'angoisse est le sentiment dominant retenu dans la réception de *L'Enfant brûlé*. Les mots que nous avons vu revenir fréquemment à ce propos sont *obsessions, sombre, tension, désespoir, folie* et *étrange*. Dans *L'Enfant brûlé*, la description à la fois du rêve et de la réalité est perçue comme angoissante par la critique française, éventuellement à cause de la capacité du roman à montrer la laideur du monde[78].

La volonté de critiquer le roman du point de vue de la morale est sans doute une expression de l'esprit de l'époque, soit des années cinquante. Selon Jauss, chaque réception dit quelque chose sur son époque, tout comme une œuvre littéraire peut être le témoignage d'une époque historique :

> C'est parce que sa *forme*, sa qualité spécifiquement artistique, transcendant la fonction pratique du langage qui fait de l'œuvre le témoignage d'une époque déterminée, maintient ouverte et donc présente, en dépit du temps qui passe et qui change, sa *signification* conçue comme la réponse implicite qui nous parle dans l'œuvre. (Jauss, 1978, p. 270)

Iser voit également la réception même comme un témoignage historique : « Les jugements émis sur les œuvres reflètent certains points de vue et certaines normes en vigueur parmi le public » et l'histoire de la réception « découvre les normes qui gouvernent ces jugements » (1976, pp. 61-62). Ainsi, la réception d'une œuvre pour les générations suivantes reste comme un discours, ou le fragment d'un discours, sur son époque de l'histoire. De cette façon, les études de réception ne reflètent pas que la littérature, elles peuvent aussi refléter la société, comme ici les normes qui régnaient en France lors de la parution du roman de Dagerman.

3.3.6 La lecture autobiographique du roman

Nous savons qu'il existe différentes façons de lire, différents *modes de lecture*. Nous empruntons cette notion à Leenhardt & Józsa qui dans leur livre, *Lire la lecture. Essai de sociologie de la littérature* (1982), font une étude de la réception des *Choses* de Perec et du *Cimetière de rouille* de Fejes en France et en Hongrie. Cette recherche – qui inclut aussi une étude des réceptions par la critique – se base sur des enquêtes auxquelles ont répondu des lecteurs français et hongrois. Leenhardt & Józsa avancent dans

---

[78] Nous nous permettons de répéter, à ce propos, l'affirmation de Laure Thompson, déjà citée dans « Recherches antérieures », sur la vision britannique habituelle de la Suède de « Sweden as a place of gloom and doom » (1998, p.125)

leur recherche le concept de 'modes de lecture' ; ce sont des « élaborations de la forme des lectures » (*ibid.*, p. 97) qui révèlent les « aspects intellectuels de la saisie des textes » (*ibid.*) des lecteurs étudiés. Dans l'accueil de *L'Enfant brûlé* en 1956, nous avons discerné un mode de lecture spécifique partagé par de nombreux critiques. Nous proposons d'appeler ce mode *la lecture autobiographique*, c'est-à-dire, une lecture faite à partir de la biographie de l'écrivain : comme si la clé de la compréhension du roman se trouvait dans la vie personnelle de l'auteur.

Il semble que le lecteur, dès qu'il se met à lire un livre, conclut symboliquement un accord avec l'auteur, que l'on appelle souvent un pacte de lecture. Philippe Lejeune utilise les termes « pacte autobiographique » et « pacte romanesque » (1975, p. 29). Umberto Eco, pour sa part, écrit : « Aborder un texte narratif signifie adopter une règle fondamentale : le lecteur passe tacitement un *pacte fictionnel* avec l'auteur » (1996, p.101). Eco affirme aussi que le lecteur doit, lorsqu'il lit un texte narratif, « actualiser le contenu à travers une série complexe de mouvements coopératifs » (1985, p. 62). Seulement, quelques lecteurs rebelles refusent parfois d'accepter ce pacte. Certains font partie du corps des critiques professionnels. Voici ce qu'Eco écrit à ce propos dans *Lector in Fabula* :

> « Cependant, la presse, dans sa grande majorité, a adopté ce que nous appellerons la *stratégie coopérative du refus* : elle met en question d'une part les conditions de production des énoncés [...] et d'autre part l'identité entre sujet de l'énoncé et sujet de l'énonciation » (1985, pp. 80-81).

Ce qu'Eco appelle « la stratégie coopérative du refus » de la presse nous intéresse bien naturellement. Ce que nous avons pourtant pu observer, dans le cadre de cette étude de la réception de *L'Enfant brûlé* en France, c'est que la critique a souvent mélangé le sujet de l'énoncé et le sujet de l'énonciation ; dans le cas qui nous occupe, le sujet qui écrit et le sujet qui tente de se suicider : Bengt a été confondu avec Stig. Eco relatera plus tard, sur ce phénomène précis, dans *Six promenades dans les bois du roman et d'ailleurs* (1996), ses propres expériences en tant qu'écrivain. Un lecteur qui avait lu *Le Pendule de Foucault*, où

Eco indique le lieu et la date d'une scène littéraire (Paris, telle rue, la nuit du 23 au 24 juin 1984), oublia qu'il se trouvait dans un univers fictif. Il se rappela qu'il y avait eu un incendie cette nuit-là à cet endroit précis de Paris et écrivit à Eco pour lui demander pourquoi son personnage n'avait pas vu l'incendie. Voici la conclusion d'Eco : « A mon avis, il a exagéré en voulant qu'une histoire imaginaire coïncide exactement avec le monde réel auquel elle se réfère » (*ibid*, pp. 103-104).

Björn Larsson a également mené une réflexion intéressante sur les frontières entre vérité et fiction dans son étude consacrée à la réception des *Mandarins* de Simone de Beauvoir. Il y montre que certains critiques ont lu le roman comme un *document*, c'est-à-dire en lui accordant un degré de véracité très élevé. Si les critiques interprètent le roman comme un document : « ce n'est pas simplement parce que *Les Mandarins* leur *servent* de preuve ou de source de renseignements », écrit Larsson (1988, p. 91), c'est parce que, selon les critiques, le roman *est* « une preuve, ou une source de renseignements, à laquelle on peut faire confiance parce qu'il est *véridique*. » (*ibid.*). On pourrait dire qu'on lit une œuvre de fiction, comme si elle n'était pas une œuvre de fiction, justement. Dans le cas de *L'Enfant brûlé*, de nombreux critiques français ont effectué cette 'lecture autobiographique' de l'œuvre. Ils le révèlent notamment par une tendance à confondre leur analyse de Stig (l'écrivain) avec celle de Bengt (le personnage). En général, cette façon de faire coïncide avec la lecture du suicide. Car c'est un trait caractéristique de la réception française : vu qu'en France le livre a été publié deux ans après le suicide de Dagerman, la réception française est bien différente de celle faite à la version originale en Suède, où le livre fut publié avant le décès de l'auteur.

3.3.6.1 *Un livre testament : la lettre d'adieu de l'écrivain ?*

Et les deux suicides manqués de son personnage sonnent comme un avertissement. (Le critique anonyme de l'*Information*)

Il faut tout de même admettre qu'en ce qui concerne *L'Enfant brûlé*, certaines circonstances invitent à établir un lien entre l'œuvre et la vie de son auteur. Comme, naturellement, le fait que le personnage tente deux fois de se suicider et que l'auteur se soit suicidé. Comme l'avant-dernier chapitre du roman constitue la lettre d'adieu du personnage principal, on a pu être tenté de lire le roman entier comme une lettre d'adieu de l'écrivain. Il est compréhensible que bien de critiques aient établi des parallèles. Cependant, cela semble parfois provenir de l'oubli du fait qu'il s'agit d'une fiction, ou d'un certain refus de considérer le roman de Dagerman comme une simple fiction.

Le compte rendu de *L'Humanité* est presque le seul à ne pas mentionner, dès le début, le suicide de Dagerman. Jean Mogin poursuit son article sans rien en dire et ce n'est qu'à la fin qu'il annonce ce fait aux lecteurs, sur une note assez poignante : « Non, le vrai propos de Stig Dagerman c'est de décider si la vie est tolérable. Il n'est pas sans intérêt, à cet égard, d'apprendre que l'auteur a, lui, réussi, à l'âge de vingt-neuf ans, en 1954, le suicide que son héros avait manqué ». Mogin prétend donc – tout en se trompant sur l'âge de Dagerman, mais cela n'est pas bien grave – que le suicide réussi par l'auteur est celui qu'a raté son personnage.

Le critique de la *Libre Belgique* comprend le désir suicidaire de Dagerman, car il écrit : « A cause de sa terrible logique, on lit Dagerman en tremblant ». Selon lui, on trouve les motifs du suicide de Dagerman dans l'écriture même de *L'Enfant brûlé*. On peut également noter que ce critique a l'habitude, (et il n'est pas le seul, comme nous le verrons par la suite) d'utiliser le même pronom personnel, à savoir « il », dans son discours pour se référer parfois à l'auteur, parfois au héros. Le critique commence par raconter des faits tirés de la vie de l'auteur et se met ensuite – sans le signaler (ou bien sans en être conscient ?) – à rendre compte de faits tirés de la vie Bengt, le personnage – toujours en écrivant simplement « il ». Certes, ce mélange des sujets n'est pas parmi les plus subtils, mais il s'agit tout de même d'un mélange. Citons-en un autre, provenant cette fois de la critique suisse publiée dans *La vie littéraire de la Tribune de Lausanne* :

> Lui-même, six ans après avoir écrit cette œuvre d'une extraordinaire intensité, se donna la mort, à l'âge de 31 ans, en 1954. Mais c'est dans l'avant-dernier chapitre, intitulé Une lettre

d'adieu déchirée, qu'il légitimera son acte : « Vous me demandez pourquoi, écrit-il. Je vais répondre. Parce que je suis las de vivre. Las de vivre ici dans le monde des petits chiens. Le monde des chiens aux petits sentiments, aux petits plaisirs, aux petites pensées... »

Henri Stierlin, le signataire de cet article, emploie le pronom « lui-même » en se référant à l'écrivain, mais ce pronom est suivi par le possessif « son acte » qui se réfère à son tour à Bengt, le personnage du roman. Stierlin écrit en toutes lettres que c'est dans son roman que Dagerman légitime son acte (le suicide). Comme nous l'avons déjà vu plus haut, Michel Mohrt est d'accord. Dans son article « Hamlet et les petits chiens », il pose la question : « [...] la "lettre déchirée" qui clôt le livre, et où le héros cherche à expliquer son acte de désespoir, n'est-elle pas l'ultime message de l'écrivain ?.. » (*Le Figaro littéraire*). La lettre d'adieu de Bengt, dans le roman, est donc lue comme la lettre d'adieu de Dagerman, l'auteur – malgré le fait que ce dernier se soit suicidé quelques années après avoir écrit le livre. Encore une fois, et de manière fort explicite (« l'ultime message de l'écrivain ») : la fiction est prise pour la réalité.

Max-Pol Fouchet s'est aussi posé la question : « S'exprime-t-il par la bouche de son héros Bengt? "Tout n'est que sursis... La vie n'est qu'un suicide différé. " » (*Le Temps de Paris*). André Dalmas dit du roman, dans *Tribune des Nations*, que c'« est un bien surprenant ouvrage ». Il le trouve surprenant parce que, et il le dit explicitement, le roman annonce la mort de son auteur. « L'histoire même préfigure le destin de l'auteur puisque le héros du livre tente par deux fois de se suicider pour échapper à ce qu'il appelle "le monde des petits chiens" ». Ainsi, Dalmas établit sans doute un lien entre l'auteur et son héros romanesque, comme s'il ne s'agissait pas d'un personnage romanesque, mais d'un *alter-ego* de l'auteur lui-même. Stephen Hecquet écrit à propos du roman que « c'est surtout le testament d'un homme qui va doublement mourir : et à la vie du corps et à celle de l'esprit » (*Le Bulletin Paris*).

Le fait de parler d'un ouvrage romanesque en termes de testament est une façon d'y désigner un document vrai. Cela révèle une lecture considérant le fictif comme non-fictif :

> Or, à l'image de l'écrivain, Bengt le héros de *L'Enfant brûlé*, tente par deux fois d'échapper aux déceptions de l'existence. Quelque chose nous souffle que cette mort avortée n'a d'autre explication que le souci de l'auteur de ne pas se laisser voler par ses personnages son propre suicide. Bengt, perdu, eût sans doute libéré Dagerman de son obsession. La mort du porte-parole eût préservé la vie de l'écrivain...

Soulignons que ce critique, Hecquet, qualifie d'une façon nette et sans détours le personnage romanesque Bengt de « porte-parole » de l'écrivain. Selon son analyse psychologique, Dagerman aurait peut-être pu être sauvé s'il était allé jusqu'au bout dans le suicide de son personnage. A son avis, Dagerman ne serait pas mort, s'il avait su tuer son personnage.

Revenons au psychanalyste Johan Cullberg, qui a fait une sorte de psychanalyse posthume de Dagerman. Il arrive à d'autres conclusions que le critique précédent. Cullberg estime que Dagerman aurait pu être sauvé par son entourage plutôt que par son personnage (comme le soutient Hecquet). Dans son ouvrage sur la panne d'inspiration connue de Strindberg et Dagerman, Cullberg affirme que le suicide de Dagerman n'était pas inévitable : si l'écrivain et son entourage s'étaient accordés sur un moratoire, pour lui permettre de faire une pause dans son écriture, cela aurait pu le sauver (1997, p. 172). Il compare sa destinée à celle de Strindberg, qui connut la même angoisse devant la page blanche mais finit par surmonter ses problèmes.

3.4 JUGEMENTS D'ENSEMBLE SUR LE ROMAN

Mettons tout de suite au clair qu'il est assez rare que les critiques de notre dossier se prononcent de manière uniquement positive ou négative sur le roman tout entier. Cela arrive tout de même, mais le plus souvent, il s'agit de propos mélangés – quelques aspects du roman sont appréciés par le critique, d'autres non. Citons par exemple ce commentaire du *Temps de Paris :* « Mais ce roman est – osons l'écrire – mieux que cela : un livre irremplaçable, d'une effrayante personnalité ». Il est difficile d'interpréter un propos semblable ; le mot « irremplaçable » semble tout à fait favorable, mais l'expression « effrayante » peut faire surgir une hésitation. Souvent il est question de propos trop généraux ou de propos trop personnels pour qu'on puisse les désigner clairement comme des avis négatifs ou positifs. La critique que nous venons de citer est sans doute favorable en ce qui concerne le roman en général, bien que ce jugement soit plutôt implicite. La même chose vaut pour une bonne partie des formulations de la critique. Ce que le critique pense vraiment, dans son ensemble, est difficile à discerner à cause de l'ambiguïté du discours. Bien que ce genre d'opinions générales ne soient pas très fréquemment exprimées dans le corpus de la présente étude, nous avons néanmoins repéré onze avis clairement favorables et cinq avis défavorables.

Stephen Hecquet exprime sur *L'Enfant brûlé* un avis général incontestablement bienveillant lorsqu'il parle de « toutes les richesses du livre, ses beautés, ses résonances » (*Le Bulletin Paris*). Le critique de l'*Information* pour sa part pense que le lecteur est, au début du roman, « un peu dérouté par la brutalité » de l'auteur, mais que peu à peu il sera pris par la lecture: « on se sent littéralement happé par le drame ».

Max-Pol Fouchet place le roman dans le contexte d'autres romans traduits lorsqu'il écrit : « Parmi les derniers ouvrages traduits, "*L'Enfant brûlé*" nous paraît l'un des plus attachants. » (*Le Temps de Paris*). François-Régis Bastide aborde dans ses commentaires perspicaces à *L'Express* la problématique des différents modes de lecture. Son texte s'approche en effet d'un métatexte, puisqu'il y traite les problèmes généraux de la critique. Il écrit qu'« il y aura un nombre infini de façons de lire ce roman envoûtant, dont on ne peut sauter aucune ligne. ». Il est intéressant de constater que Bastide attire l'attention sur le fait qu'il existe plusieurs façons de lire *L'Enfant brûlé*, même « un nombre infini », alors que les critiques français en tant que groupe sont presque unanimes, et ont lu le roman d'une façon plutôt homogène.

Marcel Brion se montre, dans *Le Monde*, impressionné par le jeune âge de Dagerman :

> Ce roman d'une rare audace est écrit avec une discrétion et une gravité que l'on admire d'autant plus chez un écrivain de vingt-cinq ans qu'il s'efforce désespérément de saisir le fond du problème et qu'il renonce pour cela aux brillantes hardiesses, aux facilités provocantes.

Dagerman était en effet très jeune lors de la genèse de *L'Enfant brûlé*, qui était, selon le critique de *H. et M.*, « son œuvre majeure ».

Il y a aussi des critiques à qui *L'Enfant brûlé* n'a pas plu, mais ils sont, comme nous l'avons déjà dit, très peu nombreux. Le critique de la *Libre Belgique* trouve légitime de donner un avertissement : « Pour lecteurs très avertis ». C'est un compte rendu où les avis favorables et défavorables se voient entremêlés, quoique la conclusion soit formulée sur un registre plutôt moins favorable : les désavantages du roman « empêchent sans doute qu'on qualifie *L'Enfant brûlé* de chef-d'œuvre ». Hedwige Louis-Chevrillon écrit dans *Études* que le livre « n'est pas à recommander » aux lecteurs « qui demandent aux livres un "divertissement" ». Cette critique n'a pas tort : *L'Enfant brûlé* n'est pas un livre léger. Elle signe néanmoins le compte rendu le plus négatif de l'ensemble du dossier de presse.

3.5 BILAN PRÉLIMINAIRE

La réception de *L'Enfant brûlé* en 1956 constitue non seulement la première réception de l'œuvre de Dagerman en France, elle est aussi la plus importante. Bien que l'intérêt pour Dagerman continue à croître en France, aucune autre publication de son œuvre n'a suscité autant d'articles : dix-huit articles, au moins, ont en effet été écrits en son honneur pendant l'année de cette première publication.

Nous avons mis l'accent sur une interférence qui a fortement influencé la réception du livre dagermanien : l'article de Célia Bertin. Ce reportage intitulé « Visite à un ami mort » fut publié dans *ROMAN* un an après le suicide de Dagerman et un an avant la publication de *L'Enfant brûlé* en France. Peut-être que sans cet article touchant, qui donne une première introduction de Dagerman en France – une introduction saisissante – la maison Gallimard n'aurait jamais décidé de publier le roman de cet écrivain étranger en 1956.

Qu'est-ce qu'on a donc apprécié en France ? La critique a prêté beaucoup d'attention au style de l'écrivain, en commentant entre autres son écriture, perçue en général comme « concise ». Les critiques ont également fait beaucoup d'efforts pour essayer de classer le roman dans une sous-catégorie ou un sous-genre romanesque adéquat, mais ils ne sont pas mis d'accord sur ce point. L'Enfant brûlé a été qualifié d'attributs aussi variés que « néonaturaliste », « symbolique », « tragique » et on a même parlé de « roman d'amour ».

Deux choses ont particulièrement marqué la réception de l'œuvre : l'origine de l'écrivain et sa mort. Premièrement, le pays d'origine de l'écrivain est souvent mentionné, à propos de sa personne mais aussi à propos du roman, et cette provenance semble avoir eu une importance spéciale pour les critiques qui associent à la Suède des significations qui ont marqué leur lecture de l'ouvrage. Deuxièmement, il s'agit de la réception de l'œuvre d'un écrivain mort. Le fait que l'auteur se soit suicidé deux ans avant la publication du livre en France est à notre avis un fait crucial. D'une part, cela influe sur la discussion concernant les tentatives du suicide du protagoniste principal, d'autre part le suicide semble donner une attirance mystérieuse à l'écrivain perçu comme un jeune poète maudit. Plusieurs critiques ont fait une lecture autobiographique du roman qui n'aurait certainement pas eu lieu sans la mort de l'auteur.

Concluons qu'après cette première réception, il est encore trop tôt pour déterminer si une mythification de Dagerman a bien eu lieu en France, ou pour déterminer les raisons pour lesquelles son œuvre a tant fasciné les lecteurs de ce pays. Bien qu'on puisse pressentir les ébauches d'une mythification à la lecture du dossier de presse de L'Enfant brûlé, nous pensons que personne n'aurait pu prédire combien l'œuvre de Dagerman aurait de succès en France dans les années à venir. On peut cependant constater que, dès la publication de L'Enfant brûlé en 1956, le style « concis » de l'écrivain suédois a été loué par la critique française. Sa vision du monde (les thèmes de l'angoisse et de la difficulté de vivre) est fréquemment commentée. C'est une vision familière aux critiques français, à laquelle ils ont notamment été habitués par le biais du mouvement existentialiste, souvent mentionné par rapport à *L'Enfant brûlé*. Le nom de Sartre figure par exemple six fois dans la réception. Il nous faudra à présent analyser les réceptions suivantes, afin d'apporter une idée plus complète de l'image de Stig Dagerman en France et pour tenter de donner des réponses expliquant les mécanismes du succès obtenu par cet écrivain nordique en France.

4. La réception des œuvres de Dagerman en France (1966-2000) : approche thématique

4.1 STIG DAGERMAN : LE MYTHE DE L'ÉCRIVAIN ÉTRANGER

4.1.1 Qu'est-ce que le mythe ?

L'enquête généalogique exhibe son état civil : le « mythe » est né illusion. Non pas une de ces fictions produites inconsciemment par les premiers locuteurs, une de ces ombres que le langage primordial jette sur la pensée, mais un fictif consciemment délimité, délibérément privatif. Un éclat d'illusion, insignifiant ; un singulier, fragmenté et vide : simple récit incroyable, pure séduction mensongère, une rumeur morte.

(Détienne, Marcel, *L'invention de la mythologie*, 1981. Paris : Gallimard, pp. 232-233)

Il existe un mythe attaché au personnage de Dagerman, notamment en France. Comment ce mythe s'est-il créé ? La réception et la lecture d'un écrivain étranger peuvent se différencier de la réception et de la lecture d'un écrivain national. Bien qu'il soit aussi possible de mythifier un auteur de son propre pays, nous observons qu'il se construit parfois autour de l'écrivain étranger une image que nous dirions plus séduisante et plus mystique, nourrie d'associations à leur tour stimulées par le manque de familiarité avec la culture de l'Autre. Les mythes contiennent parfois un grain de vérité, mais parfois ce n'est pas le cas, et l'on est alors plus proche de l'étymologie grecque du mot : *muthos* veut dire *'récit'*, *'fable'*. Selon Mircea Eliade, les mythes sont ou des « êtres divins ou des Ancêtres mythiques » (1963). De plus, on a ce qu'on appelle les mythes *modernes*, représentés, par exemple, par des acteurs disparus, des musiciens célèbres ou des écrivains. Mais chaque écrivain ne se voit pas automatiquement doté d'un mythe. Dagerman est l'un des rares écrivains scandinaves ayant fait l'objet d'une mythification en France.

Avant d'aborder la mythification de Stig Dagerman en tant qu'écrivain étranger, il nous a semblé judicieux de faire un survol de quelques ouvrages portant sur le concept du mythe d'un point de vue plus général. Commençons par Otto Rank, l'un des pionniers de la psychanalyse. Selon lui le mythe serait comme « un rêve de masses »[79]. Lorsque Rank (1990) rend compte entre autres des mythes de Moïse, de Romulus ou d'Œdipe, il montre à quel point ils se ressemblent, notamment par les récits contant la naissance de ces personnages. En général, les héros sont abandonnés dès leur naissance par leurs parents, souvent dans l'eau, et ils sont sauvés par des animaux ou des gens placés tout en bas de l'échelle sociale, comme des bergers, pour être ensuite élevés par des gens d'un rang plus élevé, voire de sang royal. Bien évidemment, les mythes anciens diffèrent des mythes dits modernes, souvent créés autour de personnes célèbres après leur mort. Comme mythe moderne, l'on peut par exemple citer le mythe de Rimbaud ou le mythe de James Dean. Bien que le mythe de Stig Dagerman, dont il sera question dans ce chapitre, ait quelques traits commun avec les héros des mythes anciens (il est abandonné dès la naissance par ses parents, élevé par des gens simples – ses grands-parents paysans – pour arriver en tant qu'adolescent dans la capitale, devenir un journaliste et un écrivain connu et épouser – non pas la fille d'un roi – mais une actrice célèbre), on notera que les mythes des écrivains se construisent en général sur d'autres éléments que les mythes des héros anciens, car ces éléments sont tirés à la fois de leur vie d'écrivain et de leur œuvre. De plus, l'histoire de leur mort est en général plus importante que celle de leur naissance, ce qui est, souvent, à l'opposé des mythes anciens.

Néanmoins, tous les mythes – anciens ou modernes – ont des traits communs, et des caractéristiques qui nous les font

---

[79] Notre traduction. Voici la version originale : « The manifestation of the intimate relationship between dream and myth – not only in regard to the content but also as to the form and motor forces of this and many other, more particularly pathological, psychic structures – entirely justifies the interpretation of the myth as *a dream of the masses of the people*, which I have recently shown elsewhere. » (1990, p. 6. Nous soulignons.)

reconnaître comme tels. Lévi-Strauss estimait que le mythe « est perçu comme mythe par tout lecteur dans le monde entier » (1974, p 232). Marcel Détienne trouve également que le mythe est reconnaissable par tous dans le sens que son histoire nous est « familière ». Il écrit à ce propos dans *L'invention de la mythologie* :

> Insituable, car elle est la forme mouvante d'un mirage toujours vivace, la mythologie, cependant, paraît garder un territoire inaliénable : le mythe qui en est à la fois le principe unitaire et l'unité élémentaire. Il n'y a pas de présence plus familière, plus obsessive, depuis que la figure du mythe évoque une histoire ou un récit. (p. 234)

Pour l'analyse des mythes, il existe différentes perspectives: certains étudient le mythe chez un écrivain comme par exemple *Mythes dans l'œuvre d'Albert Camus*[80] d'autres la mythification d'un personnage littéraire, un personnage *fictif*, par exemple le mythe du jeune Werther étudié entre autres par Yves Chevrel[81]. (Le jeune Werther a d'ailleurs quelque ressemblance avec un autre jeune homme suicidaire : le héros dagermanien Bengt de *L'Enfant brûlé*. Ce personnage n'est pourtant jamais devenu un mythe – à moins qu'on ne le confonde avec l'auteur du livre). Mais un grand nombre d'œuvres traitent du mythe d'un écrivain particulier. D'innombrables études empruntent la structure « l'homme et le mythe ». Pour donner quelques exemples provenant d'horizons linguistiques variés, nous citerons tout d'abord le célèbre *Mythe de Rimbaud* (1968) d'Étiemble, qui est d'ailleurs une étude de réception. Étiemble analyse la genèse et la structure du mythe de Rimbaud dans le « domaine français » et dans quelques « domaines étrangers » (par exemple les domaines anglophone, germanique, slave etc.). Le chercheur italien Sergio Pautasso est l'auteur d'un livre qui porte à la fois sur le mythe de Pavese, sur l'intérêt qu'exprimait de son côté Cesare Pavese pour les mythes

---

[80] Crochet, M. 1973. A propos du même auteur citons également *Albert Camus ou le mythe et le mime* (Bartfeld, F. 1982).
[81] « Variations contemporaines sur le mythe de Werther », in Chevrel, Yves et Dumoulié, Camille (éd.). 2002.

et sur la manière dont il les utilisait dans son écriture[82]. Pavese a d'ailleurs certains traits en commun avec Dagerman : tous les deux se sont suicidés dans les années 50 (Pavese s'est empoisonné en 1950, quatre ans avant le décès de Dagerman). Il existe également des études portant sur des personnages historiques mythifiés comme Jeanne d'Arc ou Beatrice Cenci, la belle romaine du XVIe siècle qui a inspiré tant d'artistes et de poètes grâce à sa beauté et à son destin (pour en nommer quelques-uns Shelley, Stendhal, Artaud et Moravia)[83]. Barthes aussi a écrit un ouvrage traitant du mythe de l'écrivain, ici La Bruyère, mais il tente plutôt de démontrer que La Bruyère n'existe pas en tant que mythe, sauf peut-être à l'école [84].

4.1.2 La construction du mythe

Comment présentent-ils l'écrivain étranger, lorsque les critiques rendent compte des livres de Dagerman en France? Ci-dessous, nous avons catégorisé les différents types de présentation dont Dagerman a fait l'objet. On remarque une volonté de la part des critiques de mettre en valeur un certain nombre d'aspects : ils soulignent qu'il est « un grand écrivain » dans son pays ; ils le comparent aux grands écrivains français ; ils accentuent les associations liées à son origine et le fait qu'il vient du Nord et ils

---

[82] « Il ricorso al mito è stata una scelta per poter disporre di un linguaggio universale con cui esprimere la verità delle cose osservate e ripensate, perciò rivissute e allora conosciute, con cui recuperare il senso del ciclo immutabile del tempo, le ragioni profonde delle passioni, la tragicità della vita, l'ineluttabilità della morte. » (2000. *Cesare Pavese Oltre il mito*, p. 188)

[83] Maria Luisa Madonna écrit sur sa mythification dans l'introduction de *Beatrice Cenci la storia il mito* : « La vicenda storica di Beatrice al ricorrere del 400° anno necessitava senza dubbio di un ripensamento scientifico per una riabilitazione dovuta e di una riflessione critica sulla affascinante produzione artistica nata con la mitizzazione di una così sfortunata eroina. » (A cura di Mario Bevilaqua, Elisabetta Mori. 1999., p. 15)

[84] « [...] l'école lui reconnaît une grande importance, met ses maximes, son art, son rôle historique en sujets de dissertation ; on exalte à la fois sa connaissance de l'Homme et sa prémonition d'une société plus juste [...]. Cependant, hors l'école la mythologie de La Bruyère est pauvre » (Barthes, Roland. « La Bruyère, du Mythe à l'Écriture ». Préface dans La Bruyère.1963(1696). *Les Caractères*, p. 5.)

s'arrêtent particulièrement sur certaines étapes de sa biographie. Nous avons également observé que certains mots sont souvent utilisés dans la présentation de Dagerman : ils forment comme des paradigmes liés aux représentations qu'on a de lui en tant qu'écrivain étranger.

4.1.2.1 *Un grand écrivain étranger*

Pour présenter un écrivain étranger qui n'est pas encore connu des lecteurs, on peut mettre en avant la célébrité de l'écrivain dans son pays d'origine. Les critiques semblent souvent considérer cela comme une stratégie efficace pour rendre l'écrivain plus intéressant[85]. Ainsi, Lize Andries, qui écrit pour *La Quinzaine* (1989), présente par exemple Dagerman comme « l'un des grands écrivains de la littérature suédoise ». Son compte rendu est illustré d'une photo de Dagerman en costume, l'air sérieux, le regard intense. Dans le chapeau de l'article, c'est le suicide de Dagerman qui est mis en valeur. On y apprend que Dagerman a « laissé une œuvre très importante ». On retrouve ce genre de présentation dans un autre chapeau d'article, cette fois-ci dans *PAGE des Libraires* (1995) : « Une vie brève, dédiée très tôt à l'écriture, un succès rapide, Dagerman fascine par son destin dramatique. » Cet article est plus original, puisqu'il présente Dagerman comme l'un des plus grands écrivains non seulement de son pays, mais aussi de son siècle (un superlatif temporel qui rehausse davantage le statut de l'écrivain). « Stig Dagerman (1923-1954) est un des auteurs majeurs de ce siècle, traduit dans des dizaines de langues. » Que Dagerman soit traduit dans des « dizaines de langues » est une exagération. Cela montre tout de même la volonté de le présenter comme un grand écrivain international, lu et aimé dans de nombreux pays, tandis qu'en réalité, c'est surtout en France et en Italie qu'il est apprécié. Dans un entrefilet dans *Le Monde* (1972), nous lisons que Dagerman est « un des plus brillants espoirs de la littérature suédoise contemporaine ». Malgré la brièveté du texte, le journaliste a néanmoins réussi à mentionner

---

[85] Nous avons présenté cet aspect de la réception dans un article intitulé « La Réception littéraire de Stig Dagerman en France: le voyage d'une œuvre suédoise » (in Swiatek, E. 2006).

le suicide de Dagerman (et semble ainsi oublier qu'il est difficile de concevoir un écrivain 'suicidé', donc mort, comme un « espoir ».) Claude Roy écrit dans *Le Nouvel Observateur* (1989) qu'« il est juste et beau que les grands écrivains inspirent des grandes passions », montrant implicitement qu'il compte Dagerman parmi ces écrivains-là.

Il ressort de presque tous les articles et de toutes les notices sur Dagerman qu'il est un écrivain suédois. Le plus souvent, c'est explicite. Lorsque la nationalité de l'auteur n'est pas mentionnée dans le texte (c'est presque exclusivement le cas dans les notices, et pas dans les articles) cela ressort tout de même clairement de la formule « Traduit du suédois par... » qui apparaît très fréquemment. Citons parmi tant d'exemples le critique de *Libération* (25 octobre 1990) qui dit déjà dans le titre : « *Stig Dagerman*. Ennuis de noce. *Traduit du suédois par C. G. Bjurström et Lucie Albertini.* ». Il n'arrive presque jamais que l'on omette d'annoncer que Dagerman est suédois. Un des rares cas est le texte paru après la représentation de la pièce de Dagerman *Le Jeu de la vérité* publiée dans *Le Quotidien de Paris* le 8 janvier 1990. Nous avons répertorié un seul article où la nationalité de l'écrivain n'est pas du tout mentionnée, celui de Michèle Gazier paru dans *Télérama* le 4 janvier 1989.

Un article où la désignation de la nationalité est particulièrement évidente est celui de Claude Meyer, paru dans *Actualité juive* 6 sept 1989. Il commence son article par la phrase suivante : « Stig Dagerman est Suédois ». Notons que, Meyer met tout de suite l'accent sur la nationalité de l'écrivain, ce qui pourrait vouloir dire qu'il a lui-même lu le livre avec ces lunettes-là. On peut se demander ce que les critiques entendent vraiment par « écrivain suédois » ? Et surtout, quelles associations ils veulent évoquer en utilisant cette expression ? Le titre de l'article d'Emmanuelle Klausner (*La Croix*, 10 janvier 1990) est significatif : « Une saison Stig Dagerman. L'occasion de redécouvrir le grand écrivain suédois. » Dès le titre, la célébrité de l'auteur est donc annoncée par la tournure : « le grand écrivain suédois », ce qui est aussi le cas dans le *Monde des livres* où Bianciotti (17 février 1989) choisit comme titre : « Stig

Dagerman, le Suédois magnifique ». Quel est le sens de cette glorification ? Les critiques désirent-ils seulement attirer l'attention des lecteurs sur leur compte rendu ou gagner des lecteurs français à cette littérature (en d'autres mots améliorer les chiffres de ventes des librairies) ? Cette façon de présenter l'écrivain montre bien l'importance accordée à sa nationalité.

Bien entendu il n'y a, d'un certain point de vue, rien d'étonnant à ce qu'un critique mentionne la nationalité d'un écrivain étranger lorsqu'il annonce la parution d'un nouveau livre. Il est tout à fait naturel de vouloir préciser les origines de l'écrivain, et d'indiquer la langue à partir de laquelle le livre est traduit. Pourtant, il nous semble que, parfois, certains critiques entendent, ou veulent faire entendre, plus qu'une simple nationalité en disant que Dagerman est Suédois. C'est comme s'ils voulaient rendre accessible aux lecteurs tout un monde d'associations liées à ce terme ou doter l'écrivain d'une force supplémentaire, d'une auréole qu'il n'avait pas au départ. Souvenons-nous de la réaction des Parisiens face aux Persans dans les *Lettres persanes* de Montesquieu : lorsque Rica, qui avait l'habitude de porter à Paris ses vêtements perses et de provoquer l'admiration des Parisiens, se met à s'habiller à la manière occidentale, les habitants de Paris ne le regardent plus et ont du mal à croire qu'il est vraiment Persan. Et de s'exclamer : « Ah ! ah ! Monsieur est Persan ? c'est une chose bien extraordinaire ! Comment peut-on être Persan ? » (1973, lettre XXX, p. 105). Certains critiques de Dagerman témoignent de ce même étonnement ou de cette même fascination à propos de l'écrivain : comment peut-on être Suédois ? Voir par exemple le titre que nous venons de citer, « Stig Dagerman, le Suédois magnifique » (*Le Monde*, 1989), qui peut nous amener à penser que ce n'est pas uniquement la nationalité de Dagerman qui est en cause, mais quelque chose de plus, une autre dimension d'associations qu'on veut faire passer à travers la nationalité.

Claude Roy intitule son article du *Nouvel Observateur* (1989) « Le Mal obscur » ce qui est très éloquent. La présentation du « météore suédois » qui suit ne nous étonne point. Un autre compte rendu va dans le même sens. C'est celui de Bernard Génies qui présente dès le chapeau de son article dans *Libération*

(1982) l'ouvrage de Dagerman de la manière suivante : « Un livre superbe où l'écrivain suédois balance à la gueule des étoiles son désespoir ». Les deux articles portent des titres dramatiques qui jouent sur des associations avec le noir et l'abîme : « Le mal obscur » et « Un romancier au bord du précipice ». Ils sont aussi illustrés par la même photo, assez particulière, qui montre l'écrivain debout devant un paysage hivernal, portant un chapeau de style russe alors que l'on voit derrière lui un champ enneigé et, en arrière-plan, une forêt sombre.

4.1.2.2 Le Rimbaud du Nord

Une autre façon de présenter un écrivain étranger consiste à le comparer avec des écrivains nationaux, c'est-à-dire avec des écrivains célèbres dans la culture d'arrivée. Le scandinaviste Régis Boyer, rendant compte de l'*Automne allemand* dans *Le Quotidien de Paris*, présente Dagerman à l'aide d'une grande photo, qui représente un homme jeune et beau, avec la légende suivante : « Stig Dagerman : le Rimbaud suédois ». La photo ne montre pas l'aspect physique qu'avait Dagerman juste avant de mourir. Il s'agit au contraire, comme c'est souvent le cas, d'une image flatteuse prise pendant sa jeunesse.

Nous avons déjà signalé que Dagerman est parfois appelé le « Rimbaud du Nord » en France. Si l'on regarde une photo de Rimbaud – on comprend que les critiques discernent une ressemblance entre Dagerman et ce poète. Sur les photos que nous avons l'habitude de voir, Rimbaud est très jeune, beau et il a un air rêveur. De plus, il est, tout comme Dagerman, habillé de façon sobre (costume, cravate ou papillon – ce qui était certes l'usage à l'époque). Ce qu'il ne faut pas oublier de rappeler, c'est qu'on les voit toujours tous les deux photographiés en noir et blanc. C'est le prototype du portrait du poète. Il existe toutefois certes d'autres ressemblances entre eux que celles de leurs apparences : tous les deux ont notamment cessé d'écrire très jeunes (Rimbaud à 21 ans, Dagerman à 27). Mais d'autres choses séparent les destinées de ces deux poètes : Rimbaud ne s'est pas suicidé et le mythe de Dagerman n'a pas la dimension d'icône de la société gay que l'on peut discerner dans celui de Rimbaud.

De nombreux articles sur Dagerman comportent donc l'expression le « Rimbaud du Nord ». Prenons par exemple celui d'Hector Bianciotti dans *Le Monde des livres* (1989). Dans cet article, Dagerman est également rapproché d'un autre grand écrivain français, Flaubert. Pour Bianciotti, le point commun entre les deux auteurs consiste en une angoisse existentielle exprimée par l'art[86]. C'est très valorisant pour Dagerman que la critique fasse référence à des écrivains français – surtout lorsqu'il est question des plus importants, comme Flaubert et Rimbaud. Cela lui confère subitement de la valeur aux yeux du nouveau lectorat, sans qu'il soit nécessaire d'avoir entendu parler de lui auparavant. Notons finalement que France Culture a également diffusé une émission radiophonique intitulée *Le Rimbaud du Nord* à propos de la mise en scène du *Jeu de la Vérité* par le théâtre de l'Utopie (30 janvier 1990).

4.1.2.3 Les éléments biographiques

Certains concepts ou certaines formulations qui contribuent largement à la construction du mythe de Dagerman sont fréquemment repris dans la réception dagermanienne. Par exemple, quelques données biographiques sont pour ainsi dire considérés comme *romantiques* et, pour cette raison, fort gratifiantes lorsqu'un critique veut donner de l'intérêt à son article sur un écrivain provenant d'un coin d'Europe plutôt inconnu. On rencontre ces informations sur la vie de Dagerman dans de nombreux articles français qui traitent de ses ouvrages. Le fait de donner tel ou tel renseignement sur la vie de l'auteur nous dit naturellement quelque chose sur ce que le critique tient à raconter et sur l'image de Dagerman qu'il désire transmettre. Voici quelques données biographiques générales couramment utilisées à propos de Dagerman :

---

[86] « Déjà Flaubert disait que donner une issue dans l'art à ce qui nous oppresse dans l'existence ne signifie nullement que l'on s'en débarrasse, au contraire, car "les écumes du cœur ne se répandent pas sur le papier : on n'y jette que de l'encre. Et à peine sortie de notre bouche, la tristesse criée nous rentre à l'âme par les oreilles et plus ronflante, plus profonde. On n'y gagne rien", concluait le solitaire [de] Croisset. »

il était un enfant abandonné
il avait travaillé pour un journal syndicaliste
il avait épousé Annemarie Götze (la fille d'un exilé allemand)
il s'était remarié avec l'actrice Anita Björk
il avait immédiatement eu beaucoup de succès dans son pays

Sur quoi ces données biographiques nous renseignent-elles ? On évoque d'abord *l'histoire de l'enfance de Dagerman*. On nous apprend que sa mère l'a laissé à ses grands-parents paternels quand il n'avait que quelques semaines. Parfois, on utilise même les paroles de Dagerman, disant qu'il était « un orphelin avec des parents vivants ». Le deuxième point des données biographiques fait allusion à *l'écrivain politique*, puisqu'il s'agit du fait que Dagerman travaillait pour un journal syndicaliste, et apporte donc un élément politique au portrait de l'écrivain. On nous parle ensuite de son premier mariage, racontant qu'il avait épousé, comme le dit Bianciotti[87], « pour qu'elle obtienne la nationalité suédoise – la fille d'un anarchiste allemand ». On montre ainsi la générosité de Dagerman, en soulignant aussi qu'il n'était point un homme ordinaire et qu'il était prêt à se sacrifier pour les autres. On arrive ensuite à la dimension « tout-Stockholm » du portrait de Dagerman. Pour créer cette image, les critiques insistent sur son deuxième mariage. Dagerman s'est en effet remarié avec une actrice suédoise connue, Anita Björk « la Mademoiselle Julie du film d'Alf Sjöberg »[88]. Cela donne un certain chic, une certaine élégance au portrait de l'écrivain. A ce portrait s'ajoutent enfin les nombreux commentaires sur le fait que Dagerman a eu beaucoup de succès dans son pays natal, un succès décrit comme immédiat[89].

Bianciotti invente aussi un titre quelque peu élitiste pour souligner la valeur de Dagerman. Il l'appelle l'un des « grands pessimistes ». « Comme tous les grands pessimistes », écrit Bianciotti, « il dénonçait le mal et, à sa manière, il luttait contre lui, alors que l'optimiste ne fait que s'en étonner. » Il faut entendre

---

[87] « Stig Dagerman, le Suédois magnifique ». *Le Monde des livres*, 17-02-89.
[88] *Ibid.*
[89] « Dagerman suscite l'enthousiasme de la critique, dont le public emboîtera vite le pas, avec un roman admirable : *Le Serpent*. D'autres vont suivre [...] », *Ibid.*

par cela que Dagerman fait partie d'un cercle d'êtres humains rares, élus. Il n'est pas n'importe quel pessimiste banal, mais l'un de ces grands pessimistes qui ont su transmettre leur souffrance dans des grandes œuvres.

4.1.2.4 *Éléments (devenus) mythiques de la vie de Dagerman*

Certains éléments de la vie de Dagerman se prêtent particulièrement à la création d'un mythe autour de l'auteur. Nous avons remarqué d'une part la référence à la panne d'inspiration dont il a souffert, qui est donc un *phénomène* de sa 'vraie vie', et d'autre part deux *expressions* sur sa vie, formulées par le poète lui-même et qui ne proviennent pas de sa 'vraie vie', mais de sa fiction. Ces expressions font allusion à sa mort et sur ce qu'on pourrait éventuellement appeler la cause de sa mort, notamment son besoin de consolation. Ces données semblent spécialement adéquates quand on veut esquisser un portrait mystérieux de l'écrivain étranger. Une panne d'inspiration a réellement paralysé Dagerman pendant les dernières années de sa vie : il restait figé devant la page blanche, avait peur de ne plus pouvoir écrire aussi bien qu'avant ou bien de ne plus pouvoir écrire du tout, d'avoir « perdu son talent ». On trouve des indications à cet égard dans les biographies de Dagerman. La critique journalistique, cependant, développe et accentue ces données biographiques afin de donner à l'écrivain une allure mystérieuse.

Parmi les articles qui parlent de la panne d'inspiration, on peut signaler celui de Michel Mohrt dans *Le Figaro littéraire* (1966). Il est illustré d'une grande photo qui présente une image (que nous avons déjà commentée) de l'écrivain introduit par les mots suivants : « STIG DAGERMAN : Je suis à tel point l'esclave de mon talent que je n'ose pas m'en servir, de peur de l'avoir perdu ». Cette présentation semble témoigner du désir de brosser le portrait de quelqu'un de jeune, de surdoué, de mystérieux et, en plus, d'étranger, venant de loin – comme l'indique la rubrique « la difficulté d'être Suédois »... Comme Dagerman n'écrit plus, Patrice Delbour, dans *L'Événement*, va jusqu'à l'appeler « une sorte de politicien de l'impuissance ». Lars Gustafsson, intellectuel suédois, a signé un long article sur la créativité dans

Lettre Internationale où il se réfère à plusieurs écrivains dont Arnauld et Hemingway, pour n'en mentionner que deux. Il écrit sur Dagerman à propos de *Notre besoin de consolation*... et, bien sûr, sur sa panne d'inspiration, ou comme le dit Gustafsson sa « crise de créativité ». Selon Gustafsson, Dagerman propose deux raisons à cette crise. « La première est qu'"il n'ose pas utiliser son talent de peur de le perdre" et la seconde, qu'"il est tellement l'esclave de son nom qu'il ose à peine écrire une ligne de peur de lui nuire" ». Gustafsson, par contre, a « un remède » contre la peur d'écrire qui est « relativement simple » et consiste à oublier son nom. Il dit d'ailleurs « Si tu as peur de paraître ridicule, tu ne réussiras jamais à produire quoi que ce soit d'intéressant ».

En ce qui concerne le fameux « besoin de consolation » – exprimé par Dagerman lui-même dans son livre éponyme – la critique française raffole de cette expression. La première fois qu'elle est utilisée à propos de Dagerman lui-même, c'est probablement lorsqu'il est présenté dans *PAGE des Libraires* comme un « écrivain suédois au "besoin de consolation impossible à rassasier" » (l'entretien avec Bianciotti est rédigé par Granjon). Cela se passe en 1981, une année d'ailleurs très importante pour Dagerman en France, puisque c'est justement l'année de la publication du texte intitulé *Notre besoin de consolation est impossible à rassasier*. Par la suite, ce titre se verra étroitement lié au nom de Dagerman en France. Citons par exemple le chapeau d'un article de *Libération* où l'écrivain est présenté par Anne Diatkine de la manière suivante : « Stig Dagerman que le besoin de consolation, "impossible à rassasier", mena au suicide à 31 ans. »

Une autre phrase poétique signée Dagerman qui ne cesse de fasciner les critiques est l'inscription tombale que Dagerman a imaginée pour lui-même dans un vers : « Ci-gît un écrivain suédois tombé pour rien. Son crime était l'innocence, oubliez-le souvent » Cette phrase, malgré le fait qu'elle dévoile une certaine taphophilie chez Dagerman (ou bien justement pour cela), est souvent reprise dans la réception française de son œuvre. On la met parfois sous le portrait de l'écrivain, dans le but de l'introduire. C'est le cas dans *Le Monde des livres* (17 février 89) où la photo présente Dagerman comme un jeune auteur à l'air malin et éveillé. Parfois, on utilise la phrase comme conclusion d'un article, c'est par exemple le cas dans le *Télérama* du 4 janvier 1989. L'idée que *l'innocence* aurait finalement tué Dagerman est évidemment une idée facile à faire apprécier. Elle plaît notamment aux lecteurs jeunes, voire à ceux qui ont gardé une sorte de passion adolescente dans leur cœur et à qui plaisent les exclamations passionnées sur la vie, la mort, l'amour.... Cette citation appartient à ce genre de formulations suscitées ('oneliners') dont les journalistes aiment à se servir pour faire de l'effet ; n'oublions pas que Dagerman lui-même était journaliste.

4.1.2.5 Expressions récurrentes

Le mot « innocence » nous amène aux autres mots ou expressions chargés d'un certain pouvoir associatif et répétés par la critique française. « Lucidité », « pureté » – combien de fois ne voyons-nous pas ces mots associés à Dagerman ? Cela vaut à plus forte raison pour les mots « angoisse » ou « désespoir ».

Si Dagerman a utilisé le mot « innocence » à propos de lui-même dans la célèbre phrase que nous venons de citer (où il soutient qu'elle est « son crime »), les critiques français vont à leur tour en faire un usage fréquent par rapport à Dagerman. Lize Andries, qui rend compte des nouvelles de Dagerman dans *La Quinzaine*, trouve par exemple que le fil conducteur, dans l'œuvre de Dagerman, est le fait qu'il tente « désespérément de préserver une forme d'innocence qui se révèle en réalité mince de l'intérieur et qui détruit tous les rapports humains ». L'un des sous-titres dans son article est justement « Une forme d'innocence ». Nous avons d'ailleurs signalé que la seule biographie sur Dagerman écrite en français s'intitule *Stig Dagerman ou l'innocence préservée. Une biographie*[90]. Cela affecte bien sûr l'horizon d'attente des lecteurs francophones. S'ils connaissent la biographie, ils vont associer le nom de Dagerman à la notion d' « innocence » déjà bien avant de connaître son œuvre.

---

[90] Ueberschlag, G. 1996.

Lorsque Lize Andries rend compte des nouvelles dagermaniennes dans *La Quinzaine*, elle insiste beaucoup sur l'angoisse. Une section de son article est même intitulée « Angoisse » et elle conclut en disant que « le point commun de tous ces récits est leur extrême charge d'angoisse ».

L'article de P. Lepape « Vrai roman, faux romantique » dans *Télérama* (1982) est intéressant, car il traite à la fois d'*Ennuis de noce* de Dagerman et de *Portrait d'un romantique* de l'écrivain américain Steven Milhauser. L'auteur regroupe deux écrivains qui ne sont pas français : un Suédois et un Américain. La presse française traite « la littérature étrangère » de cette manière, comme une catégorie à part. Dans ce cas, il s'agit de deux écrivains qui ne sont ni contemporains ni originaires du même continent. Il n'est pas facile au premier abord de discerner les liens qui pourraient exister entre eux : leur point commun est principalement de ne pas être français, ce sont des *écrivains étrangers*. Mais, selon Lepape, ils font aussi partie de la même famille littéraire, « celle de la lucidité et de l'angoisse » :

> Deux romanciers qui appartiennent à la même famille : celle de la lucidité et de l'angoisse, des tourments d'un monde fade et brutal. L'un a le génie des rythmes éclatés, l'autre du talent.

Patrice Delbour indique également dans *L'Événement* que « lucidité et angoisse » sont des mots clefs pour la « nouvelle littérature à l'estomac » dont Dagerman fait partie selon lui et dont le roman *Le Serpent* est à son avis emblématique. Bianciotti associe lui aussi le mot « lucidité » à Dagerman, lorsqu'il commente *Automne allemand* : « Il était d'une très grande lucidité sur la nature humaine. Sa grande capacité à comprendre lui donnait la faculté de pardonner ». Le critique affirme à propos des reportages sur l'Allemagne de 1946 que Dagerman « regarde, décrit mais n'émet aucun jugement. C'est bouleversant. ».

Le même critique appelle Dagerman un « romancier du désespoir ». C'est ainsi qu'il présente l'écrivain dès le chapeau de son article (*Le Monde des livres*, 1989). C'est l'une des formules souvent utilisées pour parler de Dagerman en France, une expression solennelle qui plaît apparemment au lectorat français. Génies, qui écrit pour *Libération*, a eu l'idée d'utiliser un autre concept, celui de « précipice », dont il semble être le seul, parmi les critiques, à se servir, mais qui exprime bien la même chose. Il appelle Dagerman « Un romancier au bord du précipice » et explique qu'*Ennuis de noce*, dont il est question ici, est le dernier texte que Dagerman a terminé avant de mourir. Pour cette raison, il est « précieux » et Génies écrit qu'on retrouve dans le livre « à l'état brut toute la sève et le foisonnement d'un romancier au bord du précipice » (*Libération* 1982). En revanche, dans l'entretien de Granjon avec Bianciotti publié dans la revue *PAGE des Libraires* (1995), le concept du « désespoir dagermanien » est remis en question. C'est la seule fois : « Dire de Dagerman qu'il est un auteur léger serait mentir, en donner l'image d'un auteur difficile enfermé dans son désespoir le trahirait tout autant ». Un commentaire somme toute nuancé, perspicace. Michèle Gazier, qui écrit pour *Télérama*, affirme pour sa part : « Stig Dagerman a traversé la scène littéraire suédoise comme un météore, écrivant avec la grâce du désespoir ». Ainsi, le critique construit à posteriori une histoire. Gazier veut visiblement donner de l'auteur un portrait glorifiant et mystifiant : Dagerman écrivait « avec la grâce du désespoir »... C'est ce que fait souvent la critique : reconstruire et raconter la vraie vie d'un écrivain, expliquer comment les choses se sont passées, ce qui à son tour peut devenir une sorte de fiction. Gazier utilise également d'autres mots souvent associés à Dagerman :

> Pour dire la mesquinerie, la méchanceté, la pauvreté, voire le désert affectif, le style de Stig Dagerman se fait lame de rasoir, sans fioritures ni complaisance. D'où cette angoisse grandissante et ce froid qui envahit tout. La pureté est dureté, son prix est la mort.

Dans le passage cité on trouve « l'angoisse », « la pureté » et bien évidemment « la mort ». Gazier rappelle l'ambition qu'avait Dagerman déjà en tant qu'adolescent et qu'il avait formulé ainsi : « Écrire le livre de mes morts ». C'est la légende de la grande photo, qui représente, encore une fois dans cette réception, le portrait d'un Dagerman très jeune, beau et sérieux. Le tout est mythifiant.

Un autre mot qui apparaît fréquemment est le mot « peur ». Cela nous donne également des indications sur la façon dont l'œuvre est lue. Bernard Génies, par exemple, parle beaucoup du thème de la peur et cite la phrase suivante de Dagerman à propos du *Serpent* : « Ma peur est la plus grande qui soit au monde ». Lorsque *Le Serpent* fut republié en 1993, Anne Diatkine effectua aussi une lecture de l'œuvre avec « la peur » comme mot clef : « C'est la peur. Elle est le dénominateur commun des êtres qui traversent le texte, leur objet d'échange, leur cadeau et leur principal sujet de discussion » (*Libération*). Michel Mohrt enchaîne sur cette idée et écrit à propos du *Serpent* dans *Le Figaro Littéraire* : « Stig Dagerman s'enferme dans un univers de la peur, du ressentiment, de la violence physique, du désespoir, dont il ne sortira plus. [...] Le lien profond qui relie entre elles ces histoires, c'est un même thème, celui de la peur ». Le mot « peur » est utilisé pas moins de quatorze fois dans cet article.

A propos d'allusions à des sentiments pesants et angoissants, citons encore Hélie Lassaigne qui s'exprime de la manière suivante dans sa présentation de l'écrivain (lorsqu'elle rend compte pour *Libération* en 1988 de la publication des nouvelles de Dagerman) : « Rien dont on puisse rire ou sourire ». Quand ce texte accompagne l'image d'un visage anonyme, déformé, souffrant, le lecteur comprend tout de suite que l'on se trouve dans un paysage de souffrance... En somme, ces expressions sont caractéristiques de la réception française de Dagerman et leur nombre est impressionnant.

4.1.3 Bilan préliminaire: la réception du mythe

Nous avons constaté que la critique journalistique a recours aux mêmes concepts simplifiants et mythifiants dans sa présentation de Dagerman. Bien sûr, les critiques de la grande presse doivent travailler rapidement. Ils ont rarement le temps de réfléchir longtemps et de se renseigner autant qu'ils le désireraient avant d'écrire un compte rendu. Nous avons eu l'occasion de discuter de cela avec Philippe Bouquet, et voici son opinion à ce sujet : « Les critiques aiment bien broder sur un thème. On prend le mot angoisse et tout le reste vient avec : noir, cauchemar etc. ».[91] Ces présentations d'auteur servent pourtant à donner rapidement une image attirante de l'écrivain. Anton Ridderstad, qui dans sa thèse de doctorat sur Montherlant s'est intéressé à la fonction qu'a l'image de l'écrivain, s'exprime ainsi sur le sujet :

> Il est sans doute rare que quelqu'un ouvre un livre sans se demander qui l'a écrit. Le lecteur ressent un besoin de se faire une idée de l'auteur. Le nom de l'auteur caractérise le texte et le rend plus personnel – la littérature étant après tout un acte de communication. (2002, p.1)

Nous avons observé que l'on insiste, dans la réception française de Stig Dagerman, sur le fait qu'il est un écrivain ayant eu du succès dans son pays natal et qu'on l'introduit comme un grand écrivain. Pour prouver cette 'grandeur' on le compare avec les grands écrivains nationaux. C'est dans ce contexte qu'il faut comprendre les associations à Rimbaud, et surtout la métaphore selon laquelle Dagerman serait le « Rimbaud du Nord », utilisée comme une sorte d'épithète. Comme nous l'avons également observé, il va sans dire que c'est un éloge considérable pour un écrivain étranger de se voir comparer à l'un des écrivains du Panthéon littéraire français.

L'insistance remarquée sur l'origine de l'écrivain (une origine dont les critiques n'hésitent pas à renforcer l'exotisme) est l'autre point important de la présentation de Dagerman, l'écrivain *du Nord*. Cet aspect sera traité plus en profondeur dans le sous-chapitre « Lectures du Nord » (4.4). Certains éléments de la biographie de Dagerman (par exemple sa panne d'inspiration) sont consciemment mis en valeur dans le but de créer un portrait mystérieux et contribuant à une mythification de l'écrivain étranger.

Certains mots reviennent fréquemment dans la réception française de Dagerman ; comment l'expliquer ? Les critiques s'inspirent naturellement les uns des autres, mais il existe aussi toute une terminologie associée à Dagerman créée en France par les spécialistes qui parlent de lui, pas seulement les journalistes,

---

[91] Entretien de Karin Dahl avec Philippe Bouquet, 30 janvier 2004 (voir annexes).

mais aussi la critique universitaire, les éditeurs, les traducteurs, etc. Les mots employés avec une fréquence élevée sont : lucidité, pureté, angoisse, désespoir, innocence, peur et mort. Le portrait de l'écrivain suédois est peint avec les couleurs de ces mots. Cela fait ressortir l'image de lui qu'on a envie de transmettre. Constatons que ces mots appartiennent à deux champs distincts : d'une part le champ lucidité et pureté, des mots qui sont sémantiquement proches, et de l'autre côté le champ angoisse et désespoir. Certes, ils peuvent paraître opposés, mais n'est-ce pas dans la conjonction des contradictions que nous avons l'impression d'apercevoir la vérité[92] ? Et cette impression de 'vérité' semble justement être une expérience partagée par de nombreux lecteurs de Dagerman. Plusieurs critiques se réfèrent à ce mot, notamment l'écrivain Jean-Marie Gustave Le Clézio, qui insiste particulièrement sur ce concept lorsqu'il décrit sa lecture de Dagerman. Finalement, certaines phrases poétiques de Dagerman ont rencontré un écho favorable dans les pages littéraires françaises. Nous avons signalé : « Ci-gît un écrivain suédois tombé pour rien. Son crime était l'innocence, oubliez-le souvent ». Une autre phrase poétique prononcée par Dagerman sur lui-même est celle qui concerne sa vocation : « Je savais d'une façon irrévocable ce que je ferais : je serais écrivain »[93]. Le fait de citer ce genre de phrases relève à notre avis d'une tendance, de la part de la critique, à vouloir mystifier l'écrivain. Cela révèle aussi l'idée du destin inéluctable de Dagerman, l'idée d'un jeune génie qui savait qu'il allait être écrivain (et un grand écrivain). On retrouve cette pensée dans les propos des critiques laissant entendre qu'on aurait pu prévoir le suicide de Dagerman, que ce suicide était annoncé dans ses textes...

« Comment le mythe est-il reçu ? » se demande Roland Barthes dans « Lecture et déchiffrement du mythe » (1993). Il est possible d'appliquer cette question à notre étude : comment Dagerman est-il reçu en tant que mythe littéraire ? Barthes répond au lecteur du mythe : « tout se passe comme si l'image provoquait

---
[92] C'est ce que nous démontre entre autres Lévi-Strauss dans *La structure des mythes* (1958. *Anthropologie structurale*, pp. 227-255)
[93] Citée par exemple par Gazier dans *Télérama* (04-01-89).

naturellement le concept, comme si le signifiant *fondait* le signifié » (*ibid.*, p. 698). Il développe à ce propos une notion caractérisée par le verbe « naturaliser », soit le processus qui consiste à faire des généralisations à partir d'un cas particulier. Dans la réception de Dagerman en France ce phénomène est répandu. Une qualité singulière attribuée à Dagerman, celle d'être à la fois Suédois et angoissé – au point de se suicider – devient un stéréotype, une qualité générale : en Suède on est angoissé, on se suicide. Que Dagerman l'ait fait n'a donc rien d'étonnant. Nous continuons dans le sous-chapitre ci-dessous sur le thème du suicide.

4.2 L'IMPACT DU SUICIDE DANS LA RÉCEPTION DAGERMANIENNE

> Il n'y a qu'un problème philosophique vraiment sérieux : c'est le suicide. Juger que la vie vaut ou ne vaut pas la peine d'être vécue, c'est répondre à la question fondamentale de la philosophie. Le reste, si le monde a trois dimensions, si l'esprit a neuf ou douze catégories, vient ensuite. Ce sont des jeux ; il faut d'abord répondre. (Camus, 1942, *Le Mythe de Sisyphe*, p. 15)

Le suicide est l'un des thèmes majeurs de la réception française de Dagerman. Cela va presque de soi : un écrivain qui s'est suicidé, on en parle. La volonté de se suicider ou le fait de l'avoir accompli a souvent un effet impressionnant. Le public est fasciné par ces forces sombres qui ont amené tant d'artistes à une mort précoce. Il y a naturellement des cas très connus comme Van Gogh, Hemingway, Virginia Woolf – la liste serait longue. Dagerman appartient à ce groupe. S'est-il suicidé parce qu'il faisait partie de la catégorie des « artistes fous » ? Ou bien, est-ce plutôt à cause de sa dépression qu'il est devenu artiste qu'il était ? Michel Mohrt s'exprime de la manière suivante : « Ce monde inconfortable, déprimant, né des obsessions de l'écrivain et de sa névrose, se trouvait en quelque sorte authentifié par son suicide, à trente et un ans. » (*Le Figaro littéraire*, 1966).

Il est difficile de comprendre le suicide de Dagerman quand on connaît la situation dans laquelle il se trouvait lors de sa mort : il était alors un jeune écrivain ayant très tôt connu le succès, marié à une actrice connue et le couple habitait, avec sa petite fille, une belle villa située dans un quartier chic tout près de Stockholm. Il est d'autant plus incompréhensible qu'il ait pu se suicider alors qu'il laissait derrière lui trois enfants (dont deux de son premier mariage). Or, lorsque l'on se rappelle l'histoire de Dagerman, son suicide prend plus de sens : il paraissait hanté par les fantômes de son passé. Le fait que ses parents l'aient abandonné dès sa naissance l'a indubitablement marqué pour toujours. Il revit sa mère une seule fois à l'âge adulte. C'est lui qui en avait pris l'initiative. Une vraie tragédie frappa Dagerman, lorsque lycéen à Stockholm, il apprit que son grand-père, qui l'avait élevé à la campagne, avait été poignardé à mort dans son champ, par un fou de passage. Sa grand-mère décéda quelques semaines plus tard, sous l'effet du choc. Après deux ans, Dagerman vécut encore un traumatisme : l'un de ses amis s'était fait emporter par une avalanche alors qu'ils faisaient du ski ensemble dans le nord de la Suède. Tous ces événements affligeants ont bien entendu profondément marqué le futur écrivain. C'est à l'occasion de cette dernière perte que Dagerman décida, de retour à Stockholm, de devenir écrivain. C'est à cette occasion qu'il dit qu'il allait écrire : « le livre de [ses] morts »[94]. Voilà les fantômes avec qui vivait Dagerman. Selon certains critiques suédois, on pourrait évoquer une autre raison pour expliquer le suicide de cet auteur : sa situation financière précaire. Étant donné que sa maison d'édition le payait en avances sur ses livres, le fait que Dagerman souffre d'un blocage productif a sûrement créé chez lui une grande angoisse. Apparemment la politique de payement des éditeurs en Suède a changé suite à ce fameux suicide.

    Les critiques français ont adopté différentes approches à l'égard du suicide de l'auteur. Certains décrivent comment sa mort s'est réellement passée dans un garage, un matin de novembre. D'autres utilisent simplement l'épithète « suicidé » pour le présenter, presque comme si c'était un titre. D'autres encore considèrent le suicide comme l'une des clefs les plus importantes de son œuvre littéraire. C'est ce que nous avons appelé par rapport

---

[94] Il l'écrit dans *Les Mémoires d'un enfant*. (Le passage est aussi cité par Ueberschlag (1996) p. 73).

à *L'Enfant brûlé* « la lecture autobiographique ». Finalement, un certain nombre de commentaires montrent que les auteurs essayent de comprendre le suicide de l'écrivain et de lui donner un sens.

4.2.1 Description et mythification

Parfois, les comptes rendus des livres de Dagerman comportent donc des descriptions détaillées de sa mort. Bernard Génies commence son article dans *Libération* (1982) par un récit du suicide de l'auteur. Voici comment il décrit la scène : « Le 3 novembre 1954, Stig Dagerman ouvre la porte de son garage. Il fait un froid de canard. Après avoir précautionneusement refermé l'issue, Dagerman va s'installer au volant de sa voiture. Contact. » Génies construit soigneusement la narration, augmente la tension par étapes et essaye de capter l'intérêt du lecteur. Le fait que le critique prétende savoir qu'il fait « un froid de canard » le jour de la mort de Dagerman montre bien ses associations personnelles et son désir de broder sur l'histoire. Vers la fin de l'article, il reprend le sujet du suicide, toujours sur un ton dramatique : « Veut-il vraiment mourir ? Les enquêteurs en douteront comme ils le trouveront la main tendue vers la clé de contact. Comme s'il avait voulu arrêter la plaisanterie. La dernière. » En terminant l'article, Génies cite (et il n'est pas le seul à le faire) Olof Lagercrantz, le biographe suédois de Dagerman, qui déclare que ce suicide était « un accident de travail de l'auteur avec lui-même ». En tout cas, l'article de Génies, publié à l'occasion de la parution d'*Ennuis de Noce*, est incontestablement construit autour du suicide de l'écrivain, qui en constitue la colonne vertébrale.

D'autres critiques ont plutôt une tendance à fabuler sur le suicide. Michèle Gazier est très favorable aux deux recueils de nouvelles dont elle rend compte dans *Télérama* (1989) :

> A lire Dagerman, on découvre la mort sous l'encre noire de toutes les pages. Pas une mort passive, une mort de bougie que l'on souffle, de lumière qui s'éteint doucement. Mais une mort pleine de morgue, de violence. Une mort faucheuse que ses héros tutoient, rudoient avec des brutalités de jeunes amants. Chez Stig Dagerman on ne meurt pas d'ennui ni de temps qui passe. On meurt brûlé de trop d'innocence, de trop de pureté, des éclairs

dans les yeux et, au cœur, le sentiment féroce d'être arrivé trop tard dans un monde en dérive.

La citation offre une belle allégorie sur la mort : nous y trouvons « la mort sous l'encre noire » dans l'écriture de Dagerman, et les différentes métaphores de la mort comme la « bougie que l'on souffle », « une mort faucheuse » et « brûlé de trop de pureté ». On y trouve aussi les concepts récurrents à propos de Dagerman, « trop d'innocence » et « trop de pureté » : il s'agit bien d'une mythification de l'auteur, qui serait condamné à mort pour trop d'innocence. Comme si le critique était heureux d'avoir finalement trouvé dans un monde cruel quelqu'un de pur.

4.2.2 Lectures autobiographiques

Des lectures autobiographiques de l'œuvre de Dagerman continuent à se faire dans le cadre de la réception de ses livres jusqu'à nos jours. En 1966, lors de la publication du deuxième livre de Dagerman en français, *Le Serpent*, Mohrt écrit dans *Le Figaro littéraire* :

> Aussi prévenu que l'on puisse être contre les interprétations romantiques, il est difficile de ne pas voir dans le suicide de Stig Dagerman, annoncé dans *L'Enfant brûlé*, l'issue fatale d'un drame intérieur.

Quelques années plus tard, en 1972, *L'île des condamnés* sort en français. Dans *Le Figaro*, l'article assez bref qui rend compte du roman est suivi d'un autre article écrit par un auteur anonyme, encore plus bref et intitulé « L'appel du suicide ». Cet article aussi affirme que l'on pouvait prévoir le suicide de Dagerman huit ans avant « qu'il ne le commette » en lisant une de ses phrases : « La vie est-elle autre chose qu'une tentative manquée de suicide ? »

D'autres critiques, en revanche, écrivent très peu de choses sur le suicide de l'écrivain et utilisent ce fait uniquement comme un moyen de présenter l'auteur, une sorte d'introduction. Le scandinaviste Régis Boyer, par exemple, écrit dans le *Le Quotidien de Paris* (1981) : « [...] celui que l'on a appelé le Rimbaud suédois, Stig Dagerman, parce qu'il mit volontairement fin à ses jours après quelques brèves années d'une carrière fulgurante [...] ».

4.2.3 Peut-on comprendre le suicide ?

Hélie Lassaigne rend compte du recueil de nouvelles *Le froid de la Saint-Jean* dans *Libération* (1988) et y parle d'une nouvelle loi en France (que nous commenterons davantage dans le sous-chapitre ci-dessous par rapport à l'ouvrage *Suicide, mode d'emploi*) qui « condamne les ouvrages susceptibles d'encourager au suicide ». Lassaigne prétend que les œuvres de Dagerman « pourraient bien tomber sous le coup de cette loi ». A la fin de son article, elle change cependant d'avis et défend Dagerman en disant que c'est le suicide qui l'a « choisi », et pas l'inverse. Claude Roy, qui rend compte du même recueil de nouvelles dans *Le Nouvel Observateur*, explique ainsi ce suicide : « Le désir de mourir est peut-être une maladie. [...] Stig Dagerman, lui, a été vaincu par le mal obscur. » Un autre critique pense que « le suicide peut être un exercice aussi ». Il s'agit de l'article de Bianciotti (*PAGE des Libraires*) à propos de la nouvelle édition de *L'Enfant brûlé* en 1981.

Dans toutes les réceptions des livres de Dagerman en France, le suicide a le rôle principal. La plupart des articles sur Dagerman commencent ou se terminent par des références à ce suicide, souvent dès le chapeau de l'article. Un exemple typique – ne serait-ce que par le choix des mots – est le chapeau de l'article dans *Rivarol* : « Avec un sombre désespoir, Dagerman (qui se suicidera en 1954) [...] » etc.

4.2.4 Le suicide : de l'interdiction à la fascination

Le suicide, ce néologisme inventé par les Anglais (de *sui* (soi) et *caedes* (meurtre) du latin) a été importé dans la langue française au XVIIIe siècle[95]. Si l'on en croit Georges Minois, c'est plus précisément en 1734 que l'on remarque ce mot pour la première fois en français et ceci « sous la plume de l'abbé Prévost » (*ibid.*). Auparavant, on utilisait l'expression « se tuer soi-même » et on parlait d'« être homicide de soi-même ». « L'apparition du néologisme traduit la volonté de différencier cet acte de l'homicide d'un tiers [...] », explique Minois (*ibid.*). L'ouvrage

---

[95] Minois, G. 1995. *Histoire du suicide*. Paris : Fayard, p. 214.

d'Émile Durkheim *Le suicide. Étude de sociologie*, publié pour la première fois en 1897, reste encore aujourd'hui une œuvre de référence dans les recherches sur le suicide, mais, depuis, de nombreuses études ont été publiées dans ce domaine[96]. Un critique de Dagerman (Lassaigne qui écrit pour *Libération*) mentionne le livre *Suicide mode d'emploi. Histoire, technique et actualité* (Guillon & le Bonnier), publié en 1982. Ce livre parle de différents aspects du suicide, « le fléau social » (en d'autres mots la contagion du suicide, dont parlait d'ailleurs déjà Durkheim), le droit au suicide et « les militants de la "mort douce" » (c'est-à-dire les médicaments, les toxiques, les techniques du suicide)[97].

La religion chrétienne interdit le suicide, et cela a marqué l'Europe tout entière ; en France, cependant, on a très tôt dépénalisé le suicide, dès la Révolution. Les premiers à promulguer une loi de ce genre furent cependant les Italiens, avec une initiative toscane en 1786. Avant cela, la constitution piémontaise interdisait les funérailles religieuses aux suicidés[98]. La dépénalisation du suicide a donc eu lieu à différents moments dans les pays européens, en 1865 seulement en Suède. Le livre de Pierre Moron, *Le suicide* (1999), étudie plus en détail l'histoire du suicide en France. Selon l'ancien droit français, un suicidé n'avait pas le droit d'être enterré dans les cimetières chrétiens[99]. Bien

---

[96] Pour donner quelques exemples, des études statistiques comme *Suicidal behaviour in Europe* (2004. éd. Schmidtke, A. et. al), une étude hélas trop récente pour éclairer l'histoire de la réception de Dagerman, puisqu'elle ne commence qu'à partir des années 1980, ou des études culturelles sur la question comme *Suicide et culture* (1999, éd. Kiss). Ce livre porte notamment sur le suicide à l'extérieur de l'Europe.
[97] C'est sans doute à cause de ce chapitre, que la réédition de cet ouvrage a été interdite en conformité avec la loi de 1995. A la BNF on ne peut consulter ce livre, d'ailleurs microfilmé, qu'avec l'autorisation du directeur.
[98] « A chi si uccideva veniva inoltre negato ogni rito religioso e la sepoltura ecclesiastica. Veniva sotterrato lontano dal cimitero, talvolta dal boia. » (Barbagli (éd), 2003, p. 53)
[99] « Les lois et la jurisprudence de l'ancien droit s'étaient conformées, sur certains points, aux dispositions du droit romain et du droit canonique. A ce dernier, furent empruntées la privation de sépulture chrétienne et l'exclusion des prières publiques ; au droit romain, la confiscation et la prescription de crime dans l'espace de cinq ans. Offense à la religion et à l'humanité, le suicide ressortissait au crime de lèse-majesté divine. Le but de la répression était de

qu'actuellement le suicide ne soit plus considéré comme un crime et ne soit donc plus punissable en France (suivant le Code pénal français), le souvenir de l'époque où le suicide était traité de façon plus culpabilisante et marginalisante influence encore les mentalités. Cela vaut également pour beaucoup d'autres pays européens (parmi lesquels la Suède, l'Italie etc.).

Dans la réception de Dagerman, on a l'impression que plusieurs critiques (ainsi que le grand public) perçoivent le suicide de Dagerman comme une sorte d'œuvre, voire son chef-d'œuvre (c'est ce que nous avions déjà observé dans la réception de *L'Enfant brûlé*). Jean-Yves Rogale, auteur d'un livre sur le suicide parmi les célébrités[100], intitule une partie de son livre « Suicide : infamie, duel ou œuvre d'art ? »

Le suicide est un sujet compliqué et les critiques sont, comme nous tous, sans doute marqués par la conception du suicide dans leur tradition culturelle.

4.3 LES QUALITÉS INTRINSÈQUES DE L'ÉCRITURE DE DAGERMAN

4.3.1 Les protecteurs littéraires de Dagerman

Suite à la publication du *Serpent* en 1966, un événement eut lieu qui a beaucoup fait pour la renommée de Dagerman en France, et qui devait avoir des répercussions importantes pour la suite. C'est le fait que l'écrivain français Jean-Marie Gustave Le Clézio se soit prononcé très favorablement sur l'œuvre de son confrère suédois. L'article intitulé « Hé, Stig Dagerman ! »[101] n'est pas seulement un compte rendu du *Serpent* ou une critique positive à l'égard de Dagerman : c'est une véritable déclaration

---

toucher le défunt et, au-delà de lui, sa famille dans son honneur en infligeant à sa mémoire une peine infamante. Le procès condamnait le coupable à des peines aussi lourdes, sinon plus sévères, que celles appliquées aux auteurs d'homicides. » (Moron, 1999, p. 99)

[100] 1984. *Vous avez dit suicidé ?*

[101] L'article est réédité en mars 1972 dans un numéro spécial des *Lettres Nouvelles* dédié aux *Écrivains de Finlande et de Suède* présentés par Mirja Bolgar et C.-G. Bjurström.

d'amour. Dans cet article de dix pages, Le Clézio raconte, comme seul un écrivain peut le faire, sa première expérience de lecture de Dagerman. Il décrit le livre physiquement (l'aspect de la couverture, le texte écrit sur la deuxième de couverture etc.), explique comment il a abordé ce livre et comment il l'a lu jusqu'au bout :

> Toucher le livre, sentir le livre, lire, écrire, déchirer le livre. Seul l'objet peut nous sauver. Il est la part friable du message, la douceur, la maladresse, la fragilité. A cause de lui, on peut essayer de dire, comme si c'était vrai que la porte puisse s'ouvrir et que Scriver [un des personnages romanesques] vienne s'asseoir avec son verre de bière devant le soi-disant critique littéraire : "Hé Stig Dagerman ! " (p. 157)

Cet article est, on peut le constater, remarquable à plus d'un titre. Le fait qu'un écrivain comme Le Clézio, c'est-à-dire quelqu'un jouissant d'un certain prestige dans le champ littéraire français, se prononce de manière si positive sur un écrivain étranger a bien sûr un impact important pour la réputation de ce dernier. Notons que ce texte particulier a également été publié en Suède, en traduction suédoise par C.-G. Bjurström, dans deux magazines littéraires importants.[102]

Le Clézio a également rendu compte en 1977 du recueil de nouvelles *Dieu rend visite à Newton* dans *La Quinzaine littéraire*. Il y est tout aussi élogieux vis-à-vis de l'œuvre de Dagerman :

> Il y a des livres qu'on ne lit pas seulement, mais qu'on rencontre. Je veux dire une parole, une présence qui éblouissent comme une apparition, et qui semblent aussi vraies qu'une personne vivante. Alors les autres livres, ceux qui ne sont faits que d'encre et de papier, ceux qu'on ne peut que lire, ils disparaissent devant l'éclat de cette vie. Les livres de Stig Dagerman sont ainsi : il y a un miracle, un secret dans le pouvoir de leur parole, comme si toute vie devait nous conduire à cette rencontre.

Pour Le Clézio, l'écriture de Dagerman est plus que « d'encre et de papier » ; pour lui, les livres de Dagerman semblent subséquemment « vivants ». C'est ce qu'il avait déjà évoqué à

---

[102] *BLM*, 1969 n° 2. Republication en 1984 sous le titre « Kaptenens ensamhet är ofantlig » dans *Ariel* n° 2-3.

propos de sa lecture du *Serpent*, lorsqu'il avait impression qu'un personnage romanesque de Dagerman pourrait entrer par la porte de sa chambre.

Un autre écrivain a lui aussi joué un rôle décisif dans la réception française de Dagerman, il s'agit de l'Argentin Hector Bianciotti, que nous avons cité plus haut. Il a écrit sur Dagerman à plusieurs reprises, entre autres l'article « Stig Dagerman, le Suédois magnifique », publié dans *Le Monde des livres* en 1989, que nous avons déjà eu l'occasion de commenter à plusieurs reprises. Il est important pour la réception de Dagerman que quelqu'un comme Bianciotti se soit intéressé à lui. Critique littéraire du *Monde*, membre de l'Académie française, Hector Bianciotti est un écrivain jouissant d'une grande renommée dans le monde littéraire français. Il est très important pour un écrivain étranger d'être pris sous l'aile protectrice d'un protecteur comme Bianciotti, que les lecteurs et les critiques écoutent volontiers et à qui ils font confiance. Dans l'article que nous venons de citer, Bianciotti décrit ce qu'est, pour lui, la lecture de Dagerman : « Lire Dagerman, c'est ressentir, dans tout le corps, l'impuissance de l'esprit à l'égard de l'esprit, et, de ce fait, éprouver à quel point on peut devenir incapable d'*être comme soi...* ». Il affirme, en outre, qu'« une fois happé » par l'écriture de Dagerman, « le lecteur est accroché, comme par un hameçon, au moment où, déjà, il sombrait : Dagerman use souvent de l'aphorisme ». À l'instar de Le Clézio, Bianciotti décrit donc son expérience de lecture de Dagerman comme une expérience quasiment physique.

4.3.2 Lectures élogieuses

Nous avons déjà constaté que l'accueil de Dagerman en France a été très favorable dès les années cinquante. Parmi les articles les plus élogieux, on peut signaler « Connaissez-vous Stig Dagerman ? », un article écrit par un autre écrivain, Jean Contrucci, et publié en 1990 dans *Le Provençal*. Cet article, fortement valorisant pour Dagerman, a été publié à l'occasion d'un événement consacré à l'écrivain suédois à Marseille et auquel ont participé notamment Philippe Bouquet et les éditeurs de Dagerman, Hubert Nyssen et Maurice Nadeau (il y a eu des conférences, des lectures de nouvelles, projections de films et des représentations théâtrales – consacrées à Dagerman). Dès la première phrase, le ton est donné : « C'est un coup de foudre, comment appeler ça autrement ? », Contrucci qualifie plus loin Dagerman d'« écrivain météorique » dont la lumière « ne cesse d'envahir le ciel des lettres européennes ». Il estime que l'œuvre dagermanienne est « sobre et intransigeante », et que Dagerman maîtrise « tous les genres ». L'une des raisons principales pour lesquelles Contrucci aime tant cet écrivain semble être qu'il pense que Dagerman « nous parle de nous, sans jamais rien imposer ».

Nous avons donc trouvé beaucoup de jugements favorables au fil des différentes réceptions de l'œuvre de Dagerman en France. L'écrivain Michel Mohrt, qui avait rendu compte du *Serpent* dans *Le Figaro littéraire* lors de sa première publication en 1966, trouve que le roman est « d'une sombre beauté ». Malgré ses différentes parties (c'est un roman dont la composition est très proche d'un recueil de nouvelles), Mohrt pense qu'il a « une remarquable unité d'inspiration ».

Lorsque Christiane Baroche rend compte de *L'île des condamnés* en 1972 (dans *La Quinzaine*), elle avoue penser que ce livre est une sorte de réécriture du *Serpent*, que c'est toujours un roman sur la peur. Mais elle qualifie le livre d'« œuvre symbolique », chose que l'on ne pourrait se permettre de dire du *Serpent*. Baroche commente le style de Dagerman et explique qu'il écrit avec « une abondance de détails », ce que d'autres critiques ont aussi fait remarquer. La même année, Guy Le Clec'h fait une lecture assez différente de ce livre. Il intitule son compte rendu publié dans *Le Figaro* « L'enfer dans l'île ». Il a lu le livre comme une « tentative désespérée » de Dagerman de sortir du monde où il était enfermé. Pour définir ce monde, le critique le décrit comme ayant « la puissance contraignante d'un rêve sans issue dont la noirceur suinte à travers le réel ».

En 1982, P. Lepape fait paraître un article dans *Télérama* à l'occasion de la publication d'*Ennuis de Noce*. Il remercie les traducteurs de « nous offrir cette transparence et cette émotion ». L'écriture de Dagerman l'a manifestement touché et il décrit ainsi sa lecture :

Avant de comprendre quoi que ce soit au déroulement du récit, on se trouve subjugué par les rythmes de la phrase, l'éclat trouble des images, les jeux de voix, de perspective, de lumière, le poids énorme d'un non-dit, d'un silence dévorant qui écrase les êtres beaucoup plus sûrement que le destin.

Lepape pense donc que Dagerman a réussi à écrire le non-dit avec un « silence dévorant ». Lise Andries, collaboratrice de *La Quinzaine* (1989), partage son avis. Elle estime cependant que l'écriture de Dagerman n'a « rien d'excessif », mais qu'au contraire celle-ci « a pris le parti de l'ellipse et du dépouillement stylistique ». Claude Roy, un autre écrivain français, fait aussi partie des admirateurs de Dagerman et s'extasie sur le caractère incisif de son œuvre. Il écrit par exemple : « Les attaques de ses romans et de ses admirables nouvelles sont foudroyantes » (*Le Nouvel Observateur*, 1989). A propos des nouvelles des *Wagons rouges*, Roy poursuit : « [elles] ne parlent que de mort mais éclatent de vie ». Roy est, semble-t-il, impressionné par l'écriture de Dagerman puisqu'il déclare : « Tout est contenu déjà en quatre lignes : la situation, le milieu, le décor, les sentiments ». Maria Van Renterghem, qui publie un article dans *Le Monde des livres* (1997), même si elle n'est pas aussi enthousiaste, apprécie l'intensité de l'écriture de Dagerman, comme en témoigne l'extrait suivant :

> Le monde absolument noir de Dagerman n'est pas seulement angoissant. L'innocent lucide qui vous y entraîne a aussi la force de la dérision, s'amusant presque de son propre pessimisme [...]

Le choix des mots « innocent lucide » est, comme nous l'avons constaté, assez récurrent dans les articles sur l'œuvre de Dagerman en France, et fait partie des formulations élogieuses témoignant d'un sentiment bienveillant de la part des critiques.

4.3.3 L'écriture cinématographique

Une autre lecture courante est celle qui voit en l'écrivain Dagerman un potentiel réalisateur de films : comme s'il n'exprimait pas son talent dans le médium adéquat. Les comparaisons avec Ingmar Bergman sont nombreuses. Dans son article du *Figaro littéraire* (1966) que nous avons déjà mentionné,

Michel Mohrt fait les mêmes rapprochements que dix ans auparavant dans son compte rendu de *L'Enfant brûlé*, publié dans la même revue. Ces rapprochements concernent non seulement Dagerman et Alain Robbe-Grillet, en particulier à propos du livre de ce dernier intitulé *Le Voyeur*, mais aussi les personnages dagermaniens et ceux du peintre Bernard Buffet, qui sont teintés de « réalisme maniaque et triste ». Mohrt compare d'abord l'ambiance qui émane de l'œuvre de Dagerman à celle que l'on peut trouver dans les films de Bergman. Il trouve par exemple que *Le Serpent* « baigne dans une atmosphère trouble, un clair-obscur à la Bergman ».

Lors de la publication du *Serpent* en 1966, Geneviève Serreau écrit un compte rendu pour *La Quinzaine* intitulé « Un Bergman du roman » : il est difficile de se tromper sur l'association qu'elle fait en lisant ce livre. En 1988, cet article sera réédité dans la même revue. Rien n'est changé, à l'exception du titre qu'elle a modifié : « Ce que l'homme a de plus précieux ». Comme le titre original le laissait entendre, Serreau adopte une lecture « cinématographique » du livre. Elle y retrouve une « sensualité » qu'elle conçoit comme typiquement bergmanienne. Elle a l'impression, « comme chez Bergman », que le désastre n'est jamais loin, ce qui tient le lecteur en suspens[103].

Revenons à Bianciotti. Il est vrai que ce dernier a signalé les liens existant entre Dagerman et Strindberg. Mais il pense que les livres de Dagerman sont surtout « bergmaniens », chose qui est particulièrement frappante dans *Ennuis de noce* (*Le Monde des livres*, 1989). Il répète cela lors d'un entretien datant de 1995 et publié dans *PAGE des Libraires*, dans lequel il affirme que *L'Enfant brûlé* le fait penser « aux meilleurs films de Bergman ». Un autre critique qui s'exprime sur cet aspect de l'écriture dagermanienne est Anne Diatkine. On appréciera, chez ce critique,

---

[103] Signalons que trente-cinq ans plus tard, Sean James Rose rendra compte du même roman dans *Libération* (l'article date de 2001, mais nous faisons l'exception en le commentant) en mettant lui aussi en valeur les liens qui unissent le cinéma à l'écriture dagermanienne : « Inspirée du cinéma, l'écriture de Dagerman rend à merveille ces jeux de regards qui traduisent ses thèmes favoris : la solitude et la culpabilité. »

sa capacité d'expliquer si clairement pourquoi l'écriture de Dagerman est proche du cinéma. Dans *Libération* (1993), elle écrit : « L'écriture est cinématographique. Elle fait entendre les sons, montre les déplacements et place une série d'inserts. »

4.3.4 L'insertion littéraire

Pour ce qui concerne l'insertion littéraire de l'œuvre de Dagerman par la critique française, les commentaires vont dans trois directions. D'abord, on inscrit les livres dans leur contexte littéraire en faisant des références aux autres écrivains nordiques. Il est en général question de ceux qui sont les plus connus, comme Strindberg, Ibsen et Lagerlöf, mais parfois aussi de personnalités plus inattendues. C'est ce qui arrive par exemple dans l'article du scandinaviste Régis Boyer, publié dans *Le Quotidien de Paris* en 1981, où l'auteur aborde trois livres différents, écrits par trois écrivains nordiques. Ces ouvrages ont en commun d'avoir été traduits par Philippe Bouquet. Dagerman est ici commenté à côté de Josef Kjellgren et de Henrik Tikkanen. Le titre « Lucidité scandinave » révèle une attitude très favorable vis-à-vis de la littérature nordique en général et à l'égard de ces écrivains en particulier. Boyer conclut son compte rendu en expliquant pourquoi les lecteurs français devraient lire ces écrivains : « [ils] tendent à défendre un humanisme, celui dont nous aurions tant besoin, un humanisme pour notre temps, fort et décanté. »

Ensuite, une autre catégorie de comparaisons va dans le sens de l'existentialisme, soit un existentialisme 'à la française' (sans doute le plus courant) soit un existentialisme que nous osons éventuellement appeler existentialisme européen (et auquel appartient entre autres Kafka). Parmi ces articles, quelques rares références littéraires sortent un peu du cadre, comme par exemple celle du critique littéraire de *L'Événement*, Patrice Delbour (1989), qui pense que Dagerman « est cousin de Thomas Bernard ». Ce dernier fait éventuellement partie de la catégorie des existentialistes européens, mais dans la mesure où il est une référence peu courante dans la réception de Dagerman – il n'est en effet mentionné qu'une seule fois –, nous préférons le laisser de côté. En revanche, les références directes et indirectes à l'existentialisme français, comme les références à la littérature nordique, sont communes à plusieurs des critiques de Dagerman. Ceux qui inscrivent son œuvre dans un courant plus européen, voire occidental, sont bien plus rares. L'un des rares critiques à le faire est Geneviève Serreau, auteur d'une recension fine et intelligente du *Serpent* dans *La Quinzaine littéraire* en 1966 déjà citée, dans laquelle elle écrit :

> Ces thèmes, de l'angoisse, de l'absurde, du suicide, de la solitude, qui dominent toute la littérature de l'après-guerre, placent Dagerman dans le courant d'une tradition qui va de Strindberg à Camus en passant par Faulkner et Kafka – tous auteurs dont Dagerman s'est nourri.

Ces thèmes que d'autres ont d'emblée interprétés comme nordiques ou suédois, Geneviève Serreau les identifie comme des thèmes faisant partie de toute une tradition d'après-guerre, elle y voit non pas un phénomène propre à la Suède donc, mais pense qu'ils sont communs à toute une génération d'écrivains occidentaux. Elle est quasiment le seul critique à situer Dagerman dans un contexte temporel (l'après-guerre) plutôt que géoculturel (nordique).

En 1992, les éditions Gallimard consacrèrent un numéro de leur magazine *L'œil de la lettre* aux littératures nordiques. L'auteur anonyme qui présente Dagerman insiste sur son côté « existentialiste », ainsi que sur le fait qu'il était secrétaire de rédaction de la revue *40-tal*, qui « devait diffuser en Suède les idées et les thèmes existentialistes ». L'auteur cite même la devise de la revue : « Regarder le chaos en face, en pleine lucidité ». Cinq ans plus tard, Gwénaëlle Supic fait paraître un article général sur Dagerman et son œuvre (*Passeport*, 1997) dans lequel elle explique que, pour Dagerman, « l'homme, condamné à la liberté, est toujours seul responsable de ses actes ». Voilà une présentation bien existentialiste qui devrait, à défaut de plaire à un large éventail de lecteurs français, leur procurer au moins une sensation de familiarité, c'est-à-dire le sentiment qu'avec cet écrivain, pourtant étranger, ils sont en terre connue.

4.3.5 Le dialogue entre critiques

Comme nous l'avons vu en parcourant les articles parus sur les livres de Dagerman pendant la période s'étendant de 1957 à 2000, il arrive très rarement que l'on tombe sur un jugement négatif. Parmi les exceptions, citons un article paru dans *La Libre Belgique* (1972), un journal qui compte pourtant, en général, parmi les partisans de Dagerman. Dans cet article, un compte rendu de *L'Île des condamnés*, la conclusion n'est pas aussi bienveillante que d'habitude : « Un roman âpre et dur, assez freudien, et qui violente les consciences. Pour lecteurs avertis. »

Un autre phénomène, plutôt rare dans la réception de Dagerman, ce sont les dialogues qui se créent lorsque les critiques se commentent les uns les autres. Cela est arrivé une fois et c'est à propos des reportages par Dagerman sur l'Allemagne en 1946, publiés dans son livre *Automne allemand*. Ces reportages ont déclenché un débat tout à fait exceptionnel. Un article particulier, l'un des moins favorables à Dagerman en France, présente une critique assez sévère, c'est celui de Claude Meyer dans *Actualité juive* (1989). Meyer ne dit pas ouvertement que Dagerman aurait eu de la sympathie pour les nazis, mais il finit son article de la manière suivante :

> Dagerman laisse malheureusement aux générations à venir une vision fausse de l'Histoire. Souffrance rime avec misère quotidienne du peuple allemand. Vision partielle devient hélas partiale.

Ce que Meyer reproche à Dagerman, c'est de ne parler que de la souffrance des Allemands. En effet, celui-ci n'écrit rien sur les souffrances et le génocide du peuple juif, ce qui peut bien entendu être difficile à accepter. Meyer dit que l'auteur se contente « d'un tableau de la misère quotidienne en Allemagne sans même évoquer les millions de victimes juives et autres du régime nazi ». Mais malgré cette grave critique, Meyer a cependant la générosité d'accorder quelques louanges à Dagerman à propos duquel il écrit à deux reprises : « la langue est belle ».

Suite à la publication de cet article, un autre critique prend la défense de Dagerman. Il s'agit de C.-M. G. (nous ne connaissons que les initiales de ce critique, mais il est sûrement question de

Camille-Marie Galic) qui riposte dans Rivarol, un hebdomadaire d'extrême-droite (1990) :

> *Actualité juive* reprochait récemment à ce livre de négliger le calvaire des Juifs. Mais outre qu'à l'époque où l'Europe végétait encore dans ses ruines, cette question n'était pas prioritaire, Dagerman avait assez à dire sur le martyre des populations allemandes en cet "automne de privations".

Régis Boyer, pour sa part, s'était exprimé sur *Automne allemand* dans un compte rendu publié dans *Le Quotidien de Paris* (1981). Il avait fait une tout autre lecture du livre et y voyait notamment un « impitoyable réquisitoire contre le Mal » :

> Le jeune journaliste que l'on envoie enquêter sur l'Allemagne de 1946 en revient avec bien autre chose que des notes de voyage : avec un impitoyable réquisitoire contre le Mal, une étonnante méditation, parce que d'une hauteur et d'une générosité parfaitement inattendues, sur l'angoisse moderne et la culpabilité.

A l'opposé de Meyer, il estime donc que Dagerman se livre à une critique du régime nazi non à travers une description des souffrances des Juifs, certes, mais à travers le récit de celles du peuple allemand.

4.4 Lectures du Nord

Lorsque l'on parcourt la réception de l'œuvre de Dagerman en France, on remarque dans bon nombre d'articles des représentations se basant sur l'origine de l'écrivain, c'est-à-dire la région d'où il vient, la Suède ou la Scandinavie. Une certaine image du Nord se cristallise ainsi dans les textes. Cela vaut pour pratiquement tous les articles. L'un des rares critiques à ne pas établir de lien entre la littérature de Dagerman et l'origine géographique de l'auteur est Guy Le Clec'h (*Le Figaro*, 1972). Il est vrai que son article est présenté sous la rubrique « Littérature suédoise », mais en réalité l'origine de l'écrivain n'est pas du tout mentionnée dans l'article.

Le Nord a, depuis bien longtemps, été entouré de certaines idées qui, ensemble, ont créé une impression quasiment mythique. Ces idées sur le Nord ont donc circulé, bien avant que l'œuvre de Dagerman ne soit traduite en français. Tout d'abord, les peintres nordiques ont largement influencé la construction d'une image du Nord. On peut même dire qu'il existe deux images opposées : celle de la lumière du Nord et celle, plus dominante, de l'obscurité du Nord, ou encore des brumes du Nord. Ainsi, pour donner deux exemples, les peintres de l'école de Skagen sont célèbres pour leur façon de peindre la lumière nordique, avec leur art de fin de siècle caractérisé par des couleurs lumineuses. Le peintre norvégien, Munch, en revanche, est sans doute considéré comme l'un des artistes nordiques les plus sombres. Son tableau le plus célèbre, « Le cri », illustre dans le monde entier l'angoisse ; certains associent ce tableau à une angoisse 'nordique', d'autres, à une angoisse humaine.

À notre époque, le septième art occupe une place importante dans le débat des idées. C'est bien entendu Ingmar Bergman qui a été, et qui demeure, le plus influent pour ce qui concerne la création et la conservation de certaines représentations du Nord. Ses films sont imprégnés aussi bien de génie que de folie, de silence, de violence, d'angoisse et de mélancolie. Arrêtons-nous un instant sur le concept de la 'mélancolie nordique'. Il existe peut-être une mélancolie nordique toute particulière, mais la mélancolie est d'abord un état d'âme universel[104]. La mélancolie, ou « le bonheur d'être triste », comme le disait Hugo[105] ; l'origine du mot est grecque (*melagkholia*) et signifie la « bile noire ». La critique française ne semble pas penser que la mélancolie de Dagerman lui est propre, qu'elle fait partie de sa personnalité ou de son destin particulier, mais bien plutôt que cette mélancolie est *nordique*. La critique va donc combiner les deux choses :

---

[104] Dernièrement, le lauréat du prix Nobel de littérature, Orhan Pamuk a par exemple rappelé au monde occidental l'existence de la mélancolie turque, *hüzün* (notamment dans son livre *Istanbul*, 2005, par exemple p. 81). Signalons aussi que dans l'anthologie sur *Mélancolies*, publiée suite à l'exposition du même nom au Grand Palais en 2005, la mélancolie nordique n'occupe pas une place spéciale, bien que des textes de Kierkegaard et de Strindberg y soient présents.
[105] « Le désespoir a des degrés remontants. De l'accablement on monte à l'abattement, de l'abattement à l'affliction, de l'affliction à la mélancolie. La mélancolie est un crépuscule. La souffrance s'y fond dans une sombre joie. La mélancolie, c'est le bonheur d'être triste. » Hugo, 1975 (1866), *Les travailleurs de la mer*, p. 961.

l'angoisse de Dagerman et son pays d'origine, la Suède, ce qui s'explique sans doute par la force de représentation de la mélancolie nordique dans la mentalité française. Cette représentation est bien enracinée dans l'histoire : dès 1839, Madame de Staël, qui fut l'une des premières à réfléchir sur les oppositions culturelles Nord-Sud, explique dans son ouvrage *De l'Allemagne* pourquoi elle trouve la littérature des « peuples d'origine germanique » marquée par la mélancolie :

> « L'indépendance et la loyauté signalèrent de tout temps ces peuples ; ils ont été toujours bons et fidèles, et c'est à cause de cela même peut-être que leurs écrits portent une empreinte de mélancolie ; car il arrive souvent aux nations, comme aux individus, de souffrir pour leurs vertus. » (p.10)

4.4.1 Le Nord mythique

Remontons à quelques moments cruciaux de la construction du mythe du Nord en France. Signalons d'abord la confession de Léouzon le Duc, en 1867, dans son livre *Les poèmes nationaux de la Suède moderne*, d'après lequel le Nord « fait peur » aux Français. Il décrit le Nord comme « un fantôme glacé », le tout est associé au mauvais temps bien entendu :

> La littérature du Nord a été jusqu'à présent fort peu étudiée ; c'est là un fait que nous constatons avec regret, mais qui ne nous étonne pas. En effet, tandis que le Midi nous illumine de son soleil, qu'il nous berce de son harmonie et nous embaume de ses parfums, le Nord, au contraire, ne nous apparaît qu'à travers un lointain nuage, comme un fantôme glacé, enveloppé d'éternelles ténèbres et ne s'agitant que pour verser autour de lui les brouillards et les frimas. Le Nord nous fait peur. (Cité par Maury, L. 1948. *Les Scandinaves et nous*, p. 25)

Pourquoi le Nord fait-il peur ? Cela a sans doute un rapport avec ce qu'évoque Léouzon le Duc, l'opposition entre ce qu'il faut bien appeler le midi et le minuit. Minuit nous fait peur, parce que cela représente la nuit, le noir : c'est *l'autre côté*, l'autre côté du jour. Au lieu du soleil, règne la lune, et la lune a des corrélations avec la mystique, avec la folie (voir par exemple l'étymologie du mot 'lunatique'). À minuit, on ne sait trop ce qui peut se passer. Il faut être attentif, cela peut être dangereux : c'est l'heure des doutes, l'heure du crime. Midi en revanche, c'est le moment de la journée où le soleil est le plus fort[106]. Le Midi a aussi une connotation géographique, celle du Sud ; cette façon de voir, d'appeler le sud ensoleillé 'le Midi' se retrouve d'ailleurs également dans la langue italienne, « il Mezzogiorno ». L'antonyme du Midi géographique, en français, est cependant le 'Nord', et si le Sud est le Midi, le Nord devrait bien correspondre à Minuit. Minuit, en tous les cas, c'est l'obscurité, et pour aller encore plus loin, la mort. Cette association apparaît dans un poème de Baudelaire où il qualifie les pays du Nord de « pays qui sont les analogies de la Mort » :

> En es-tu donc venue à ce point d'engourdissement que tu ne te plaises que dans ton mal ? S'il en est ainsi, fuyons vers les pays qui sont les analogies de la Mort.
>
> Je tiens notre affaire, pauvre âme ! Nous ferons nos malles pour Tornéo. Allons plus loin encore, à l'extrême bout de la Baltique ; encore plus loin de la vie ; si c'est possible ; installons-nous au pôle. Là le soleil ne frise qu'obliquement la terre, et les lentes alternatives de la lumière et de la nuit suppriment la variété et augmentent la monotonie, cette moitié du néant. Là, nous pourrons prendre de longs bains de ténèbres, cependant que, pour nous divertir, les aurores boréales nous enverront de temps en temps leurs gerbes roses, comme des reflets d'un feu d'artifice de l'Enfer ! (Baudelaire, *N'importe où hors le monde*, 1987, p. 179)

Dans ce poème, les évidentes références au Nord dans les expressions « l'extrême bout de la Baltique », et les « aurores boréales » sont très claires ; ce qui est intéressant est le fait que Baudelaire les associe toutes à la Mort et même à l'Enfer.

Revenons au concept des 'brumes du Nord' et à la réception d'un autre écrivain nordique en France, Henrik Ibsen. Lorsque les *Revenants* sont mis en scène à Paris, en 1890, la pièce « provoque immédiatement une grande polémique. La critique française rejettera les fameuses « brumes scandinaves » […] » (Casanova,

---

[106] Il est vrai que la notion de 'soleil de minuit' complexifie l'opposition midi-minuit. Or dans la réception de Dagerman il n'est, à notre connaissance, que deux critiques qui utilisent cette association, et toujours en la connotant au mystère ou à la mort (Delbour, P. *L'Événement*, 1989 et Mohrt, M. *Le Figaro littéraire*, 1966).

2002, p. 69). Ces « fameuses brumes scandinaves » semblent par la suite, du moins avec Dagerman, être plutôt appréciées en France. Il est tout de même curieux que cette représentation des 'brumes' soit aussi fortement associée au Nord et continue de l'être. Jacques Leenhardt a écrit une étude sur une réception plus moderne, l'attribution du prix Nobel à Gabriel García Marquez en 1982. Dans cette rencontre culturelle entre Latins et Nordiques, ici Colombiens et Suédois, les deux nationalités semblent aussi perplexes l'une que l'autre. Pour les Suédois, qui distribuent le prix « cette réalité colombienne [...] reste incompréhensible » (1990, p. 240). Pour les Colombiens, « los suecos », les Suédois, sont « tan pálidos que parecían figuras de cera ».[107] Ces visiteurs apparaissent donc, selon Leenhardt, « comme de pâles fantômes découpant la brume nordique » (*ibid.* p. 246). Les 'brumes' semblent ainsi fonctionner comme une sorte d'attribut du Nord (transmis cependant par d'autres, et non pas par les Nordiques eux-mêmes) qui peut apparaître dans des contextes très différents. « Comment l'*autre* peut-il être si semblable et si différent à la fois ? », s'est demandé Leenhardt dans une étude sur une autre rencontre culturelle, entre Français et Allemands cette fois-ci. (Voir le livre au titre si parlant *Au jardin des malentendus*, 1990, p. 11.)

4.4.2 Les stratégies face à l'écrivain étranger

En abordant la littérature étrangère, les critiques peuvent employer différentes stratégies. Dans l'étude de notre corpus, deux stratégies principales se cristallisent, parmi les critiques, en face de l'écrivain étranger : 1) *familiariser*, essayer de rendre proche ce qui est étranger, l'expliquer, le placer dans un cadre, donner des repères connus, ou : 2) *rendre étranger*, mettre en valeur ce qui est différent, un effort qui peut parfois aller jusqu'à la *mystification*. Nous proposerons ici le terme d'« étrangéifier » pour désigner cette dernière stratégie.

---

[107] C'est selon le critique de *Espectador* que les Suédois sont tellement pâles qu'ils ont l'air de figures de cire (*ibid.* p. 246).

4.4.2.1 Familiariser

La première stratégie, celle qui consiste à familiariser, peut être distinguée quand le critique essaie d'intégrer l'écrivain étranger dans sa propre culture en le comparant aux écrivains de son pays. Comme nous avons déjà eu l'occasion de le constater, Dagerman a souvent été comparé à Rimbaud, ou, plus exactement, plutôt que d'être comparé au poète français, il a été présenté par les critiques français comme étant « un Rimbaud », le Rimbaud du Nord. De cette manière, les lecteurs peuvent immédiatement se faire une image du type d'écrivain et du genre de littérature dont il s'agit ; la culture étrangère est ramenée dans le champ privilégié de la culture propre ; elle devient donc plus abordable, plus lisible.

Dagerman a également été mis en relation, nous l'avons vu, avec les existentialistes. L'un des critiques qui fait ce rapprochement est le scandinaviste Régis Boyer (*Quotidien de Paris*, 1981). Il présente le mouvement littéraire dont fait partie Dagerman, la génération des années quarante, comme correspondant « peu ou prou à notre littérature existentialiste ». Parce que cette littérature cherche à « remettre en question les grandes options traditionnelles » et « poser brutalement en pierre de touche le thème, bien scandinave, de la responsabilité ». Boyer met donc l'accent sur un élément que l'existentialisme et la culture scandinave ont en commun, soit le sens de responsabilité.

La stratégie qui consiste à expliquer l'étranger, ou l'étrangeté, montre donc de la part des critiques une volonté d'introduire la culture étrangère et de la rendre familière.

4.4.2.2 « Étrangéifier »

La deuxième stratégie appliquée par les critiques s'oppose à la première : au lieu de tenter d'intégrer l'écrivain étranger dans leur propre culture, on s'attache à éveiller la curiosité des lecteurs en renforçant ce qui est étranger. Cette stratégie consiste à rendre l'écrivain étranger encore plus étranger ou « étrange », en l'associant à l'exotisme, et, parfois, au mystère.

Patrice Delbour utilise la stratégie qui consiste à étrangéifier lorsqu'il écrit sur l'œuvre de Dagerman dans *L'Événement* (1989).

Dans le préambule de son article nous lisons : « Les enfants du soleil de minuit incarnent souvent les archives de nos peurs ancestrales, les notaires de nos passions secrètes. ». Ces enfants du soleil de minuit sont donc le peuple scandinave, présenté ici comme un peuple mystérieux ; ils (les Suédois) incarnent des choses (peurs ancestrales, passions secrètes) auxquelles nous (les Français) n'avons pas accès. Ils sont doués d'autres pouvoirs que nous. Delbour termine son préambule avec l'incitation suivante : « Sous la canicule estivale, pour ne pas bronzer pantois, lisez suédois. »

L'auteur crée ici un paradoxe entre le mot se référant à la France, « la canicule », qui représente bien évidemment la chaleur, et l'idée d'une Suède « glaciale » illustrée par la photo d'un paysage hivernal, mais présente aussi dans l'article tout entier, qui sent le froid dans ses allusions au Nord – au point que le lecteur se met presque à grelotter. Bien des lecteurs acceptent sans doute cette argumentation indirecte, à savoir qu'en Suède, c'est toujours l'hiver. De nombreux Français (ainsi que d'autres nationalités) pensent que l'été n'existe pas en Suède, ou en tout cas qu'il ne fait jamais chaud et qu'il est impossible de se baigner dans la mer. Or, bien que l'été soit court, il existe vraiment[108].

Pour présenter Dagerman, Delbour a cherché ses mots avec soin : « Épousant la malédiction du lemming, il semble que toute sa trajectoire littéraire n'ait été que prétexte pour surseoir à l'instant de la confrontation avec le maelström terminal. » Le critique se sert sans doute de ces mots exotiques dans le but de rendre l'ambiance de l'article aussi *étrangère* que possible. 'Maelström' est un mot peu usité qui signifie « tourbillon »[109], et le 'lemming' est un « petit mammifère rongeur *(muridés)* des régions boréales, voisin du campagnol » *(ibid.)*. L'imaginaire associatif dont est équipé Delbour est impressionnant. La tactique

---

[108] Afin d'éviter de passer pour quelqu'un pensant que seuls les Européens du Sud créent des stéréotypes vis-à-vis des habitants du Nord, soulignons que ce n'est pas notre avis. Nous sommes bien consciente qu'il existe autant de visions stéréotypées projetées dans l'autre sens, c'est-à-dire du Nord au Sud.
[109] « 1840; n. d'un tourbillon de la côte norvégienne 1765 ; mot néerl., de malen « tourner » et strom « courant » » *(LPR)*.

qui consiste à utiliser des mots étrangers pour étrangéifier semble ici très efficace. La même chose vaut pour les noms des villes. Dans certains articles, le mot « Stockholm » est abondamment cité. Renterghem, qui écrit dans *Le Monde des livres*, emploie le mot « Stockholm » trois fois dans son compte rendu « Stig Dagerman. La transparence de l'inconsolé » (1997). Dans son article « Un romancier au bord du précipice » (*Libération* (1982), Bernard Geniès répète deux fois l'expression « publié à Stockholm », Lise Andries aussi dans *La Quinzaine* (1989). Il s'agit probablement pour les critiques d'une occasion d'utiliser le nom de « Stockholm » et aussi, semble-t-il, d'assaisonner leurs articles avec cette destination 'exotique'.

Il existe une autre façon d'étrangéifier l'écrivain étranger : c'est de le regrouper avec d'autres personnes originaires de la même aire géographique, sans que ces personnes aient forcément autre chose en commun. Dagerman a ainsi parfois été associé à des personnes d'origine nordique mais qui ne sont pas des écrivains ; il semble que ce soit d'abord la nationalité qu'ils partagent. Dans l'article intitulé « Explorations nordiques » (*Rivarol*, 1990), Dagerman est amalgamé avec des explorateurs et des voyageurs – grâce à son seul livre de reportages sur son voyage en Allemagne. Les autres Suédois mentionnés dans cet article, comme Carl von Linné et Sven Hedin (qui est allé au Tibet) sont bien des explorateurs, ce qui fait qu'on peut difficilement les comparer avec Dagerman. L'auteur de l'article se permet néanmoins de se demander : « Faut-il ranger parmi les explorateurs un autre Suédois, le romancier Stig Dagerman ? » Il trouve qu'*Automne allemand* « nous transporte dans un monde aussi étranger et lointain que peuvent l'être les pentes de l'Himalaya ou les abords du Cercle polaire : l'Allemagne de 1946 ».

Anne Diatkine s'exprime dans *Libération* (1993) d'une façon qui révèle bien ses représentations du Nord : « Nous sommes en Suède. Le soleil tombe "*en pluie bouillante*". Lorsque les mouchoirs épongent la sueur, ils absorbent les traits à la manière d'un masque mortuaire. » Diatkine commence par expliquer où nous sommes : en Suède. Nous savons alors où l'action se déroule mais sans vraiment connaître cet endroit, « la Suède », pays lointain où « le soleil tombe en pluie bouillante ». Ce pays est mythifié par des associations au climat, mais les éléments évoqués (le soleil, la pluie) sont sortis de leur contexte familier pour être placés dans un contexte insolite (pluie qui bout).

Rendre étranger, cela signifie accentuer le fait que l'écrivain ne vient pas de « chez nous », qu'il vient d'ailleurs, de loin. Il faut souligner cette distance, accentuer les différences éventuelles et mettre en valeur ce qui peut être perçu comme exotique. Parfois même mystifier, ce qui ne semble pas être un phénomène rare en ce qui concerne la réception de la littérature nordique en France. Les associations au « Grand Nord » se font souvent par l'intermédiaire d'un imaginaire lié aux sagas, aux forêts profondes peuplées de trolls, d'elfes et dans un froid « surhumain ». Ces connotations conduisent les critiques à percevoir l'écrivain à travers ce que l'on appelle parfois des « lunettes » particulières, colorées par les mythes. Ceci est fait pour le rendre éventuellement plus intéressant, et donc plus attirant. Dans un sens plus large, il s'agit peut-être simplement d'un mode de fonctionnement humain : face à ce qui est étranger, on s'efforce de rendre l'inconnu intelligible en se concentrant sur sa différence, en accentuant son étrangeté (ce qui, d'ailleurs, permettrait de comprendre une des fonctions des parodies nationales).

4.4.3 Schéma des associations

Lorsque la critique française aborde l'œuvre de l'écrivain suédois qui nous intéresse ici afin de l'analyser, on remarque qu'elle a recours à des associations qui concernent certains aspects géo-climatiques, l'organisation de la société et la littérature nordique. Nous tenterons dans cette partie de comprendre plus en détail la 'carte mentale' des Français par rapport à ce Nord mythique. Nous avons déjà signalé les références aux « brumes », à « la nuit », etc. La critique utilise également des associations au climat (l'extrême froid etc.), et à l'aspect typique du paysage nordique. Mais il existe aussi des associations liées à l'aspect social. Les commentaires portant sur les habitants du Nord, ou la vie quotidienne en Suède, ou encore sur la politique, sont nombreux. Souvent, c'est le modèle suédois qui est cité de façon directe ou indirecte (et il ne semble d'ailleurs pas avoir perdu son actualité ces dernières années : le 'modèle suédois' émerge régulièrement dans le débat français). Finalement, la littérature nordique amène quelques repères importants dans les représentations que les critiques français se font du Nord.

4.4.3.1 Les associations géo-climatiques

Les références au climat et autres conditions géographiques sont abondantes dans la réception de Dagerman en France. Ces références se centrent autour de deux thèmes : la saison hivernale et la nature nordique. Le premier est constitué d'associations au froid (neige, glace etc.) et au manque de lumière (obscurité, nuit, minuit, etc.). Christiane Baroche (*La Quinzaine*, 1972) affirme par exemple dans son compte rendu de *L'Île des condamnés* que l'œuvre de Dagerman, « c'est une œuvre de glace, qui rend vaine toute tentative personnelle d'exorciser ses propres démons ». Et elle ajoute « c'est Le livre des Morts ». La métaphore dont elle se sert est typique pour décrire l'œuvre de Dagerman en France, ainsi qu'en Italie, comme nous le verrons par la suite. Les références à la nature nordique sont particulièrement nombreuses dans l'article de Patrice Delbour (*L'Événement*, 1989). Déjà à travers le titre, « Le désespoir des grands fjords », Delbour montre à quel point son imaginaire est riche en associations liées à la Suède. S'il s'agissait d'un écrivain norvégien, Delbour n'aurait pas été démasqué, mais Dagerman n'est pas Norvégien, et en Suède il n'y a pas de grands fjords. (À vrai dire, cela n'a pas d'importance : ce qui est important, c'est que cela révèle les associations nordiques du critique.) Ce titre illustre le désir de décrire un pays lointain et s'inscrit bien dans une démarche qui veut rendre l'écrivain étranger encore plus étranger. Un fil conducteur court à travers l'article et passe le message : l'angoisse de Dagerman est liée à la Suède, comme le désespoir est lié aux fjords. Sur la grande photo qui a été choisie pour illustrer l'article, on distingue un paysage hivernal plutôt lugubre : un fleuve gris, une lointaine forêt de sapins sombres, quelques arbres solitaires sur une île enneigée et, par dessus tout cela, un ciel obscur. La photo inspire sans faille de l'angoisse.

Après avoir parlé du « désir de mourir » de Dagerman et de son suicide, Delbour continue sur le style de l'écrivain :

> Le regard de l'écrivain n'a rien pourtant de funéraire. Son style regorge d'attention tendre et patiente, traçant des inscriptions runiques sur fond de rues enneigées, d'archipelisses, de soleils refroidis.

De cette phrase ressort tout un ensemble d'associations liées au Nord, déclenchées par une réflexion sur le style de Dagerman. Nous y trouvons les runes, la neige, les archipels, le froid. Notons le mot-valise « archipelisses » de Delbour jouant avec les mots « archipel » (connotation nordique, le Nord étant connu pour ses archipels) et « pelisse » (un manteau avec fourrure à l'intérieur, donc bien adapté à un climat froid). Le jugement émis par ce commentaire se veut positif ; le commentaire sur le « style tendre » de l'auteur qui trace même des « inscriptions runiques » doit sans doute être vu comme un compliment. Mais tout cela dénote incontestablement une conception bien romantique du Nord, avec des attributs exagérés tels « les soleils refroidis ». L'article – que l'on pourrait éventuellement considérer comme un reportage, puisqu'il est assez consistant et offre une sorte de survol de la littérature suédoise – porte le sous-titre : « Stig Dagerman et ses frères ». Le fait de donner la première place à Dagerman dès la rubrique en dit long sur l'importance que le critique lui accorde.

Michel Mohrt évoque dans son article écrit pour *Le Figaro littéraire* en 1966 « le soleil de minuit », et, pour une fois, c'est la lumière et non pas l'obscurité qui a attiré l'attention du critique :

> Mais la technique, chez lui, n'est jamais utilisée pour elle-même : elle est mise au service d'obsessions véritables et d'une vision originale du monde – vision presque insoutenable, perçante, aveuglante, soleil de minuit de l'été suédois, devant la lumière duquel l'écrivain a succombé.

Mohrt mystifie quelque peu le portrait de l'écrivain étranger, lorsqu'il qualifie le soleil de minuit d'« aveuglant ». De plus, comme Dagerman s'est suicidé au mois de novembre, il n'a guère

« succombé devant la lumière ». Mais le message de Mohrt est sans doute plus subtil : ne veut-il pas dire que c'est la vérité de Dagerman qui est aveuglante ? Et que cette lumière nordique est différente de la lumière française ? Il fait peut-être allusion à une autre vision du monde.

La nature suédoise est souvent présentée dans les articles comme provoquant l'angoisse en créant une atmosphère mystérieuse. Lize Andries, dans un article publié dans *La Quinzaine* (janvier 1989), écrit à propos de la mer dans laquelle un homme vient de se noyer, dans une des nouvelles de Dagerman : « La mer inspire d'ailleurs quelques-uns des plus beaux textes de ces deux recueils. Glauque et tentatrice pour l'adolescent suicidaire qu'est Dagerman dès ses premières nouvelles [...] ». La combinaison des adjectifs « glauque et tentatrice » est tout à fait caractéristique. Le critique veut effrayer ses lecteurs (tout en leur faisant plaisir) par cette image sombre : l'hiver, l'angoisse, une mentalité malsaine, et ainsi de suite.

4.4.3.2 *La société suédoise*

Nous avons déjà cité l'article de Michel Mohrt sur Dagerman dont le titre est parlant : « La difficulté d'être Suédois » (*Le Figaro littéraire*, 1966). Ce titre révèle les représentations du Nord de Mohrt, selon lequel le fait d'être Suédois présentait une difficulté. On ne saisit pas très bien de quelle difficulté il est question, mais on songe inévitablement à la dépression qui a mené Dagerman au suicide. Le titre est imprimé en gros caractères et orne ce long article publié dans un journal prestigieux. Il convient pourtant de préciser que lorsque Mohrt a republié cet article en 1970 dans son livre *L'air du large* (où il a fait paraître ses essais de littérature étrangère), il a remplacé ce titre quelque peu osé par un autre : « Stig Dagerman et la peur de vivre ».

Le fait de présenter un écrivain étranger par la formule « La difficulté d'être Suédois » contribue certainement à sa mythification. La photo qui accompagne l'article convient parfaitement à cette présentation : une grande photo de l'écrivain, où il a l'air pensif, rêveur et qui illustre éloquemment le titre cité ci-dessus. En ce qui concerne les exemples des photos, nous tenons à souligner que ce sont la photo et le texte en tant qu'ensemble qui constituent la présentation, montrant bien les représentations qu'on se fait de l'écrivain et les associations auxquelles il est soumis. Sans le texte, on aurait très bien pu faire d'autres associations à partir des photos. Au lieu de penser à « la difficulté d'être Suédois », on aurait par exemple pu penser tout simplement aux années 50 ou bien au portrait d'un poète. Cela vaut pour beaucoup d'autres photos de Dagerman utilisées par la presse française. Elles auraient pu, pour un autre public et sans leur légende, susciter des associations très différentes, par exemple l'idée d'un jeune homme pas nécessairement triste et déprimé, mais parfois même gai.

Revenons à l'article de Mohrt, qui est en premier lieu un compte rendu du *Serpent*. Mais il offre également un résumé de *L'Enfant brûlé* qui nous intéresse particulièrement puisqu'il comporte l'expression suivante: « Ces sentiments troublés étaient portés à leur point de fusion dans un chaudron de sorcière rempli d'aquavit. » Cette remarque se réfère aux protagonistes, le père et le fils : après la mort de la mère, tous deux se retrouvent parfois dans la cuisine devant une bouteille. La phrase en tant que telle est très représentative d'une mythification du Nord. D'abord la référence à l'alcool fort (l'aquavit) crée des associations avec les gens qui noient leur chagrin dans l'alcool, avec l'alcoolisme et avec, bien-sûr, un certain alcool typique du Nord (quoique pourvu d'un nom latin). Ensuite, le fait d'utiliser une expression comme le « chaudron de sorcière » confère à l'article un élément de mystère et de saga sur lequel on ne peut se tromper. Or, Mohrt ne se contente pas de mystifier l'écrivain étranger dans son article, il se base aussi sur des faits réels. Il est en effet l'un de rares critiques à avoir pris la peine de se documenter sur le pays de l'écrivain. Il se réfère au livre de François-Régis Bastide, *La Suède*, dont il cite un passage portant sur « la véritable religion du Suédois », qui serait la justice. Mohrt a noté cette obsession de la justice des Suédois et y voit une possible explication du suicide de l'écrivain : « on doit admettre que la passion de la justice a perdu Stig Dagerman ».

L'écrivain français qui s'est exprimé avec la plus grande admiration pour Dagerman, Le Clézio, a publié dans *La Quinzaine littéraire* (1977) un article intitulé « J.-M.-G. Le Clézio et la "parole éblouissante" de Stig Dagerman ». Dans cet article, extrêmement élogieux, Le Clézio laisse lui aussi échapper quelques images stéréotypées de la Suède à travers ses lectures de Dagerman :

> Elle [la voix de Dagerman] parle d'un paysage sans emphase, cette campagne suédoise qui nous semble familière par sa discrétion ; elle parle de l'attente du jour, des villages tranquilles dans la lumière pâle de la fin de l'hiver, des maisons rustiques où règne le silence. Elle parle de gens simples, des enfants, des femmes, des hommes qui attendent, un peu isolés, solitaires, prisonniers qui sortent de leur hiver.

Ce passage commente des phénomènes climatologiques comme l'hiver et la lumière pâle, mais parle aussi de la manière dont on vit en Suède. Le Clézio voit les habitants du Nord comme des « prisonniers qui sortent de leur hiver » et ses formulations évoquent le silence, l'attente et la solitude. C'est comme si la fiction de Dagerman se déroulait toujours en hiver – enfin comme si, en Suède, il faisait perpétuellement hiver.

Nous avons déjà eu l'occasion d'analyser les associations géo-climatiques dans l'article de Patrice Delbour publié dans *L'Événement* (1989). Mais son article comporte également des commentaires sur la société suédoise. Delbour parle, par exemple, du « désarroi d'une nation qui noie sa culpabilité dans des paysages meublés Ikea ». Il entend sans doute par « culpabilité » le rôle joué par la Suède pendant la Seconde guerre mondiale. L'auteur voit la société d'après guerre (avec le commercialisme et la consommation représentés par Ikea) comme une réaction pour oublier la « culpabilité » à l'aide, pour ainsi dire, de la vanité. Ce commentaire intéressant émerge donc suite à sa lecture de la littérature suédoise et particulièrement des œuvres de Dagerman. Delbour ajoute encore :

> Un profond silence règne sur de vastes paysages poudreux abandonnés pas les oiseaux. Le crépuscule tombe, timide pluie de cendre sur le modèle douillet du bonheur suédois. Entre pâleur hyperboréenne et quotidien robotisé, un promontoire littéraire dévisage la dictature de son propre chagrin.

Ici Delbour avance, dans son langage poétique, une sorte de critique du modèle suédois et de son bonheur « douillet ». Nous y retrouvons les associations nordiques (silence, neige et oiseaux migrateurs), mais Delbour semble aussi voir dans l'expression de la littérature suédoise un cri d'angoisse (comme celui de Munch) provoqué, d'une part, par des conditions climatiques difficiles (la « pâleur hyperboréenne ») et, d'autre part, par la situation de citoyens gâtés par un matérialisme de pointe (le « quotidien robotisé »). L'expression finale, « la dictature du chagrin », est empruntée à Stig Dagerman[110].

4.4.3.3 La littérature nordique

La lecture de Dagerman donne naturellement lieu à des associations à d'autres textes littéraires de la part des critiques français. Parmi les références nordiques, nous avons vu qu'on note en premier lieu August Strindberg, Selma Lagerlöf et Gunnar Ekelöf. Certains autres noms surprendraient sans doute les compatriotes de Dagerman, comme celui de Swedenborg, théologien et mystique du XVIIIe siècle, que l'ont voit souvent mentionné. Cependant, cela étonne moins quand on prend en compte le fait que Swedenborg est l'un des personnages suédois les plus connus des Français ; cela explique sans doute pourquoi plusieurs parmi les critiques ont pensé à lui en lisant Dagerman. Dans *L'Événement* (24 août 1989) Patrice Delbour écrit – après avoir mentionné les noms habituels cités par tant de ses collègues dans ce contexte, c'est-à-dire Strindberg, Lagerlöf, Lagerkvist, Swedenborg et Ekelöf : « Pour un pays où est décerné chaque année le prix littéraire le plus glorieux au monde, le Nobel, avouez que la moisson est modeste. » Ce commentaire n'est guère flatteur pour la littérature suédoise. Delbour s'est cependant décidé à consacrer un article à cette littérature. Et signalons que l'écrivain dont il parle le plus dans cet article, c'est Dagerman. Un autre article plus général sur la littérature suédoise est celui d'Anne-Sylvie Homassel intitulé « Bonnes pages de Suède » (*CFDT*

---

[110] Article publié dans le quotidien *Arbetaren* le 4 novembre 1950 et qui a inspiré le titre d'un livre de Dagerman publié en France, *La dictature du chagrin & autres écrits politiques (1945-1950)* (2001, Marseille : Agone).

Magazine juin 95). Son but est de « faire le point sur une littérature que des traducteurs émérites et dévoués ont bien implantée en France ». Dans un paragraphe révélateur, Homassel déclare :

> Loin des idées qu'on peut souvent s'en faire – un corpus d'œuvres froides, sinistres et sans humour –, la littérature suédoise a, depuis le siècle dernier, multiplié les genres et les styles sans suivre toujours les grands courants d'Europe.

La littérature suédoise, d'après les Français aurait donc été, selon Homassel, une littérature « froide, sinistre et sans humour ». Or – toujours s'il faut écouter Homassel – cette représentation serait erronée. Elle énumère certains écrivains suédois, dont Strindberg bien sûr, mais, elle conseille surtout la lecture de Dagerman, « autre grand fantôme de l'imaginaire culturel suédois ».

Bien qu'Ingmar Bergman soit cinéaste, il est d'abord un artiste et c'est pour cette raison que nous le mentionnons ici, parce que c'est bien à l'art suédois, ou nordique, que les lecteurs français pensent en lisant un écrivain suédois. Toutes les comparaisons faites par la critique française entre Dagerman et Bergman s'inscrivent ainsi parfaitement dans cette carte mentale des Français.

Geneviève Serreau (*La Quinzaine*, 1966) appelle même Dagerman « un Bergman du roman ». Il est compréhensible, pour plusieurs raisons, que tant de critiques se réfèrent à Bergman, l'une des plus importantes étant le fait que lorsqu'un artiste, quel que soit son domaine, rencontre un succès mondial (comme c'est le cas de Bergman) il est logique que son œuvre influe sur la réception des autres artistes de même nationalité, d'autant plus s'il s'agit d'un petit pays. Comme beaucoup de critiques apprécient l'écriture de Dagerman pour ses qualités cinématographiques, il est encore plus compréhensible que le nom de Bergman leur traverse l'esprit.

Les critiques de la pièce *L'Ombre de Dann* ont apporté certains commentaires sur la littérature suédoise qui ne se limitent pas seulement au domaine du théâtre. Quand Jean-Loup Philippe mit en scène cette pièce de Dagerman au Centre Culturel Suédois à

Paris, cela donna lieu dans la presse française à quelques critiques où les associations stéréotypées du Nord sont, à notre avis, plus manifestes que d'habitude. La critique intitulée « Romantisme suédois » parue dans *France soir* est fort négative vis-à-vis de la pièce. Pierre Marcabru, qui en est l'auteur, la trouve « vieillotte » et « démodée », peut-être parce qu'il y reconnaît Strindberg et y perçoit « des relents de freudisme », deux références qu'il n'apprécie visiblement pas. D'autres critiques ont mieux aimé le spectacle. Voici comment Christian Megret situe Dagerman en tant qu'écrivain étranger : « L'écrivain qui appartient à un petit pays, dont la langue est peu répandue, il faut qu'il ait du génie pour que sa renommée atteigne à la dimension internationale ». Megret est donc bien positif à l'égard de Dagerman. Il présente aussi « les lettres suédoises » qui, à son avis, ont contribué au « trésor de la culture universelle » en évoquant les noms de Strindberg, de Swedenborg et de Lagerlöf[111]. Robert Kanters a écrit sur la même pièce une critique confuse, parue dans *L'Express*. Lui aussi voit un lien entre Dagerman et Strindberg : « une pièce à la Strindberg, avec moins de force et de profondeur », mais il la trouve « attachante quand même ». Il précise que c'est l'histoire « d'une mère abusive suédoise » - on ne sait pas pourquoi il tient à préciser la nationalité du personnage, éventuellement pour justifier les associations suédoises qui suivent : « loin du cinéma porno et même de la reine Christine, qui, peut-être, courut les rues du Marais à sa grande époque »[112]. Signalons que Kanters est l'un des critiques de notre corpus exprimant une image particulièrement stéréotypée de la Suède.

L'article « Un romancier au bord du précipice » de Bernard Geniès, paru dans *Libération* (1982) et dont nous avons déjà parlé, est très focalisé sur le suicide et la maladie psychique de Dagerman, mais c'est aussi l'un des articles les mieux documentés. Il comporte beaucoup de références à la culture suédoise, notamment à la littérature. Il y est par exemple question d'Olof Lagercrantz et de sa biographie de Dagerman. Geniès a

---

[111] Malheureusement, nous ne savons pas dans quel journal a été publié cet article. Nous y avons eu accès grâce aux archives du Centre Culturel suédois.
[112] Le Centre Culturel suédois se trouve dans le Marais.

également lu la thèse de Philippe Bouquet sur les romanciers prolétaires suédois, ce qui lui permet d'établir des comparaisons entre Dagerman et Harry Martinsson, Joseph Kellgren et Arthur Lundkvist. Il va jusqu'à dire : « Il serait quand même temps que la littérature nordique soit enfin reconnue ! ». La photo accompagnant l'article mérite réflexion : elle montre un paysage suédois, un champ (ou est-ce un lac ?) glacé avec une forêt sombre derrière. Dagerman porte un chapeau qui a l'air plutôt russe et qui va bien avec le sous-titre « Les prolos suédois ».

4.4.4 Bilan préliminaire : Le stéréotype boréal

Parmi les éléments puisés dans les articles qui rendent l'écrivain étranger encore plus étranger, nous trouvons notamment les idées se rapportant au climat (l'hiver, le froid) et à la nature (la forêt, les fjords, les lacs), mais aussi certains idées apparentées à la société et à la culture nordiques (la solitude, le silence). Ces images de la Suède ne sont pas complètement erronées, mais ce qui est significatif, c'est le fait de choisir ces aspects-là et d'en exclure d'autres, par exemple les foyers éclairés à la bougie, les traditions de Noël qu'on associe à la chaleur humaine, la lumière de l'été, les fêtes estivales comme la Saint Jean, où abondent les fleurs et ainsi de suite. Répétons-le, c'est que les critiques ne retiennent qu'un aspect ou qu'une idée qu'ils renforcent, allant bien souvent jusqu'au *stéréotype*.

En consultant le *Dictionnaire de Littré*, on constate que le terme 'stéréotype' n'avait pas encore, en 1877, sa signification actuelle. Ce mot est défini comme étant un simple « terme d'imprimerie », avec le sens que nous attribuerions aujourd'hui au mot 'facsimile'. Par la suite, de nombreuses personnes ont contribué à en modifier le sens, entre autres Walter Lippmann qui, dès 1922, fait la distinction entre le monde extérieur et les images qui se trouvent dans nos têtes (« *The world outside and the pictures in our heads* »). Sa réflexion porte sur l'écart qui existe entre la réalité et les représentations de la réalité. Ruth Amossy apporte en 1991 ce terme dans le champ littéraire en proposant de définir les 'stéréotypes' comme « des constructions de lectures ». C'est dans cette perspective qu'il convient d'étudier la réception de la littérature suédoise en France ; cela permet de mieux saisir le stéréotypage gaulois du « Grand Nord ». Les lieux communs contribuant à la formation de stéréotypes et liés à la nationalité de Stig Dagerman se cristallisent autour de trois axes principaux :

- *le climat nordique* (notamment « l'éternel hiver » qui y règne, dirait-on, toute l'année) ;
- *la société suédoise* (le modèle suédois, mais aussi certains phénomènes sociaux comme le suicide) ;
- *la culture nordique* (comme la littérature nordique).

Malgré l'image assez sévère et inhospitalière de la Suède qui ressort de ces axes, la réception de l'écrivain étranger est favorable. Cela nous amène à constater l'efficacité de la séduction par les ténèbres.

Nous avons vu que la nature suédoise est souvent présentée dans les articles comme provoquant l'angoisse et baignée d'une ambiance mystérieuse. La combinaison des adjectifs *glauque* et *tentatrice* est communément utilisé ; ainsi, le critique semble vouloir attirer ses lecteurs par ces images sombres (l'hiver, l'angoisse, etc.), *grosso modo* ce qui se passe loin de la luminosité du jour, loin d'une mentalité saine. Rappelons, dans ce sens, Flaubert propose la définition suivante dans son célèbre dictionnaire des idées reçues (1994): « *minuit* = limite du bonheur et des plaisirs honnêtes ; tout ce qu'on fait au-delà est immoral ». Les critiques semblent avoir été guidés par une idée similaire lorsqu'ils choisirent de rendre l'étranger encore plus étranger. De nombreux écrits sont marqués par ce qu'on pourrait presque appeler une sorte de passion pour le suicide de Dagerman et pour « l'éternel hiver suédois ». Les critiques sont fascinés par l'obscurité qu'inspire l'œuvre de Dagerman.

L'idée de la Suède comme un endroit sombre et dépressif ne date bien entendu pas de l'arrivée de Dagerman en France – bien que son œuvre et sa propre image en tant qu'écrivain aient sans doute contribuées à renforcer cette vision stéréotypée – cette idée était répandue bien avant la traduction de Dagerman. Lors de l'arrivée d'une première vague de littérature scandinave en France, notamment avec Ibsen dans les années 1890, la réception des œuvres est marquée, comme l'a montré Casanova (2002), par l'idée des « brumes du Nord ». Plus tard, la réception de Strindberg se déroulera dans la même ambiance : l'image du génie nordique, obscur et vacillant à la lisière de la folie. Les peintres scandinaves du tournant du siècle ont sans doute contribué eux aussi à créer en France un horizon d'attente fortement dominé par des associations plutôt angoissantes. Nous avons déjà signalé le peintre norvégien Munch qui a réalisé une véritable iconographie de l'angoisse. Les films de Bergman, bien entendu, ont par la suite conforté les images d'un Nord noir et déprimant.

Ces idées ne sont pas vraiment fausses : comme dans le cas de tout stéréotype, quelque part dans l'exagération et la schématisation se trouve un grain de vérité. Le stéréotype se caractérise, cependant, par son insistance sur un aspect unique qui a pour résultat d'en exclure d'autres ; dans ce cas particulier, l'exclusion de la vision d'un possible *bonheur scandinave* (et par conséquent d'un possible *malheur français*). Ici, le fait de nier ou d'oublier que Dagerman a de nombreux « collègues » français qui eux aussi ont mis fin à leurs jours de leur propre main (Nerval, pour n'en nommer qu'un seul, qui s'est pendu une nuit dans une ruelle de Paris) et le fait de parler du suicide comme d'une caractéristique de l'artiste du Nord.

André Bellessort, que nous avons déjà eu l'occasion de mentionner dans l'introduction de cette thèse, a travaillé sur les rencontres culturelles et sur le Nord en particulier. Dans la préface de son livre intitulé *La Suède* datant de 1910, il nous propose, avant de présenter ses idées sur ce pays étranger, la réflexion suivante : « Ma Suède est-elle vraiment la Suède ? » (p. VI). Bellessort fait preuve de beaucoup de modestie et de justesse, qualités malheureusement trop rares dans la réception journalistique des lettres étrangères. Il écrit ensuite :

> Les peuples sont de grands mystères les uns pour les autres ; et il y a beaucoup de vanité dans les études de psychologie étrangère. L'image que nous nous formons d'un pays étranger n'est presque toujours qu'une construction de notre esprit. (p. VI)

Pour résumer, on pourrait dire que le stéréotype du Nord semble avoir un fond proprement lié aux caractéristiques climatiques et existait déjà dans la mentalité des Français avant la réception des biens culturels scandinaves : un tableau de représentations du Nord comme un endroit lugubre, à cause des sévères conditions météorologiques qui y règnent : l'hiver enneigé aux journées courtissimes, les aurores boréales, etc. Nous avons constaté que Baudelaire témoigne de cette vision dans son poème « N'importe où hors le monde », où les pays du Nord sont désignés comme des « analogies de la Mort ». Ceci est caractéristique des représentations françaises (ou méridionales) du Nord : une région plus imprégnée par la mort que par la vie. On retrouve partout ces représentations stéréotypées créées selon les paradigmes « nord » / « sud » : elles forment un axe géopolitique qui marque aussi de son empreinte l'univers littéraire.

5. Conclusion : la consécration d'un écrivain étranger

Cette histoire de réception éclaire certains mécanismes des échanges littéraires internationaux, comme l'édition et la distribution des traductions, ou la réception par la critique et les médias en traçant l'itinéraire d'un écrivain étranger disparu depuis un demi-siècle et mort avant sa consécration littéraire internationale : celui que l'on appelle parfois le « Rimbaud du Nord » ou le « Camus svedese », Stig Dagerman.

Arrivée à la fin de cette thèse, nous voulons tenter de répondre à la question que nous nous sommes initialement posée : pourquoi cet écrivain étranger, suédois, est-il si apprécié en France et en Italie ? Nous avons évoqué trois raisons principales : 1) la mythification de l'auteur, 2) l'effort investi par les introducteurs et 3) les qualités intrinsèques des textes de Dagerman.

1) La mythification

En France, mais aussi en Italie, Dagerman a dès le début fait l'objet d'une mythification qui continue encore de nos jours. Cette mythification fait appel, principalement, à deux éléments qui s'entremêlent : le suicide et le Nord. C'est en premier lieu le suicide de l'écrivain qui permet à la mythification de prendre son essor. Grâce à son suicide, Dagerman peut être considéré comme un écrivain éternellement jeune et, aussi, pour utiliser les mots de Périlleux (1993), comme un « poète maudit ». Le fait que Dagerman soit un écrivain étranger constitue l'autre composante de cette mythification, car ses origines nordiques déclenchent dans l'imaginaire des critiques une avalanche d'associations tant géo-climatiques et sociales que littéraires. Ces références rejoignent les mythes sur le Nord déjà existants dans les deux pays, notamment celui de la mélancolie dont souffriraient les Nordiques, habitants solitaires et suicidaires de lieux lointains où règne un « éternel hiver ». Ces représentations lugubres nourrissent à leur tour le mythe de Dagerman. Ces associations si sombres auraient pu avoir un effet négatif, repoussant mais elles semblent, au contraire, avoir attiré les critiques. La réception de Dagerman en France et en Italie est l'histoire d'une séduction par les ténèbres.

2) Les introducteurs

Sans ses introducteurs, Dagerman n'aurait jamais acquis une aussi grande célébrité. Ils ont accompli un travail très important en le traduisant, en le publiant, en mettant en scène ses œuvres et en animant des discussions à son propos. Ces introducteurs sont représentés par une poignée de femmes et d'hommes de lettres passionnés par Dagerman, parmi lesquels il convient surtout de citer les éditeurs Hubert Nyssen et Emilia Lodigiani, le traducteur Philippe Bouquet, le metteur en scène Patrick Collet ainsi que les écrivains Jean-Marie Gustave Le Clézio et Hector Bianciotti.

3) Les textes de Dagerman

Les textes de Dagerman possèdent manifestement en eux-mêmes une force particulière qui touche profondément ceux qui les lisent. De nombreux lecteurs en ont témoigné dans les deux pays. Si ces textes plaisent particulièrement aux lectorats français et italien, cela s'explique peut-être aussi par leur parenté avec la littérature existentialiste qui, pendant une époque, a également été appréciée des mêmes lecteurs.

Une réception constante et favorable

Il nous semble important de souligner que la réception de Dagerman en France et en Italie est caractérisée par un grand consensus et, dans ses grandes lignes, favorable. En France, l'œuvre de Dagerman a été publiée dès 1956 et continue à l'être encore aujourd'hui. Cette série de réceptions des différentes œuvres publiées durant ce demi-siècle se ressemblent toutes car elles se caractérisent d'une part par le même jugement général : favorable, et d'autre part par leur contenu dans lequel on reprend sans cesse les mêmes thèmes, à savoir le suicide, le Nord et les traits spécifiques de l'écriture de l'écrivain.

Nous avons distingué trois phases éditoriales dans la publication de l'œuvre de Dagerman en France : les phases Gallimard, Denoël et Actes Sud. On pourrait parler d'une réception à deux temps. Le premier commence en 1956 avec la première publication française de Dagerman par la maison d'édition Gallimard – il s'agit de la publication d'un écrivain inconnu, mais reconnu dans son pays. Cette époque dure plus de vingt ans, mais l'intérêt des médias pour les quelques publications pendant les années soixante et soixante-dix n'est pas aussi fort que pour le premier livre (*L'Enfant brûlé*). Au début des années quatre-vingt, arrive le deuxième temps manifesté par une renaissance de Stig Dagerman en France : c'est l'entrée en scène de la maison d'édition Actes Sud qui, sous la direction d'Hubert Nyssen, adopte en quelque sorte l'écrivain suédois. Grâce à l'éditeur Hubert Nyssen et au traducteur Philippe Bouquet, l'œuvre de Dagerman vivra une nouvelle aventure en France. Pendant cette deuxième période, Bouquet occupe quasiment la fonction d'ambassadeur de Dagerman en France : il fait publier ses livres, écrit des articles à son sujet et donne, à de nombreuses occasions, des conférences consacrées à l'auteur. En Belgique, le chercheur Georges Périlleux publie trois ouvrages et organise, en 1990, un colloque international sur Dagerman. Vers la même époque, la maison Maurice Nadeau fait également paraître quelques livres de Dagerman en traduction de Carl Gustaf Bjurström et de Lucie Albertini. En 1996, Georges Ueberschlag publie une biographie de Dagerman en français. Il fait désormais partie des écrivains étrangers connus dans le monde francophone, c'est un écrivain sur lequel on a publié un grand nombre de textes et dont les pièces de théâtre attirent régulièrement l'attention de la presse lors de leurs représentations.

En Italie, la publication de Dagerman démarre bien plus tard qu'en France, dans les années quatre-vingt. Le vrai décollage date de la création de la maison d'édition Iperborea au début des années quatre-vingt-dix, ce qui correspond au deuxième temps de la publication de Dagerman en France, dominé par la maison Actes Sud. On pourrait même dire que la réception italienne de Dagerman passe par la France. En effet, la fondatrice d'Iperborea

Emilia Lodigiani a expliqué lors d'un entretien en 2005 (voir les annexes) que c'est un séjour dans ce pays qui l'a incitée à éditer la littérature nordique en Italie. C'est donc en France, qu'elle a découvert cette littérature, traduite en français. De retour en Italie, elle s'est rendu compte qu'il existait très peu de traductions en italien et s'est alors décidée à éditer la littérature nordique en Italie. La presse italienne a suivi et suit toujours avec un grand intérêt la publication de ces livres et en particulier ceux de Dagerman. Ceux qui sont parus chez Iperborea ont été chaleureusement accueillis par une critique en général unanime, comprenant beaucoup plus d'articles qu'en France. Malgré le succès des livres de Dagerman, il y a cependant eu peu d'intérêt pour son théâtre en Italie (ses pièces n'y ont été que très rarement jouées). Cela est sans doute lié, entre autres, au fait que les pièces dagermaniennes n'ont pas encore été publiées en italien. En France, en revanche, on a publié ces pièces, la première (*Le condamné à mort*) chez Actes sud, dès 1983.

 Il nous paraît également intéressant de considérer la propagation et la réception de l'œuvre de Stig Dagerman dans le contexte international de « circulation et de consommation des bien symboliques » pour utiliser les mots de Bourdieu[113]. En l'occurrence, la France a joué un rôle de médiatrice entre le Nord et le Sud dans le transfert de cet écrivain suédois en Italie. Le succès de l'œuvre de Dagerman à Paris a été déterminant pour sa reconnaissance internationale et cela a amené aussi bien la diffusion de son œuvre en Italie, que la redécouverte de l'écrivain dans son propre pays, la Suède. Cela se remarque, entre autres, par l'intérêt que portent les médias suédois aux textes de Dagerman suite à l'attention qu'il a suscitée dans le monde francophone. Tout récemment, on a pu observer encore une fois ce phénomène : la mise en musique du texte dagermanien *Notre besoin de*

---

[113] « L'histoire de la vie intellectuelle et artistique des sociétés européennes peut être comprise comme l'histoire des transformations de la fonction du système de production des biens symboliques et de la structure même de ces biens qui sont corrélatives de la constitution progressive d'un champ intellectuel et artistique, c'est-à-dire de l'autonomisation progressive du système des relations de production, de circulation et de consommation des bien symboliques […]. » (1972, p.49)

consolation... par le groupe de rock français Têtes raides (dont l'album est sorti en décembre 2007) a provoqué un regain d'attention dans les médias suédois. Le fait que le passage par Paris ait été si important pour la renommée internationale de l'œuvre de Dagerman confirme les théories de Pascale Casanova, qui a étudié la centralité de Paris et la manière dont cette ville est devenue une « capitale de l'univers littéraire » (1999, p. 41) : c'est en effet par son passage par une capitale littéraire qu'un écrivain d'un petit pays peut renforcer son statut. Mais naturellement, il arrive parfois que les acteurs occupant la fonction d'intermédiaire dans ces capitales aient une conception déjà colorée par des idées préconçues. Casanova le souligne :

> [...] l'histoire des célébrations littéraires est aussi une longue suite de malentendus et de méconnaissances qui trouvent leurs racines dans l'ethnocentrisme des grands intermédiaires littéraires (notamment des Parisiens) et dans le mécanisme d'annexion qui s'accomplit dans l'acte même de reconnaissance littéraire. (Sept. 2002, p. 20)

Ces considérations nous amènent à revenir sur la question, déjà posée, de la consécration littéraire : comment se fait-il que certains écrivains étrangers réussissent et d'autres pas ? Le succès parisien de l'œuvre de Dagerman est sans doute dû à son caractère de poète maudit. Il a pu être apprécié par des lecteurs fascinés par son suicide, son angoisse et son engagement politique syndico-anarchiste.

Il serait intéressant de comparer le cas de Dagerman à d'autres histoires de consécration (ou de non-consécration) d'écrivains étrangers et notamment d'auteurs suédois comme Pär Lagerkvist, Karin Boye et Eyvind Johnson. Le choix de ce dernier écrivain serait, à notre avis, particulièrement fructueux. Eyvind Johnson, dont l'œuvre importante a été traduite en grande partie en français (et un peu moins en italien) n'a cependant reçu que très peu d'attention dans les médias de ces pays, malgré l'attribution du prix Nobel en 1974 et bien qu'une thématique européenne marque plusieurs de ses romans, dont certains se déroulent même en France et en Italie. L'histoire de cette réception présente donc un contraste frappant avec celle de Dagerman, qui ne fut jamais lauréat d'aucun prix littéraire international important et dont l'œuvre est assez restreinte (si l'on compare avec l'immense œuvre de Johnson), vu qu'il est mort si jeune. Or, il semble que le suicide ait accéléré sa célébrité et entraîné une mythification, nourrie également de son origine nordique, perçue parfois en France et en Italie comme exotique. L'image de la Suède semble avoir eu une grande importance pour la lecture de son œuvre dans ces deux pays. Tout porte à croire que Dagerman comble les attentes des lectorats français et italien ; par sa biographie et par ses textes, il satisfait le désir de ses lecteurs au niveau de ce que 'doit être' un écrivain nordique : ils en restent subjugués.

Laissons pour finir la parole à deux personnes ayant joué un rôle important dans les réceptions italienne et française de l'œuvre de Dagerman. Voici d'abord ce qu'écrit son traducteur italien, le germaniste Massimo Ciaravolo, lorsqu'il donne sa propre interprétation du succès de Dagerman dans son petit livre *Da Linneo a Gustafsson 250 anni di letteratura svedese in traduzione italiana* :

> Ciò che fa di Dagerman una delle voci più alte e intense della letteratura svedese moderna è il fatto che la sua grande lucidità di analisi – esistenziale e politica – e la sua esigenza assoluta di verità e onestà non sono mai disgiunte da una profonda umanità, e dalla solidarietà con gli altri nella sofferenza.[114]

Ciaravolo insiste donc sur la lucidité et sur la sincérité de Dagerman ainsi que sur sa « profonde humanité ». En Italie, et peut-être encore plus en France, l'œuvre de Dagerman semble refléter quelque chose d'immanent à la culture réceptrice, l'esprit de ces sociétés, exprimé notamment par la littérature existentialiste, avec laquelle l'œuvre de l'écrivain suédois présente des affinités : Dagerman touche les lecteurs dans leur for intérieur. La force de persuasion de cette œuvre littéraire en conjonction avec la

---

[114] « Ce qui fait de Dagerman l'une des voix les plus fortes et intenses de la littérature suédoise moderne est le fait que sa grande lucidité d'analyse – existentielle et politique – et son exigence absolue de vérité et d'honnêteté s'accompagnent toujours d'une profonde humanité, et de solidarité avec les autres qui sont dans la souffrance. » (N.B. le livre est sans numérotation de pages).

mythification de l'auteur en tant qu'étranger et suicidé, observée dans les deux pays, constitue sans doute la formule de son succès. Le Clézio, dont nous avons déjà mentionné le chaleureux soutien offert à Dagerman, s'est exprimé récemment dans une émission radiophonique sur l'attirance exercée par cet écrivain :

> Ce mélange de souffrance et d'ironie, c'est sublime. Ce sont des textes sublimes, qu'on peut lire aujourd'hui, bien que les faits dont ils parlent datent d'il y a très longtemps. On peut les lire avec beaucoup d'enthousiasme. […] Ce ne sont pas des idées très très originales qu'il manie, mais il les tient avec une telle simplicité et une telle évidence, une telle netteté que… on, c'est comme, on pourrait dire, un enfant qui parle, et qui dit la vérité, pour la première fois on entend la vérité.[115]

L'éloquente description de Le Clézio semble correspondre à ce que ressentent d'innombrables lecteurs français et italiens et nous offre une explication intéressante de leur inclination pour Dagerman.

La vie d'une œuvre littéraire est unique. Cette recherche raconte l'histoire d'une consécration qui, évoquant le caractère d'étranger de l'écrivain comme facteur majeur de sa réception, montre à quel point les représentations culturelles peuvent influencer la lecture de la littérature étrangère.

---

[115] Entretien de Kerstin M. Lundberg pour la radio suédoise, *Sveriges radio P1*, 1 mai 2008.

6. Bibliographie

6.1 L'œuvre de Stig Dagerman
(N.B. Les rééditions ne sont pas incluses.)

En suédois
1945. *Ormen*. Stockholm: Steinsviks.
1946. *De dömdas ö*. Stockholm : Norstedts.
1947. *Nattens lekar*. Stockholm : Norstedts.
1947. *Tysk höst*. Stockholm : Norstedts.
1948. *Bränt barn*. Stockholm : Norstedts.
1948. *Dramer om döda (Den dödsdömde, Skuggan av Mart)*. Stockholm : Norstedts.
1949. *Bröllopsbesvär*. Stockholm : Norstedts.
1949. *Judasdramer (Streber, Ingen går fri)*. Stockholm : Norstedts.
1954. *Tusen år hos Gud*. Stockholm : Norstedts.
1954. *Dagsedlar*. Bergström, L. & Wallqvist, Ö. (éd.) Stockholm: Dagstidningen Arbetaren.
1955. *Vårt behov av tröst*. Lagercrantz, O. (éd.) Stockholm : Norstedts.
1981-1983. *Samlade skrifter 1-11*. Sandberg, H. (éd.) Stockholm : Norstedts.
2002. *Brev. Sammanställda och kommenterade av Hans Sandberg*. Stockholm : Norstedts.

En français
1956. *L'Enfant brûlé*. Paris : Gallimard.
1966. *Le Serpent*. Paris : Denoël.
1972. *L'Île des condamnés*. Paris : Denoël.

1976. Dieu rend visite à Newton. Paris : Denoël.

1980. Automne allemand. Arles : Actes Sud.

1981. Notre besoin de consolation est impossible à rassasier. Arles : Actes Sud.

1982. Ennuis de noce. Paris : Maurice Nadeau.

1983. Le Condamné à mort : précédé de Théâtres et réalité. Arles : Actes Sud.

1987. Les Wagons rouges. Paris : Maurice Nadeau.

1988. Notre plage nocturne. Paris : Maurice Nadeau.

1988. Le Froid de la Saint-Jean. Paris : Maurice Nadeau.

1988. Printemps français. Paris : Ludd.

1991. L'Arriviste ; Le Jeu de la vérité. Arles : Actes Sud.

1996. L'Ombre de Mart. Caen : Presses Universitaires de Caen.

2001. La Dictature du chagrin et autres écrits politiques (1945-1950). Marseille : Agone.

2002. Billets quotidiens. Grenoble : Éditions cent pages.

2007. Tuer un enfant. Marseille : Agone.

Textes publiés à part

1951. « La Tour et la Source », in *ROMAN*. Saint-Paul de Vence.

1959. « Dieu rend visite à Newton », in *Les Lettres Modernes*.

1975. « Belleville en hiver ». Paris : *La Nouvelle Revue Française*, janvier, n° 265.

1984. « L'écrivain et la conscience », in *Nous, je*. Arles : Actes Sud.

1993. « Un automne », in *Germanica* « Le Modernisme dans les littératures scandinaves », n° 12. Lille : Université de Lille III Charles de Gaulle.

En italien

1985. L'isola dei condannati. Naples : Guida.

1987. Autunno tedesco. Turin : Il Quadrante.

1991. Il nostro bisogno di consolazione. Milan: Iperborea.

1991. *Il Viaggiatore*. Milan : Iperborea.
1994. *Bambino bruciato*. Milan: Iperborea.
1996. *I giochi della notte*. Milan : Iperborea.

Texte publié à part

1961. « Uccidere un bambino" in Gabriele, M. (éd.) *Le più belle pagine delle letterature della Scandinavia* Milan: Nuova Academia Editrice.

6.2 LA RÉCEPTION CRITIQUE DE L'ŒUVRE DE STIG DAGERMAN EN FRANCE ET EN ITALIE

6.2.1 Bibliographie de la réception de l'œuvre de Stig Dagerman suivant les publications en France

L'Enfant Brûlé, 1956, Gallimard

A.H. 1956. « Dagerman (Stig) ». *Bulletin Bibliographique*, juin 1956.

Bastide, F.-R. 1956. « Un témoin tragique de la Suède ». *Express*, 23-03-56.

Bertin, C. 1955. « Visite à un ami mort ». *Roman*, juillet 1955.

Brion, M. 1956. « Stig Dagerman et L'Enfant brûlé ». *Le Monde*, 12-04-56.

Championer, I. 1956. « L'Enfant brûlé ». *La Liberté de Clermont-Ferrand*, 17-04-56.

Dalmas, A. 1956. *Tribunes des Nations*, 16-03-56.

Demeuze, R. 1956. « L'Enfant brûlé. Stig Dagerman ». *Peuple de Bruxelles*, 18-04-56.

Fouchet, M-P. 1956. « Une tragédie de la pureté ». *Le Temps de Paris*, 05-05-56.

Hecquet, S. 1956. « Littérature scandinave ». *Bulletin Paris*, 04-05-56.

Louis-Chevrillon, H. 1956. « Stig Dagerman – L'Enfant brûlé ». *Études*, septembre 1956.

Mogin, J. 1956. « Stig Dagerman – L'Enfant brûlé ». *L'Humanité*, 26-05-56.

Mohrt, M. « Hamlet et les petits chiens ». *Le Figaro littéraire*, date inconnue.

P. de, S. 1956. « L'Enfant brûlé ». *Information*, 01-04-56.

Stierlin, H. 1956. *La Tribune de Lausanne, La vie littéraire*, 14/15-04-56.

Anonyme. 1956. « Littérature suédoise ». *Bulletin Critique du Livre français*, n°127 juillet 1956.

Anonyme. 1956. « Dagerman (Stig) : L'Enfant Brûlé ». *Notes Bibliographiques*, mai 1956.

Anonyme. 1956. « L'Enfant Brûlé ». *Lettres Modernes*, avril 1956.

Anonyme. 1956. « Stig Dagerman L'Enfant brûlé ». *La Libre Belgique*, 02-05-56.

Anonyme. 1956. « Stig Dagerman ». *H. et M.*, 01-07-56.

Le Serpent, 1966, Denoël

Le Clézio, J.-M.-G. 1972. « "Hé, Stig Dagerman!" ». *Les Lettres Nouvelles*, numéro spécial "Écrivains de Finlande et de Suède", Mars 1972 (pp. 147-157)[116].

Mohrt, M. 1966. « La difficulté d'être Suédois ». *Le Figaro littéraire*, 01-09-66.

Serreau, G. 1966. « Un Bergman du roman ». *La Quinzaine littéraire*, n° 6, 1966.

Île des condamnés, 1972, Denoël

Baroche, C. 1972. « L'univers impitoyable de Stig Dagerman ». *La Quinzaine littéraire*, 1-07-1972, n° 144 (réédité dans Nadeau, M. *L'année littéraire 1972 choix d'articles publiés par* La Quinzaine littéraire *présenté par Maurice Nadeau*, 1973, *La Quinzaine littéraire*).

Le Clec'h, G. 1972. « L'enfer dans île ». *Le Figaro*, 19-08-72.

---

[116] Publié en traduction suédoise sous le même titre dans *BLM*, 1969, n° 2, årg. 38, et sous le titre « Kaptenens ensamhet är ofantlig » dans *Ariel*, 1994, n° 2-3.

Anonyme. 1972. « L'île des condamnés ». *La libre Belgique*, 21-06-72.

Anonyme. 1972. *Le Monde*, 12-05-72.

Dieu rend visite à Newton, 1976, Denoël

Le Clézio, J.-M.-G. 1977. « J.-M.-G. Le Clézio et la "parole éblouissante" de Stig Dagerman ». *La Quinzaine littéraire*, du 1er au 15 février 1977.

Automne allemand, 1980, Actes Sud

Boyer, R. 1981. « Lucidité scandinave ». *Le Quotidien de Paris*, 13-01-81.

L'Enfant brûlé, 1981, Gallimard

Granjon, Y. 1995. Entretien avec H. Bianciotti. « Dagerman, l'auteur brûlé ». *PAGE*, n° 36, 1995.

Ennuis de noce, 1982, Maurice Nadeau

Bianciotti, H. « L'écrivain du désespoir ». [Journal et date inconnus].

Clavel, A. 1982. « Le réalisme-panique de STIG DAGERMAN ». *L'Express*, 16-06-82.

Geniès, B. 1982. « Un romancier au bord du précipice ». *Libération*, 21-04-82.

Giudicelli, C. 1982. « Romans ». *LIRE*, Mai 1982.

Le Clec'h, G. 1982. « Ennuis de noces ». *L'Aurore*, 19-06-82.

Le Clézio, J.-M.G. 1982. « Le dernier roman de Stig Dagerman ». *Le Monde des livres*, 14-05-82.

Lepape, P. 1982. « Vrai roman, faux romantique ». *Télérama*, n° 1687, 12-05-82.

Main, M. 1982. « Désespérance ». *L'Économie*, 30-08-82.

Mertens, P. 1982. « La destinée posthume de Dagerman le maudit ». *Le Soir*, 5-05-82.

Montremy, J.-M. 1982. « La mort-sommeil ». *La Croix*, 26-06-82.

Salatko, A. 1983. « Quand la peur règne au village ». *La Presse de la Manche*. 5-02-83.

Anonyme.1982. « Dagerman ». *Notes bibliographiques*, septembre 1982.

Anonyme. 1982. « Ennuis de noce ». *LIRE*, n° 03 1982.

Anonyme. 1982. « Un mariage ». *La Croix*, 24-04-82.

Notre besoin de consolation..., 1981, Actes Sud

Cordellier, Th. 1986. « Stig Dagerman. Notre besoin de consolation est impossible à rassasier ». *La Nouvelle Revue Française*, n° 398, mars 1986.

Le Froid de la Saint-Jean, et Notre plage nocturne, 1988, Maurice Nadeau

Andries, L. 1989. « Stig Dagerman bâtisseur de ponts ». *La Quinzaine littéraire*, n° 523, 1er au 15 janvier 1989.

Bianciotti, H. 1989. « Stig Dagerman, le Suédois magnifique ». *Le Monde des livres*, 17-02-89.

Clavel, A. 1989. « Dagerman, l'enfant brûlé ». *L'Express*, 23-02-89.

Gazier, M. 1989. « Vite la vie à vif ». *Télérama*, n° 2034, 04-01-89.

Lassaigne, H. 1988. « La nuit du chasseur Dagerman ». *Libération*, 08-12-88.

Rinaldi, A. 1989. « Si vite, jeune homme... ». *L'Express*, 13-01-89.

Roy, C. 1989. « Le Mal obscur ». *Le Nouvel Observateur*, 09/15-02-89.

Sebag, A. 1989. « Stig Dagerman ». *GLOBE*, juil-août 1989.

Anonyme. 1988. « Maurice Nadeau ». *Livres de France*, septembre 1988.

Anonyme. 1988. *Livres hebdo*, 5-12-88.

Anonyme. 1988. « Le choix des libraires ». *Lyon Figaro*, 18-11-88.

Anonyme. 1989. « Dagerman – Notre plage nocturne ». *Notes bibliographiques*, date inconnue 1989.

Anonyme. 1989. « Dagerman – Le froid de la Saint-Jean ». *Notes bibliographiques*, date inconnue 1989.

Le Serpent, 1985, Denoël

Serreau, G. 1988. « Ce que l'homme a de plus précieux ». *La Quinzaine littéraire*, n° 500, 1-15 janvier 1988.

Notre besoin de consolation..., 1989, Actes Sud

Daeninck, D. 1990. « Révolution conseille : Stig Dagerman *Notre Besoin...* ». *Révolution*, 16-02-90.

Gustafsson, L. 1989. « Sur la créativité ». *Lettre Internationale*, octobre 1989.

Anonyme. 1990. « Notre besoin X». *La Gazette d'Actes Sud*, n° 108, 15-12-90.

Automne allemand, 1989, Actes Sud

G., C.-M. 1990. « Explorations nordiques ». *Rivarol*, 05-01-90.

Meyer, C. 1989. « Automne allemand ». *Actualité juive*, 06-09-89.

Ennuis de noce, 1990, Christian Bourgois éditeur

Anonyme. 1990. « Ennuis de Noce ». *Libération*, 25-10-90.

Le Serpent, 1993, Gallimard

Diatkine, A. 1993. « La bête qui monte ». *Libération*, 09-09-93.

L'Ombre de Mart, 1996, Presses universitaires de Caen

Bouquet, P. 1996. « L'Ombre de Mart ». Catalogue « Les Boréales de Normandie », 1996.

Jouan, P. 1996. « L'Ombre de Mart ». Catalogue « Les Boréales de Normandie », 1996.

Le Serpent, 2001, Denoël

Rose, S.-J. 2001. « Le Serpent ». *Les tentations de Libération*, 23-11-01.

Sur Stig Dagerman en général

Bjurström, C.-G. 1985. « L'Angoisse de Dagerman ». *Magazine littéraire*, n° 224 novembre 1985.

Bouquet, Ph. 2003. « Stig Dagerman, enfant brûlé ». *Contretemps*, n° 12, 2003.

Contrucci, J. 1990. « Connaissez-vous Stig Dagerman ? » *Provençal*, 28-11-90.

Delbour, P. 1989. « Le désespoir des grands fjords ». *L'Événement*, 24-08-89.

Enzensberger, H. M. 1990-91. « L'Europe en ruine ». *Lettre Internationale*, hiver 90-91.

Homassel, A.-S. 1995. « Bonnes pages de Suède ». *CFDT Magazine*, juin 95.

Lisiecki, S. 2003. « Stig Dagerman et l'inhumanité du monde ». *Chroniques (de la BNF)*, n° 22, avril-juin 2003.

Renterghem, van, M. 1997. « Stig Dagerman. La transparence de l'inconsolé ». *Le Monde des livres*, 20-06-97.

Runnquist, Å. 1951. « Stig Dagerman ». *Roman*, n° 2, mars 1951.

Supic, G. 1997. « L'innocence préservée ». *Passeport* n° 5, Pro-Libris X. 1997.

Ueberschlag, G. 1994. « Histoire de la double naissance de Stig Dagerman. » In *Germanica. Regards littéraires sur l'enfance*, n° 15 1994 (pp. 157- 171).

Anonyme. 1951. « Le succès de *Roman* ». *Roman*, préface de n° 2, mars 1951.

Anonyme. 1989. « Préfaces européennes ». *Livres Hebdo*, 29-09-89.

Anonyme. 1992. « Stig Dagerman ». *L'œil de la lettre*, numéro « Les littératures nordiques », Gallimard.

Sur les représentations théâtrales de l'œuvre de Dagerman en France

Le Jeu de la vérité et Notre besoin de consolation est impossible à rassasier (Patrick Collet et le Théâtre de l'Utopie, 1989-1990, La Rochelle, Paris, Cherbourg)

Articles :

Barré, J.-F. 1990. « Théâtre : Dagerman en "capitale" ». *La France Charente- Maritime*, 05-01-90.

Bayle, T. 1989. « Le destin « dramatique » de Stig Dagerman ». *Le Quotidien de Paris*, 25-06-89.

Couturier, B. 1990. « En hausse éphémère Stig Dagerman ». *Globe*, février 1990.

Dumur, G. 1990. « Dagerman ». *Le Nouvel Observateur*, 18/24-01-90.

Fontesaille, E. 1990. « De la déprime comme un des beaux arts ». *7 à Paris*, 17/23-01-90.

Hauser, B. 1990. « Le Jeu de la vérité de Stig Dagerman. Parcours initiatique ». *Acteurs auteurs*, jan./fév. 1990.

Hétier, L. 1990. « Dagerman : l'allumé suédois », *L'Express Paris*. 12-01-90.

Hétier, L. « Notre besoin de consolation est impossible à rassasier ». *L'Express*, date inconnue.

Huguet, P. 1990. « Le jeu de la vérité ». *Réforme*, 27-01-90.

H., A. 1990. « La promesse de l'aube ». *Le Quotidien de Paris*, 08-01-90.

Jurgenson, C. 1990. « A la rencontre de Stig Dagerman ». *Le Figaro*, 03-01-90.

Klausner, E. 1990. « Une saison Stig Dagerman ». *La Croix*, 10-01-90.

Lemaire, P.-M. 1989. « Jeux de dupes, jeux d'adultes ». *Sud Ouest*, 03-06-89.

Lemaire, P.-M. 1989. « L'Utopie prend racine à Paris ». *Sud Ouest*, 27-12-89.

Marcabru, P. 1990. « Une morne histoire ». *Le Figaro*, 16-01-90.

Martin, M. 1990. « Vérité ». *Révolution*, 26-01-90.

Natae, A. « Théâtre ». *Bio-Magazine*, date inconnu.

Schidlow, J. 1990. « Le Jeu de la vérité ». *Télérama*, 20/26-01-90.

Suarès, G. 1990. « L'Utopie de Patrick Collet ». *Nouvelles République du Centre Ouest*, 25-01-90.

Sueur, M. 1990. « L'Utopie et Dagerman ». *Entracte Magazine*, Janvier 1990.

S., J.-J. 1990. « Dagerman à Cherbourg ». *Libération*, 24-04-90.

Temkine, R. « A La Rochelle Stig Dagerman », *Théâtre en Europe*, date inconnue.

Tr., P. 1989. « Dagerman ressuscité ». *Sud Ouest Dimanche*, 28-05-89.

V. M. « Le jeu de la vérité ». *L'Express*, date inconnue.

Anonyme. 1989. « Un Suédois à La Rochelle ». *Sud Ouest*, 30-03-89.

Anonyme. 1989. « Un Suédois à La Rochelle ». *Sud Ouest*, 03-05-89[117].

Anonyme. 1989. « L'escale Dagerman ». *Sud Ouest*, 24-05-89.

Anonyme. 1989. « L'Etoile du Nord, à La Rochelle ». *Sud Ouest*, 01-06-89.

Anonyme. 1989. « Dames-blanches : Stig Dagerman, acte 1 ». *Sud Ouest*, 02-06-89.

Anonyme. 1989. « Un marathon littéraire ! ». *Sud Ouest*, 05-06-89.

Anonyme. 1990. « A voir. Dagerman. ». *Le Nouvel Observateur*, 18/24-01-90.

Anonyme. 1990. « A cœur ouvert ». *Gai Pied*, 19-01-90.

Anonyme. 1990. « Le Rimbaud du Nord ». *Le Quotidien de Paris*, 30-01-90.

Anonyme. 1990. « Philippe Bouquet tous azimuts ». *Ouest France*, 27-02-90.

+ Entrefilets publiés sur cette pièce, une trentaine environ.

Productions radiophoniques

La couverture de presse du Théâtre de l'Utopie cite quatre émissions à France Culture. Nous avons pris connaissance de l'une d'elles : Taquet, Y. 1990. « Le Rimbaud du Nord ». *France Culture* 30-01-90 15h30.

---

[117] L'article a le même titre que celui paru auparavant dans le même journal.

La radio suédoise a émis un programme sur Dagerman et sa popularité en France : Lundberg, K. M. 2008. « Kulturradion K1 : Vårt behov av tröst – tre sätt att närma sig Stig Dagerman ». *Sveriges radio P1*, 01-05-08.

L'Ombre de Dann (Centre Culturel Suédois - année inconnue, comme les dates des articles)

Marcabru, P. « Romantisme suédois ». *France Soir*.

Megret, C. « Un grand méconnu : Stig Dagerman. [Journal inconnu].

Kanters, R. *L'Express*.

Anonyme. « L'Ombre de Dann ». *Le Nouvel Observateur*.

Ennuis de Noce, 1993. (Le Ballatum Théâtre, Festival d'Alès)

T., J.-P. 1993. « Les noces de Dagerman et du Ballatum ». *Libération*, 27-07-93.

6.2.2 Bibliographie de la réception de l'œuvre de Stig Dagerman suivant les publications en Italie

(N. B. Les rééditions sont inclues.)

Il Viaggiatore, 1991, Iperborea

Articles :

Affinati, E. 1991. "Le piccole sconfitte". *L'Europeo*, 15-11-91.

Berni B. 1991. "Come si può uccidere un bambino?". *Il manifesto*, 27-12-91.

Cherchi, G. 1991. "Scoprendo Dagerman e i suoi bambini". *L'Unità*, 14-10-91.

Chiusano, I. A. 1992. "Quel ragazzo ricorda Kafka e Pasolini". *Wimbledon*, avril 1992.

Cima, L. 1992. "Il Viaggiatore". *Letture*, mai 1992.

Cobianchi, T. 1992. "Nel vostro scaffale". *Il Tieino*, 15-02-92.

Coppola, V. 1991. "Fallimento dei sogni". *Gazzetta del Mezzogiorno*, 06-11-91.

D'Avino, M.V. 1992. "Tragedie minori". *Leggere*, april 1992.

Di Scalzo, C. 1998. "L'innocenza e i libretti in tasca". *Centro Valle*, 06-12-98.

Doninelli, L. 1991. ""Maledetto" Dagerman". *Il Giornale*, 15-12-91.

Ferracuti, A. 1992. "La morte del bambino che è in noi". *Corriere dell'Umbria/Vitterbo/Civitavecchia*, 19-04-92.

Ferrari, A. 1991. "Quell'assurdo male di vivere". *Il Cittadino*, 31-10-91.

Franzosi, G. M. 1992. "Stig Dagerman. Il Viaggiatore". *Il Quotidiano nuovo*, 03-05 -92.

Gibelli, M.G. 1992. "L'inferno in terra di Stig Dagerman". *Famiglia Cristiana*, no 1, 1992.

Laezza, E. 1998. "Il Viaggiatore", *Nuova Città*, 05-04-98.

Negri, G. 1992. "Dagerman, è il destino". *La Gazzetta di Brescia*, 29-02-92.

Raffaelli, F. 1992. "Il Viaggiatore". *Uomo Harper's Bazaar*, mars-avril 1992.

Specolizzi, M. 1992. Sans titre, *Senzapatria*, avril 1992.

Vaccari, A. 1992. "Narrativa straniera". *Il Ragguaglio Librario*, Janvier 1992.

Vitali, N. 1993. "Stig Dagerman: uccidere un bambino". *Proposte e conferme*, 02-02-93.

Anonyme. 1991. "SD Il viaggiatore". *Wimbledon*, novembre 1991.

Anonyme. 1991. "Grande come Kafka...", *Il Sabato*, 07-12-91.

Anonyme. 1992. "Il viaggiatore", *Mare*, mai-août 1992.

Anonyme. 1992. "Letterature del Nord europeo". *L'indice dei libri del mese*, Juin 1992.

Anonyme. 1992. "Lo spleen della vita". *L'Adige*, 23-11-92.

Anonyme. 1997. "Libri". *Amicotreno*, mai 1997.

Entrefilets ou commentaires :
Baldassarro, T. 1991. "Brevi". *Enne*, 30/9 – 6/10-91.

Brambilla, M. "Libri di Natale", *Il Corriere sette*, date inconnue.

Gnocchi, G. 1992. "L'Anticlassifica". *Europeo*, 01-05-92.

Gua?, M. C. 1991. "Ottanta piccoli editori in mostra". *Marie Claire*, septembre 1991.

Gua?, M. C. 1992. "Guida". *Marie Claire*, juillet 1992.

Anonyme. 1991. "Gioielli e misteri". *Elle*, décembre 1991.

Anonyme. 1992. "Tre domande". *L'Unità*, 30-03-92.

Anonyme. 1992. "Il Viaggiatore". *Gambero rosso*, août 1992.

Anonyme. 1999."I Nodi". *Avvenimenti*, 19-09-99.

Il nostro bisogno di consolazione, 1991, Iperborea

Articles :

Dagerman, S. 1991. "Attenti al cane". *L'Unità*, 07-10-91.

D'Avino, M. V. date inconnue. "Intransigenti postille alla vita nelle parole di un trentenne disperato". *La Stampa*.

C.C. 1993. "Stig Dagerman, Il nostro bisogno di consolazione". *Titivillus*, n° 7 1993.

Cerri, L. 1992. "Il nostro bisogno di consolazione". *La Libertà*, 11-01-92.

Culicchia, G. 1998. "Dagerman, l'arte dell'infelicità". *La Stampa*, 26-02-98.

Di Scalzo, C. 1998. "L'innocenza e i libretti in tasca". *Centro Valle*, 06-12-98.

Doninelli, L. 1991. ""Maledetto" Dagerman". *Il Giornale*, 15-12-91.

Ferracuti, A. 1991. "Ma abbiamo veramente bisogno di consolazione?". *La Gazzetta di Macerata*, 18-12-91.

Lecca, N. 1999. "Stig Dagerman, il tormento di scrivere". *L'Unione Sarda*, 03-11-99.

Maffeo, P. [Date inconnue]. "Dopo l'addio desolati squarci d'azzurro", Journal inconnu.

Mar, O. 2002. "Stig Dagerman: un omaggio". *Liberta di Piacenza*, 15-09-02.

Serino, G. P. 1998. "Dalla disperazione al capolavoro". *La Provincia*, 09-02-98.

Spaini, G. 1991. "Nell'incubo tedesco". *La Provincia Pavese*, 23-07-91.

Transatti, F. 1992. "La lotta per liberta". *Rivista anarchica*, décembre 1991-janvier 1992.

Anonyme. 1991. "Il disperato della ragione". *Gutenberg*, 16-06-91.

Anonyme. 1992. "L'incolmabile vacuità". *Il Mattino dell'Alto*, 02-09-92.

Entrefilets et commentaires :

Castagna, L. 1995. "Le ultime cose che ha fatto...Kim Rossi Stuart". *Donna oggi*, 06-04-95.

P. G. 1999. [Sans titre]. *KULT*, n°5 mai 1999.

Anonyme. 1991. "Il nostro bisogno di consolazione". *Wimbledon*, novembre 1991.

Anonyme. 1992. "Tre domande". *L'Unità*, 30-03-92.

Anonyme. 1999. "Il nostro bisogno...". *EFFE*, n°15 1999.

Anonyme. 2001. "Il nostro bisogno...". *Vera Magazine*, décembre 2001.

Bambino bruciato, 1994, Iperborea

Articles :

Cerri, L. 1995. "Il gelido pessimismo di Stig Dagerman". *Libertà*, 13-05-95.

Lacaita, F. 1995. "Quelle "voci" dal Nord". *Corriere del Ticino*, 13-02-95.

Scaglione, S. 1994. « In bozze ». *Avvenimenti*, 12-10-94.

Scarpa, T. 1995. "La flaccida felicità di un figlio cronico". *Il Manifesto*, 19-01-95.

Scuranti, A. 1995. "Ragazzo ama sé stesso e dubita dei sentimenti". *Letture*, mars 1995.

Serri, C. 1997. "Scrivere: tenere severo giudizio contro se stessi". *Sardegna Magazine New*, n° 8 août 1997.

Vicario, A. 1994. "Novità". *La Voce*, 30-10-94.

Anonyme. 1994. "STIGG DAGERMAN" [sic]. *Giornale di Sicilia*, 18-10-94.

Anonyme. 1994. "Appena usciti". *Tuttolibri, supplemento la Stampa*, 05-11-94.

Anonyme. 1995. "Bambino bruciato". *Leadership Medica*, mars 1995.

Anonyme. 1995. "Dal gelido Nord la luce e la passione di « Bambino bruciato »". *Il Paese*, 04-03-95.

Anonyme. 1998. "Bambino bruciato". *Tratti*, été 1998.

Entrefilets ou commentaires :

Cheli, P. 1995. "Bambino bruciato". *Glamour*, n° 46, décembre 1995.

De Stefano, C. 1994. "La passione del ricordo". *ELLE*, novembre 1994.

Gallesi, L. 1994. "Un castello per le parole nel tempo". *Eco di Bergamo*, 28-09-94.

Anonyme. 1994. "Madame Verdurin". *La Voce*, 06-11-94.

Anonyme. 1994. "Piccoli e belli". *Unità*, 21-11-94.

Felicetti, C. 1994. "Scritti sul ghiaccio". *Moda*, n°128, décembre 1994.

Anonyme. 1995. "Chi ama le storie". *Avvenimenti*, 20-12-95.

I Giochi della notte, 1996, Iperborea

Articles :

B. MP. 1996. "La gente comune vista da Dagerman". *Famiglia cristiana*, 27-11-96.

Cerri, L. 1997. "Angosce e paure in otto racconti". *Libertà*, 08-01-97.

Doninelli, L. 1996. "Il mondo dei grandi negli occhi dei bambini". *Il Giornale*, 11-10-96.

Gaccione, A. 1997. "Bambini nel dolore". *Avvenimenti*, 21-05-97.

Galuzzi, C. 1996. "I giochi della notte". *PULP*, novembre-décembre 1996.

Ravasi, G. 1997. "Bambini". *Avvenire*, 27-11-97.

Scurani, A. 1997. "Famiglia e sentimenti visti con tristessa". *LETTURE*, mars 1997.

Serri, C. 1997. "Scrivere: tenere severo giudizio contro se stessi". *Sardegna Magazine New*, n° 8, août 1997.

Siciliano, E. 1996. "Dagerman, un mondo di bimbi". *L'Espresso*, 14-11-96.

Zaccuri, A. 1996. "L'angoscia assedia i bambini di Dagerman". *Avvenire*, 05-10-96.

Anonyme. 1996. "I giochi della notte". *Glamour*, octobre 1996.

Anonyme. 1996. "Narrativa". *Repubblica del lunedì*, 07-10-96.

Anonyme. 2000. "I giochi della notte". *La Città*, 25-10-00.

Entrefilets ou commentaires :

Collura, M. 1996. "Le scelte del Corriere". *Io Donna*, n° 32, octobre 1996.

De Stefano, C. 1996. "Leggere". *ELLE*, décembre 1996.

Rusconi, M. 1996. "Dentro i cassetti". *L'Espresso*, 22-08-96.

Anonyme. 1996. "Stig Dagerman. I Giochi della notte". *Avvenimenti*, 11-09-96.

Anonyme. 1996. "Racconti svedesi". *Weekend*, 12-10-96.

Anonyme. 1996. "Dagerman racconta i giochi della notte". *Gazzetta di Reggio*, 18-10-96.

Anonyme. 1996. "I giochi della notte". *Giornale di Sicilia*, 12-11-96.

Anonyme. 1996. "Tutte le novità in libreria per adulti e bambibi." *Giornale di Merate*. 10-12-96.

Anonyme. 1997. "Cosa leggere, alla Martinetti". *Il Secolo XIX*, 24-01-97.

Sur Dagerman en général

Elisard, J. 1997. "Profili libertari. Stig Dagerman". *Rivista storica dell'anarchismo*, janv.-juin 1997.

Manconi, L. 2000. "Un po' di compassione e conquisterai il mondo". *Il Giorno /Il resto del carlino /la Nazione*, 03-12-00.

Micera, G. 1981. "Propaganda e strumenti retorici in Stig Dagerman giornalista". Naples: *Annali. Istituto Universitario Orientale, Filologia germanica Napoli* (pp. 143-166).

6.3 Ouvrages cités

Ahlund, C. 1998. *Fallets lag och jagets stjärna*. Hedemora : Gidlund.

Ahlstedt, E. 1985. *La Pudeur en Crise. Un aspect de l'accueil d'A la recherche du temps perdu de Marcel Proust 1913-1930*. Göteborg : Acta Universitatis Gothoburgensis, Paris : Jean Touzot Librairie Éditeur.

Ahlstedt, E. 1988. « Strindberg à Paris : l'accueil des "Mariés" (1885-1886) », in von Proschwitz, G. (éd.) *Influences. Relations culturelles entre la France et la Suède*. Göteborg : Société Royale des sciences et des belles-lettres (pp. 235-267).

Ahlstedt, E. 1994. *André Gide et le débat sur l'homosexualité de L'Immoraliste (1902) à Si le grain ne meurt (1926)*. Göteborg : Acta Universitatis Gothoburgensis.

Ahlström, S. 1956. *Strindbergs erövring av Paris. Strindberg och Frankrike 1884-1895*. Stockholm : Almqvist & Wiksell.

Alvstad, C. 2005. *La traducción como mediación editorial. Un estudio de 150 libros para niños y jóvenes publicados en Argentina durante 1997*. Göteborg: Acta Universitatis Gothoburgensis.

Amossy, R. 1991. *Les idées reçues. Sémiologie du stéréotype*. Paris : Nathan.

Arckenholtz, J. 1751-1760. *Mémoires concernant Christine, Reine de Suède*. Amsterdam et Leipzig : Chez Pierre Mortier, Libraire.

Autexier, H., Autexier, S. & Geneste, Ph. (éd.) 2007. *Stig Dagerman, la littérature et la conscience.* Forcalquier : Marginales, n° 6.

Ballu, D. 1995. *Lettres nordiques en traduction française 1720-1995 : Danemark, Finlande, Islande, Norvège, Suède.* Nantes : L'Élan.

Bally, Ch. 1965. *Linguistique générale et linguistique française.* Berne : Éditions Francke.

Barbagli, M. (éd.) 2003. *Sociologia della devianza.* Bologna : Il Mulino.

Bartfeld, F. 1982. *Albert Camus ou le mythe et le mime.* Archives Albert Camus n° 5. Paris : Lettres Modernes.

Barthes, R. 1963 (1696). « La Bruyère, du Mythe à l'Écriture dans La Bruyère. » *Les Caractères.* Paris : Union générale d'éditions.

Barthes, R. 1993. *Mythologies* (*Œuvres complètes*, tome I). Paris : Éditions du Seuil.

Bassnett, S. 1980. *Translation Studies.* London : Methuen.

Bastide, F.-R. 1954. *La Suède.* Paris : Éditions du Seuil.

Bastide, F.-R. 1961. *Svezia.* Milan : Mondadori.

Battail, J.-F. (éd.) 1986. *La Suède intellectuelle et savante.* Naples : Prismi.

Battail, M. & J.-F. (éd.) 1993. *Une amitié millénaire. Les relations entre la France et la Suède à travers les âges.* Paris : Beauchesne éditeur.

Baudelaire, C. 1987. *La Fanfarlo. Le Spleen de Paris.* Paris : Flammarion.

Bellessort, A. 1910. *La Suède.* Paris : Librairie académique Perrin.

Bevilaqua, M. & Mori, E. (éd.) 1999. *Beatrice Cenci la storia il mito.* Viella: Fondazione Marco Besso.

Blanck, A. 1947. *La Suède et la littérature française des origines à nos jours.* Paris : Stock.

Bouquet, Ph. 1986. *La Bêche & la plume, l'aventure du roman prolétarien suédois.* Bassac : Éditions Plein Chant.

Bouquet, Ph. 1986. *Stig Dagerman : dossier / réuni & présenté par Philippe Bouquet ; inédits, études et témoignages.* Châteauneuf-sur-Charente : Plein Chant, n° 31-32.

Bouquet, Ph. 1990. « Stig Dagerman och anarkismen ». *Tidskrift för Litteraturvetenskap*, n° 3 1990.

Bouquet, Ph. 1990. « Dagerman lever i Frankrike ». *Allt om böcker*, n° 5 1990.

Bouquet, Ph. 1993. « Les relations littéraires franco-suédoises », in Battail, M. & J.-F. (éd.) *Une amitié millénaire. Les relations entre la France et la Suède à travers les âges.* Paris : Beauchesne éditeur (pp. 401-420).

Bouquet, Ph. 2004. *Tankar vid en prisutdelning.* Nantes : Élan.

Bourdieu, Pierre. 1971. « Le Marché des biens symboliques », in *Année sociologique* tome 22, 1971. Paris : Presses universitaires de France (pp. 49-126).

Bourdieu, P. 1991. « Le Champ littéraire », in *Actes de la Recherche en Sciences sociales*, septembre 1991, n° 89 (pp. 4-46).

Bourdieu, P. 1998 (1992). Les règles de l'art. Genèse et structure du champ littéraire. Paris : Éditions du Seuil.

Bourdieu, P. 2002 (1990) « Les conditions sociales de la circulation internationale des idées », in *Actes de la Recherche en Sciences Sociales*, décembre 2002, n° 145 (pp 3-8).

Boyer, R. 1996. *Histoire des littératures scandinaves.* Paris : Fayard.

Camus, A. 1942. *Le Mythe de Sisyphe.* Paris : Gallimard.

Casanova, P. 1999. *La République Mondiale des lettres.* Paris : Éditions du Seuil.

Casanova, P. 2002. « La production de l'universel littéraire : le "grand tour" d'Ibsen en Europe », in Pinto, E. (éd.) 2002. *Penser l'art et la culture avec les sciences sociales.* Paris : Publications de la Sorbonne (pp. 63-80).

Casanova, P. 2002. « Consécration et accumulation de capital littéraire. La traduction comme échange inégal » in *Actes de la recherche en sciences sociales* « Traduction : les échanges littéraires internationaux », sept. 2002, no 144, Paris : Éditions du Seuil (pp. 7-20).

Chevrel, Y. 1995. « La réception des littératures étrangères ». *Revista de Filología Francesa*, n° 7, Univ. Complutense Madrid (pp. 83-100).

Chevrel, Y. (2002). « Variations contemporaines sur le mythe de Werther » in Chevrel, Y. & Dumoulié, C. (éd.). *Le Mythe en Littérature. Essais offerts à Pierre Brunel*. Paris : Presse Universitaires de France.

Ciaravolo, M. 1999. Da Linneo a Gustafsson. 250 anni di letteratura svedese in traduzione italiana. Milan : Iperborea.

Croce, B. 1892. *Letteratura moderna scandinava*, in Leffler, A. C. *Come si fa il bene*. Trani : V. Vecchi.

Crochet, M. (1973) *Mythes dans l'œuvre d'Albert Camus*. Paris : Éditions universitaires.

Cullberg, J. 1997 (1992). *Skaparkriser. Strindbergs Inferno och Dagermans*. Stockholm : Natur och kultur.

Dahl, K. 2006. « La réception littéraire de Stig Dagerman en France : Le voyage d'une œuvre suédoise », in Swiatek, E. (éd.) *XVI Skandinaviske Romanistkongres*. Copenhagen : Roskilde Universitetscenter. E-book : http://www.ruc.dk/cuid/publikationer/publikationer/XVI-SRK-Pub/FLIT/FLIT05KDahl/.

Dahl, K. 2007. « Le mystère boréal : Stéréotypes nationaux dans la lecture de Stig Dagerman en France », in Campos, C. et György, L. (éd.) *Stéréotypes et prototypes nationaux en Europe*. Paris : Forum des langues européennes (pp. 140-147).

Dahl, K. 2009. « Mytbildning om den utländske författaren och en reflektion om främlingsidentitet », in Andrén. Lindkvist, Söhrman, Vajta (éd.) *Cultural Identities and National Borders*. Göteborg : CERGU (pp. 127-140).

Dahl, K. 2009. « Le Relazioni Interculturali Letterarie. L'opera di Stig Dagerman tradotta in Francia e in Italia », in Velez, A. (éd.) *Atti del convegno. Giornate internazionali di studi sulla traduzione. Journées internationales d'études sur la traduction*,

Cefalù 30-31 ottobre e 1° novembre 2008, vol. I. Palerme : Herbita Editrice (pp. 109-120).

Détienne, M. 1981. *L'invention de la mythologie*. Paris : Gallimard.

Dictionnaire de Littré. 1958 (1877). Paris : Gallimard et Hachette.

Durand, F. 1974. *Les littératures scandinaves*. Paris : Presses Universitaires de France.

Durkheim, É. 1990 (1930). *Le suicide. Étude de sociologie*. Paris : Presses universitaires de France.

Eco, U. 1979. *Lector in Fabula. La cooperazione interpretativa nei testi narrativi*. Milan : Bompiani.

Eco, U. 1985. *Lector in Fabula. Le rôle du lecteur ou la Coopération interprétative dans les textes narratifs*. Paris : Grasset.

Eco, U. 1996. *Six promenades dans les bois du roman et d'ailleurs*. Paris : Grasset.

Ekblad, S. 1995. "Översättarens efterskrift", in Boccaccio, G. *Decamerone*. Lund: Studentlitteratur (pp. 379-380).

Eliade, M. 1963. *Aspects du mythe*. Paris : Gallimard.

Engwall, G. (éd.) (1994) *Strindberg et la France. Douze essais édités par Gunnel Engwall*. Stockholm : Almqvist & Wiksell.

Engwall, G. 2000. « Strindberg et son introducteur français. », in *Europe*, numéro spécial August Strindberg, n° 858, octobre 2000 (pp. 119-141).

Eriksson, O. 2002. *Stil och översättning. Pär Lagerkvists prosastil ur franskt översättningsperspektiv*. Växjö : University press.

Escarpit, R. 1958. *Sociologie de la littérature*. Paris : P.U.F.

Étiemble, R. 1968. *Le Mythe de Rimbaud. Genèse du mythe 1869 – 1949. Bibliographie analytique et critique suivie d'un supplément aux iconographies*. Tome I. Paris : Gallimard.

Étiemble, R. 1968. *Le Mythe de Rimbaud. Structure du mythe*. Tome II. Paris : Gallimard.

Even-Zohar, I. 1990. « Polysystem Studies », *Poetics Today*, volume 11, n° 1, Spring 1990.

Ferrari, F. (éd.) 1995. *Viaggi e viaggiatori nelle letterature scandinave medievale e moderne.* Trento : Università degli studi di Trento.

Flaubert, G. 1994 (1913). *Dictionnaire des idées reçues.* Paris : Éditions Mille et une nuits.

Fournier, V. 1993. « La Suède dans l'imaginaire des Français », in Battail, M. et J.-F. (éd.) *Une amitié millénaire. Les relations entre la France et la Suède à travers les âges.* Paris : Beauchesne éditeur (pp.13-29).

Gabriele, M. 1961. *Le più belle pagine delle letterature della Scandinavia.* Milan: Nuova Academia Editrice.

Gabriele, M. 1964. *Echi di Ibsen e di Strindberg in Italia.* Naples : Annali. Istituto Orientale di Napoli Sezione germanica (pp. 21-40).

Gabriele, M. 1966. « Fortuna delle lettere svedesi in Italia », in *Il Veltro* (rivista della civiltà italiana, società Dante Alighieri) « Le relazioni culturali e politiche tra l'Italia e la Svezia », n° 2-3, anno X, aprile-giugno 1966 (pp. 183-190).

Ginisty, P. 1891. *La République Francaise.* 16-11-1891.

Guillon, C. & le Bonnier, Y. 1982. *Suicide mode d'emploi. Histoire, technique et actualité.* Paris : Éditions Alain Moreau.

Heilbron, J. & Sapiro, G. 2002. « La traduction littéraire, un objet sociologique », in *Actes de la recherche en sciences sociales*, septembre 2002, n° 144 (pp. 3-5).

Hersant, Y. (éd.) 2005. *Mélancolies. De l'Antiquité au XXe siècle.* Paris : Robert Laffont.

Hugo, V. 1975 (1866). *Les Travailleurs de la mer.* Paris : Gallimard.

Ingarden, R. 1983 (1930) *L'œuvre d'art littéraire.* Lausanne : L'Age d'Homme.

Iser, W. 1972. « The Reading Process : A Phenomenological Approach », in *New Literary History, volume III,* Winter 1972, n° 2, Charlottesville : The University of Virginia (pp. 279-299).

Iser, W. 1972. *Der Implizite Leser.* Munich : W. Fink Verlag.

Iser, W. 1976. *L'Acte de lecture, théorie de l'effet esthétique.* Liège : Pierre Mardaga.

Iser, W. 1996. « The Emergence of a Cross-Cultural Discourse : Thomas Carlyle's Sartor Resartus » in Budick, S. & Iser, W. 1996. *The Translatability of Cultures. Figurations of the Space Between.* Stanford : Stanford University Press (pp. 245-264).

Jauss, H. R. 1977. *Ästhetische Erfahrung und literarische Hermeneutik I.* München : W. Fink.

Jauss, H. R. 1980. « Esthétique de la réception et communication littéraire », in Konstantinovic, Z. et Naumann, M. et Jauss, H. R. (éd.) *Literary communication and reception. Communication littéraire et réception. Literarische kommunikation und rezeption.* Innsbruck : AMOE (pp. 15-25).

Jauss, H.R. 2001 (1978). *Pour une esthétique de la réception.* Paris : Gallimard.

Jurt, J. 1980. *La réception de la littérature par la critique journalistique : lecture de Bernanos 1926-36.* Paris : Jean-Michel Place.

Kaipl Santiprosperi, M. V. (éd.) 1995. *La Svezia in italiano : scritti sulla Svezia e gli svedesi in lingua italiana e scritti di autore svedese tradotti in italiano.* Ambasciata di Svezia in Italia, Rome : Biblioteca Nazionale Centrale.

Kiss, A. (éd.) 1999. *Suicide et culture.* Paris : L'Harmattan.

Kötting, E. 1950. « Stig Dagerman, ein schwedischer Kafka », in *Frankfurter Hefte* n° 4, avril 1950.

Lagercrantz, O. 1958. *Stig Dagerman.* Stockholm : Norstedts.

Lagerkvist, P. 1916. *Ångest.* Stockholm : Bonnier.

Lagerlöf, S. 1912. *Le merveilleux voyage de Nils Holgersson à travers la Suède.* Paris : Perrin.

Lagerlöf, K.-E. 1967. *Den unge Karl Vennberg.* Stockholm : Bonniers.

Laitinen, K. 1986. *Begärets irrvägar. Existentiell tematik i Stig Dagermans texter.* Umeå : Acta Universitatis Umensis, Stockholm : Almqvist & Wiksell.

Larsson, B. 1988. *La réception des Mandarins. Le roman de Simone de Beauvoir face à la critique littéraire en France*. Lund : Lund University Press.

Le Clézio, J.-M.-G. 1972. « "Hé, Stig Dagerman!" ». *Les Lettres Nouvelles*, numéro spécial "Écrivains de Finlande et de Suède», Mars 1972 (pp. 147-157).

Leenhardt, J., Burgos, M. & Navelet-Noualhier, B. 1989. *Existe-t-il un lecteur européen ? Étude de lecture du roman Le Grand Cahier d'Agota Kristof*. Strasbourg : Carrefour des littératures européennes, Conseil de l'Europe.

Leenhardt, J. 1990. « L'identité culturelle et le miroir de l'autre », in *Homenaje a Jean-Paul Borel*. Madrid : Visor Libros (pp. 237-250).

Leenhardt, J. & Picht, R. (éd.) 1990. *Au jardin des malentendus. Le commerce franco-allemand des idées*. Arles : Actes Sud.

Leenhardt, J. & Józsa, P. avec la collaboration de Burgos, M. 1999. (1982. Paris : Éditions Le Sycomore). *Lire la lecture. Essai de sociologie de la lecture*. Paris : L'Harmattan.

Lejeune, Ph. 1975. *Le pacte autobiographique*. Paris : Éditions du Seuil.

Lévi-Strauss, C. 1974 (1958). *Anthropologie structurale*. Paris : Plon.

Lippmann, W. 1946 (1922). *Public Opinion*. New York : Penguin books.

Ljung, P. E., Hansen, K. & Dahl, S. 1984. *Ångestens hemliga förgreningar. Stig Dagermans Nattens lekar*. Stockholm : Symposion.

Lotass, L. 2002. *Friheten meddelad. Studier i Stig Dagermans författarskap*. Göteborg : Skrifter utgivna av Litteraturvetenskapliga institutionen vid Göteborgs universitet.

Marmier, X. 1839. *Histoire de la littérature en Danemark et en Suède*. Paris : Félix Bonnaire Éditeur.

Matthieu, A. 1990. *August Strindberg – sa modernité sa réception en France*. Paris : Université de Paris X.

Maury, L. 1918. *Le nationalisme suédois et la guerre 1914-1918.*
Paris : Perrin et Cie, Librairies-Éditeurs.

Maury, L. 1929. *L'imagination scandinave. Études et portraits.*
Paris : Perrin et Cie, Librairies-Éditeurs.

Maury, L. 1932. *La Suède.* Paris : Société Française d'Éditions.

Maury, L. 1940. *Panorama de la littérature suédoise contemporaine.* Paris : Éditions du Sagittaire.

Maury, L. 1948. *Les Scandinaves et nous. Essai d'explication des relations littéraires franco-scandinaves.* Paris : Extrait du Mercure de France 1-XI et 1-XII 1947.

Maury, L. 1951. *Métamorphose de la Suède. Impressions et souvenirs 1900-1950.* Paris : Stock.

Micera, G. 1981. « Propaganda e strumenti retorici in Stig Dagerman giornalista », in *Aion-n* 1981, XXIV. Naples : Annali dell'Istituto Universitario Orientale, Studi nederlandesi, Studi nordici (pp. 143-166).

Minois, G. 1995. *Histoire du suicide.* Paris : Fayard.

Moccia, F. (éd.) 1967. *Dizionario di centouno capolavori delle letterature scandinave.* Milan : Bompiani.

Mohrt, M. 1970. *L'air du large. Essais sur le roman étranger.* Tome I. Paris : Gallimard.

Montesquieu. 1973 (1758). *Lettres persanes.* Paris : Gallimard.

Moretti, F. 1997. *Atlante del romanzo europeo 1800-1900.* Turin : Einaudi.

Moron, P. 1999 (1975). *Le suicide.* Paris : Presses Universitaires de France.

Naumann, M. 1973. *Gesellschaft Literatur Lesen.* Berlin und Weimar: Aufbau-Verlag.

Pageaux, D. H. 1983. « La réception des œuvres étrangères. Réception littéraire ou représentation culturelle ? », in *Romanica Wratislaviensia XX.* « La réception de l'œuvre littéraire ». Wroclaw : Acta Universitatis Wratislaviensis n° 635, (pp 17- 30).

Palmkvist, K. 1989. *Diktaren i verkligheten. Journalisten Stig Dagerman.* Stockholm : Federativs förlag.

Palmkvist, K. 1990. « Rendez-vous avec Stig Dagerman – i Belgien », in *TFL*, n° 3, 1990.

Pamuk, O. 2005. *Istanbul. Memories of a City*. Londres : Faber and Faber limited.

Pavese, R. 1988. *Attività letteraria scandinava (Danimarca, Islanda, Norvegia, Svezia e Finlandia)*. Rome : Bulzoni editore.

Pautasso, S. 2000. *Cesare Pavese oltre il mito*. Gênes : Marietti 1820.

Périlleux, G. 1982. *Stig Dagerman et l'Existentialisme*. Paris : Société d'Édition « Les Belles Lettres ».

Périlleux, G. 1993. *Stig Dagerman : le mythe et l'œuvre*. Bruxelles : De Boeck Université.

Périlleux, G. 1998. *Stig Dagerman et l'Europe : perspectives analytiques et comparatives*. Paris: Didier.

Perni, B. 1993. *Il tema dell'oppressione psicologica nella narrativa di Stig Dagerman*, [non publié] (Tesi di laurea, Università degli studi La Sapienza, Roma).

Pinto, L. 1995. *Les Neveux de Zarathoustra. La réception de Nietzsche en France*. Paris : Éditions du Seuil.

Pisier, É. « Traduire l'Europe » in Barret-Ducrocq, F. (éd.). 1992. *Traduire l'Europe*. Paris : Payot (pp.15-17).

von Proschwitz, G. (éd.) (1988) *Influences. Relations culturelles entre la France et la Suède*. Göteborg : Société royale des sciences et des belles-lettres de Göteborg. Paris : Jean Touzot Libraire Éditeur.

Pym, A. (éd.) 1988. *L'internationalité littéraire*. Billère : Actes Noésis II.

Pym, A. 1992. *Translation and Text Transfer. An Essay on the Principles of Intercultural Communication*. Frankfurt am Mein : Peter Lang.

Pym, A. 2000. *Negotiating the Frontier. Translators and Intercultures in Hispanic History*. Manchester : St. Jerome Publishing.

Pym, A. 2004. *The Moving Text. Localization, Translation, and Distribution*. Amsterdam/Philadelphia: John Benjamins.

Ranelid, B. 1993. *Mitt namn skall vara Stig Dagerman*. Stockholm : Bonnier.

Ranelid, B. 1995. *Mon nom sera Stig Dagerman*. Paris : Albin Michel.

Rank, Otto. 1990. « The Myth of the Birth of the Hero » in Segal, R. A. (éd.) *In Quest of the Hero*. Princeton : Princeton University Press.

Regnard, J.-F. 1681. *Voyage en Laponie*. (Le livre a été réédité en 1963, Paris : Union Générale d'Éditions).

Ridderstad, A. 2002. *L'image de Henry de Montherlant dans l'histoire littéraire*. Stockholm : Cahier de la recherche 18, Université de Stockholm.

Robbe-Grillet, A. 1963. *Pour un Nouveau Roman*. Paris : Éditions de Minuit.

Rodén, M.-L. 2007. « Drottning Kristina – visionär i nytt ljus ». *Popoulär Historia*, n° 3, 2007.

Rogale, J.-Y. 1984. *Vous avez dit suicidé?* Paris: Mengès.

Sandberg, H. 1975. *Stig Dagerman – författare och journalist*. Stockholm : Federativs förlag.

Sandberg, H. 1979. *Den politiske Stig Dagerman. Tre studier*. Stockholm : Federativs förlag.

Sartre, J.-P. 1938. *La Nausée*. Paris : Gallimard.

Saquella, M. R. 1970. « *Ormen* » *di Stig Dagerman*. [Non publié]. (Tesi di laurea, Istituto Universitario Orientale, Napoli).

Schmidtke, A., Bille-Brahe, U., de Leo, D. & Kerkhof, A. (éd.) 2004. *Suicidal behaviour in Europe*. Göttingen : Hogrefe & Huber.

Schück, H. 1923. *Histoire de la littérature suédoise*. Paris : Éditions Leroux.

Solitario, F. 1992. *La ricezione critica in Italia di Ananda K. Coomaraswamy*. Milan : Prometheus.

de Staël, G. 1839. *De l'Allemagne*. Paris : Charpentier Libraire-Éditeur.

Starobinski, J. 2001 (1978). Préface, in Jauss, H.-R. *Pour une esthétique de la réception*. Paris : Gallimard (pp. 7-21).

Stenström, Thure. 1984. *Existentialismen i Sverige. Mottagande och inflytande 1900-1950*. Uppsala: Almqvist & Wiksell.

Strindberg, A. 1891. *Les relations de la France avec la Suède jusqu'à nos jours. Esquisses historiques des relations des deux pays*. Paris : Éditeur Paul Ollendorff.

Swahn, S. 1981. « Proust en Suède : échos du monde de la critique ». *Revue de littérature comparée*, n° 1, janvier-mars 1981 (pp. 90- 104).

Tegelberg, E. 2007. « Henning Mankell – en fransk segerherre ». *Lingua* n° 3 2007 (pp. 29-34).

Tegelberg, E. 2008. « Stieg Larssons *Millénium* – en kioskvältare i Frankrike ». *Lingua* n° 1 2008 (pp. 39-42).

Thompson, L. 1983. *Stig Dagerman*. Boston : Twayne Publishers.

Tidström, K. 1999. *Cette fameuse Sonate des spectres : une pièce de chambre d'August Strindberg en France : traduction et réception*. Stockholm : Cahier de la recherche 9, Université de Stockholm.

Ueberschlag, G. 1996. *Stig Dagerman ou l'innocence préservée. Une biographie*. Nantes : L'Élan.

Valéry, P. 1960. « La liberté de l'esprit », in *Regards sur le monde actuel. Œuvres*. Tome II. Paris : Gallimard.

Vinay, J.P. & Darbelnet, J. 1958. *Stylistique comparée du français et de l'anglais*. Paris : Les Éditions Didier.

Weinmann, U. 2000. *Thomas Bernhard, l'Autriche et la France : histoire d'une réception littéraire*. Paris : L'Harmattan.

Werner, G. 1986. *De grymma skuggorna. En studie i Stig Dagermans författarskap och dess relationer till filmen som medium*. Stockholm : Norstedts.

Wrangel, E. 1901. *Aperçu de l'influence de la littérature française sur la littérature suédoise*. Paris : Mâcon.

ANNEXES

La réception de l'œuvre de Dagerman en Italie

1. Vue d'ensemble de la réception de l'œuvre de Dagerman en Italie

1.1 LA LITTÉRATURE SCANDINAVE EN ITALIE

Avant d'entrer dans l'étude de la réception littéraire de Stig Dagerman en Italie, il convient de faire un bref résumé des recherches antérieures sur la situation de la littérature scandinave dans ce pays et sur sa réception.

Les rares textes publiés en Italie sur la littérature suédoise font souvent partie d'ouvrages présentant un survol de la littérature scandinave en général où les littératures islandaise et danoise sont privilégiées. Les spécialistes italiens s'intéressent notamment aux antiques chants de l'Edda, aux sagas et aux runes des Vikings. En d'autres mots, c'est une approche plutôt historique qui domine en Italie. La littérature plus récente a moins attiré l'attention des chercheurs. Benedetto Croce, le grand philosophe et philologue italien, s'exprima sur la littérature nordique en 1892 déjà, en préfaçant la traduction italienne d'une comédie écrite par l'écrivain suédois Anne Charlotte Leffler (1849-1892)[118]. Le fait qu'un érudit aussi célèbre que Croce ait écrit sur le sujet a naturellement eu un grand impact, bien que ce ne soit pas un texte auquel on fait souvent référence aujourd'hui.

La plupart des ouvrages italiens consacrés à la littérature scandinave traitent donc, comme nous venons de le signaler, des anciennes traditions de narration nordiques et non de littérature moderne, mais quelques ouvrages généraux ont néanmoins été publiés. En 1967, par exemple, parut un dictionnaire regroupant cent et un chefs-d'œuvre de la littérature scandinave[119]. Celui-ci

---

[118] Croce, B. 1892. *Letteratura moderna scandinava*. Préface de Leffler, A. C. *Come si fa il bene*. Trani: V. Vecchi.
[119] 1967, *Dizionario di centouno capolavori delle letterature scandinave*, a cura di Franco Moccia, Milano: Bompiani.

contient une sorte de bibliographie sélective pour la littérature danoise, finlandaise, islandaise, norvégienne et suédoise. A propos de l'ordre dans lequel les pays nordiques sont présentés, on peut tout d'abord noter qu'il est alphabétique, mais que cet ordre est symptomatique, aussi, pour une autre raison, puisqu'en Italie on s'intéresse principalement à la tradition de l'Edda et des sagas qui dominent au Danemark et en Islande. Les littératures de ces pays semblent être considérées comme les plus importantes[120]. C'est donc sans étonnement nous ne trouvons, dans ce dictionnaire, aucune mention de Stig Dagerman ou d'Eyvind Johnson. Les écrivains suédois sont représentés par Linné, Swedenborg, Bellman, Strindberg et Lagerkvist. Notons que le dernier est le seul écrivain moderne à avoir été signalé – grâce, sans doute à l'abondance de ses œuvres traduites en italien déjà à cette époque et à son prix Nobel de 1951. Assez récemment, en 1995, est paru un livre ayant pour thème les voyages et les voyageurs dans la littérature scandinave, *Viaggi e viaggiatori nelle letterature scandinave medievale e moderne* de Ferrari. On pourrait s'attendre à y retrouver une référence à Stig Dagerman, puisque l'écrivain a été introduit en Italie par la maison d'édition Iperborea et un recueil de textes qui s'intitule *Il Viaggiatore*. Or, Dagerman n'y figure pas.

L'ambassade de Suède en Italie a pris l'initiative, en 1995, de publier un catalogue de tout ce qui était paru en langue italienne sur la Suède et sur toutes les traductions en italien de textes suédois[121]. Dans ce catalogue, on trouve notamment les références à deux « tesi di laurea » écrites sur Dagerman en Italie. L'une des deux dissertations porte sur l'oppression psychologique dans l'œuvre de Dagerman et l'autre analyse le roman *Ormen* (*Le Serpent*) qui n'a toujours pas été publié en Italie[122]. Soulignons

---

[120] Voir aussi Pavese, 1988. *Attività letteraria scandinava (Danimarca, Islanda, Norvegia, Svezia e Finlandia)*.
[121] *La Svezia in italiano: scritti sulla Svezia e gli svedesi in lingua italiana e scritti di autore svedese tradotti in italiano*, a cura di Maria V. Kaipl Santiprosperi, Ambasciata di Svezia in Italia, Roma: Biblioteca Nazionale Centrale, 1995.
[122] *Il tema dell'oppressione psicologica nella narrativa di Stig Dagerman* de Belinda Perni (Tesi di laurea, Università degli studi La Sapienza, Roma, 1993) et

qu'à notre connaissance ces deux textes sont avec un article de Giuseppe Micera sur les écrits journalistiques de Dagerman[123], pratiquement les seules études faites sur Dagerman en Italie jusqu'à nos jours.

Attività letteraria scandinava (Danimarca, Islanda, Norvegia, Svezia e Finlandia), publié en 1988 par Renzo Pavese, est le titre d'un autre ouvrage général sur la littérature scandinave. Ce titre donne l'impression qu'il s'agit de l'activité littéraire contemporaine en Scandinavie, mais ce n'est pas vraiment le cas. C'est en fait un ouvrage d'histoire littéraire. Encore une fois, l'accent est mis sur les runes, l'époque médiévale et l'Edda («L'epoca dei Vichinghi», «I canti dell'Edda»,...) et seul le dernier chapitre, d'ailleurs très bref, traite d'une période récente : «Dagli anni '40 agli anni '80». Ce chapitre comporte un paragraphe sur Stig Dagerman où l'auteur est présenté comme l'écrivain le plus représentatif des années 40 : «[...] morto suicida, è la figura più rappresentativa degli Anni '40» (p. 124). L'auteur rapproche Dagerman d'un écrivain italien, phénomène peu commun dans la réception italienne. Il s'agit de Cesare Pavese[124], qui s'est suicidé quatre ans avant Dagerman. À vrai dire, ce rapprochement avait déjà été fait sur la quatrième de couverture de *Isola dei condannati*, publié en 1985, trois ans auparavant (aucun autre critique n'a d'ailleurs repris cette comparaison par la suite). Enfin, on établit aussi un lien entre l'écrivain suédois et le cinéma américain, plus précisément entre Stig Dagerman et James Dean – l'acteur américain devenu un mythe grâce au fait qu'il est mort jeune et beau, un destin qu'il partage donc avec Dagerman : «Sotto certi aspetti Dagerman ricorda Cesare Pavese, ma anche l'attore James Dean, simbolo del tempo» (*op. cit.* p. 124).

"Ormen" di Stig Dagerman de Maria Rosaria Saquella (Tesi di laurea, Istituto Universitario Orientale, Napoli, 1970).
[123] *Propaganda e strumenti retorici in Stig Dagerman giornalista*. Naples: Annali. Istituto Universitario Orientale Filologia germanica, 1981, pp. 143-166.
[124] Ce n'est qu'une coïncidence curieuse que l'auteur du livre ait le même patronyme que l'écrivain auquel il se réfère ici.

1.1.1 Études antérieures sur la réception de la littérature suédoise en Italie

Peu de recherches ont été faites en Italie sur la réception de la littérature étrangère venant du Nord. L'un des rares textes portant sur la réception spécifique de la littérature suédoise dont nous avons pris connaissance est un article datant de 1966, *Fortuna delle lettere svedesi in Italia* de Mario Gabriele, publié dans un numéro spécial de la revue *Il Veltro* consacré aux relations italo-suédoises[125]. Gabriele constate que la littérature suédoise n'est pas très connue en Italie : « Anche quando la Svezia letteraria sembra momentaneamente inserirsi nella vita culturale italiana, i risultati tangibili di questo inserimento si riducono a ben poca cosa »[126], (*op. cit.*, p. 184). Cette observation était valable en 1966, mais à présent les choses ont changé, notamment avec l'arrivée en 1988 de la maison d'édition Iperborea et de ses nombreuses traductions de la littérature nordique. L'article sur la fortune des lettres suédoises en Italie que nous venons d'évoquer représente, dans ses grandes lignes, un survol historique partant de l'époque médiévale, citant l'Edda, ainsi que de grands personnages historiques comme Sainte Brigitte (« Brigida a Roma »), Christine de Suède et Gustave III. En ce qui concerne les temps modernes, Gabriele pense que ce n'est qu'aujourd'hui qu'on « affronte directement »[127] les textes nordiques et il insiste sur le fait que, du point de vue italien, la relation littéraire italo-suédoise a été discontinue et périphérique[128]. L'article se termine par des

---

[125] « Le relazioni culturali e politiche tra l'Italia e la Svezia », *Il Veltro*, No 2-3, anno X, aprile-giugno 1966.
[126] Notre principe à été de traduire en français les citations d'une certaine importance afin d'aider les lecteurs qui ne lisent pas l'italien. Les traductions de l'italien dans ce texte sont donc les nôtres. « Même quand la Suède littéraire semble par moments s'insérer dans la vie culturelle italienne, les résultats tangibles de cette insertion se réduisent à bien peu de chose. »
[127] « Solo ora, nei primi decenni del nostro secolo, i testi nordici vengono direttamente affrontati […] entra a far parte della cultura italiana. » (p. 187).
[128] « Questa in sintesi la vicenda delle relazioni letterarie italo-svedesi, viste dal nostro orizzonte: una vicenda – se si prescinde da appariscenti ma inconsistenti discorsi propagandistici – discontinua, periferica e, come s'è detto, fin oggi almeno estranea alla più viva e organica esperienza della grande cultura italiana. » (p. 190)

réflexions abondantes sur Strindberg. L'auteur ne prendra pas en compte les écrivains plus récents.

Mario Gabriele est aussi l'auteur d'un article sur la réception italienne d'Ibsen et de Strindberg[129]. L'article traite surtout d'Ibsen parce que, dit-il, l'histoire du succès de Strindberg en Italie est beaucoup plus brève (« molto più breve ed episodica, ad paragone », *op. cit.*, p. 35). D'après Gabriele, l'œuvre de Strindberg est considérée en Italie comme une littérature hors du commun[130]. Il écrit qu'aujourd'hui encore, « cinquante années après » (l'article fut publié en 1964), Strindberg est relativement inconnu en Italie et considéré comme un écrivain d'exception. Depuis les années soixante, les choses ont changé, et la vision de la littérature suédoise en Italie a finalement été modifiée.

1.1.2 Le pont gaulois

Il y a tout lieu de croire, comme nous le montrerons plus loin, que la réception de l'œuvre de Dagerman en Italie a été fortement influencée par sa réception française. Ce n'est pas un cas particulier, la réception des lettres suédoises en Italie ayant en effet toujours passé en grande mesure par la France, qui a joué et joue encore un rôle de médiateur en ce qui concerne les échanges littéraires italo-suédois et, en quelque sorte, le passage entre le Nord et le Sud. Cela n'est pas un hasard. La France a depuis des jours anciens joué un rôle particulier dans le processus d'européisation et d'internationalisation de la Suède.

Après la disparition du latin, qui a été dès le Moyen-âge et jusqu'au XVIIIe siècle la langue des érudits en Suède, pour permettre une communication internationale, d'autres langues ont pris sa place. Le français était la langue parlée à la cour suédoise au XVIIIe siècle, notamment sous le règne du « roi soleil suédois », Gustav III. Déjà la reine Christine de Suède – bien

---

[129] Gabriele, M. « Echi di Ibsen e di Strindberg in Italia », *Annali. Istituto Orentiale di Napoli Sezione germanica*. 1964.
[130] « Strindberg è, oggi ancora come cinquanta anni fa, considerato letteratura d'eccezione. » (*Ibid.*, p. 35).

qu'elle se soit exilée à Rome – utilisait beaucoup le français[131] au XVIIe siècle. Mario Gabriele (1966, p. 185) soutient qu'elle était « francese di spiriti e di lingua ».

Même à l'époque actuelle – lorsque l'anglais a pris en Suède la place du français en tant que première langue étrangère – dans le domaine culturel, c'est toujours la France qui occupe à l'étranger une place privilégiée. Les deux institutions culturelles suédoises les plus importantes situées à l'extérieur du pays, le Centre culturel suédois et la Bibliothèque Nordique se trouvent à Paris. Cette bibliothèque, située au cœur du Paris historique sur la prestigieuse colline de Sainte-Geneviève, possède le plus grand fonds de littérature nordique en dehors des pays du Nord. Le Centre culturel suédois, hébergé dans le bel hôtel de Marle, dans le quartier du Marais, et qui a pour but de promouvoir la culture suédoise, est en effet le seul de son espèce dans le monde. Il est intéressant de remarquer qu'il est situé en France et non pas, par exemple, dans un pays anglo-saxon. Depuis des siècles, la France et la Suède ont des relations culturelles très étroites et il semble que les pays du sud, en l'occurrence l'Italie, se tournent d'abord vers la France pour savoir ce qui se passe dans le domaine littéraire suédois. Les relations italo-suédoises elles-mêmes ont été menées en grande partie en français (après la régression du latin), et le fait que cela ait été la langue d'échange a sans doute aussi eu des conséquences qui dépassent le domaine linguistique.

Mario Gabriele estime qu'une des raisons pour lesquelles la France a joué le rôle d'intermédiaire entre l'Italie et la Suède, c'est que l'Italie manquait de personnalités qui soient à même de créer le genre de pont culturel que Marmier et Voltaire avaient établi pour la France. Pour cette raison, ces Français ont dû assumer le

---

[131] Selon *Mémoires concernant Christine, Reine de Suède* (Arckenholtz, 1751-1760), la reine s'exprimait avec aise dans plusieurs langues déjà en tant qu'enfant (« [...] l'heureux génie de cette Reine & fa facilité extraordinaire à s'exprimer en cinq différentes langues, c'eft-à-dire en *Suédois*, en *Latin*, en *Allemand*, en *François*, & en *Italien* » (tome I, p. XII)). Un chercheur contemporain, Rodén, confirme pourtant qu'après son abdication, elle utilisait surtout le français. (Rodén, M.-L., 2007, p. 26).

même rôle pour l'Italie[132]. Peu d'Italiens sont allés explorer 'les vastes points du Grand Nord'. L'un des rares à l'avoir fait est Francesco Negri, qui écrivit un livre sur son voyage au Cap Nord : *Viaggio settentrionale* (Padova, 1700, œuvre posthume). Ce récit de voyage pourrait donc être considéré comme l'équivalent italien de *Voyage en Laponie* de Jean-François Regnard[133], tout en étant moins connu.

Étant donné la situation que nous venons de décrire, il est tout à fait naturel que les Italiens aient tourné leurs regards vers la France et qu'ils aient traduit un certain nombre de livres sur la Suède directement du français. Cette tradition se poursuit encore. L'ouvrage de François-Régis Bastide sur la Suède, publié en Italie sous le titre de *Svezia*, en est un exemple[134]. Un autre exemple est l'arrivée en Italie du dramaturge norvégien Ibsen – peut-être l'écrivain nordique ayant eu le plus grand succès en dehors de la Scandinavie – qui passa aussi littéralement par la France. Lorsque *Maison de poupée* allait être mise en scène au *Teatro dei filodrammatici*, à Milan, en 1891, la pièce fut traduite en italien non pas d'après la langue originale (le norvégien) mais à partir du français. Selon Mario Gabriele, cela s'explique par le fait que le théâtre italien a été fortement influencé par la France depuis le début du XIXe siècle[135]. Il semble donc que non seulement la littérature suédoise, mais la littérature nordique dans son ensemble, soit en grande partie arrivée en Italie par l'intermédiaire de la France.

---

[132] « In realtà l'Italia non ebbe mai, come la Francia, un Marmier, che con gusto e garbo acclimatasse le lettere nordiche, assicurandone la fortuna, in seno alla cultura nazionale; né ci fu mai da noi, per il Nord, qualcosa di paragonabile a quella anglomania della quale il Voltaire piantò il primo seme in Francia e di riflesso anche in Italia. » Gabriele, 1966, p. 184.
[133] Le manuscrit fut publié en 1963, mais le voyage avait eu lieu en 1681.
[134] *La Suède*, 1954, Paris: Seuil et *Svezia*. 1961, Milano: Mondadori.
[135] « Non a caso proprio Luigi Capuana tradusse (dal francese) *Casa di bambola*, il primo dramma ibseniano presentato al nostro pubblico. » Gabriele, M. « Echi di Ibsen e di Strindberg in Italia », *Annali. Istituto Orientale di Napoli Sezione germanica*, p. 21, 1964.

1.2 L'histoire du passage de l'œuvre de Dagerman en Italie

L'œuvre de Dagerman ne fut introduite en Italie qu'après la mort de l'auteur. La publication de la première traduction en italien eut lieu en 1961. Il s'agit d'une nouvelle de Dagerman, traduite par Mario Gabriele et publiée dans son anthologie sur la littérature scandinave, *Le più belle pagine delle letterature della Scandinavia*, sous le titre « Uccidere un bambino ». C'est la dernière nouvelle de ce volume, qui contient des textes d'auteurs scandinaves allant de l'Edda jusqu'à l'époque moderne. La nouvelle est précédée d'une brève introduction biobibliographique. Selon Gabriele, Dagerman est « le plus doué » des écrivains suédois de la génération de l'entre-deux-guerres[136]. Nous apprenons également qu'il s'est inspiré de Strindberg et d'Eyvind Johnson (deux des plus grands écrivains suédois), de Faulkner et de Kafka, et qu'il exprime dans ses textes une angoisse qui n'est pas seulement typique de la Suède, mais l'héritage commun d'un certain nombre d'écrivains[137]. Cette façon de voir, comme nous le verrons par la suite, ne sera guère partagée par les critiques postérieurs de Dagerman en Italie.

La deuxième rencontre entre Dagerman et son public italien eut lieu l'année suivante, en 1962, lorsque l'une de ses pièces de théâtre fut traduite et retransmise par la radio italienne (RAI), *L'esploratore* (*Upptäcksresanden*). Ce texte n'a jamais été publié[138].

1.2.1 Survol des publications de Dagerman en Italie et de leur réception

L'œuvre de Dagerman n'a pas été traduite en italien dans son intégralité. Les lacunes les plus évidentes sont les deux romans

---

[136] « Della giovane generazione di scrittori svedesi maturatisi fra le due grandi guerre Dagerman è stato indubbiamente il più dotato. » (p. 503)
[137] [Dagerman] « ha espresso in tutti i suoi scritti quel senso d'angoscia esistenzialistico ch'è stato l'eredità comune degli scrittori a lui coevi, e non soltanto in Svezia. » (*Ibid*)
[138] Traduit par Anette Wijkander Roncaglia. (Minidramma trasmesso dalla RAI a cura di Adamaria Terziani.)

Bröllopsbesvär (*Ennuis de Noce*) och *Ormen* (*Le Serpent*) qui n'ont pas encore été publiés.

Les publications italiennes de l'œuvre de Dagerman

Titre	Titre original	Maison d'édition	Traducteur/ préfacier	Année de publication	Rééditions
L'isola dei condannati	*De dömdas ö*	Guida (Naples)	Vanda Monaco Westerståhl	1985	0^{139}
Autunno tedesco	*Tysk Höst*	Il Quadrante (Turin)	Massimo Ciaravolo. Fulvio Ferrari	1987	1^{140}
Il nostro bisogno di consolazione	*Vårt behov av tröst*	Iperborea (Milan)	Fulvio Ferrari	1991	5
Il Viaggiatore	*Extraits de Dikter, noveller, prosafragment*	Iperborea (Milan)	Gino Tozzetti. Goffredo Fofi	1991	6
Bambino bruciato	*Bränt barn*	Iperborea (Milan)	Gino Tozzetti. Goffredo Fofi	1994	3
I giochi della notte	*Nattens lekar*	Iperborea (Milan)	Carmen Giorgetti Cima. Andrea Gibellini	1996	2

Le premier livre de Dagerman à être publié dans la langue de Dante fut *L'isola dei condannati* (*De dömdas ö*), en 1985. En France, ce livre existait déjà depuis treize ans, et une grande partie de l'œuvre de Dagerman avait déjà été traduite en français à cette époque-là. Il y eut donc une longue pause entre le premier texte

---

[139] Tout porte à croire que le livre n'a jamais été réédité.
[140] Ce livre a fait l'objet d'une réédition toute récente, en 2007, avec le sous-titre *Viaggio tra le rovine del Reich millenario*.

publié en Italie (la nouvelle de 1961 mentionnée ci-dessus), et la publication d'un livre entier.

L'isola dei condannati parut chez un éditeur napolitain, la maison Guida (qui n'existe plus aujourd'hui). Notons que la publication d'un roman scandinave dans le Sud de l'Italie est un fait plutôt rare, car la plupart des maisons d'édition se trouvent dans le Nord. Le deuxième livre de Dagerman en italien fut effectivement publié par une maison d'édition de Turin, Il Quadrante, seulement deux ans plus tard, en 1987. Il Quadrante eut une certaine activité d'édition du côté de la littérature nordique pendant les années quatre-vingt, mais ensuite la maison changea de visées et de nom : elle s'appelle désormais Lindau. Il Quadrante publia *Autunno tedesco*, dans la traduction de Massimo Ciaravolo, professeur de littérature nordique aux universités de Milan et de Florence. *Autunno tedesco* fut publié sous la rédaction de Fulvio Ferrari, qui devait d'ailleurs traduire par la suite le troisième livre de Dagerman en italien, *Il nostro bisogno di consolazione* – à partir duquel Iperborea à Milan se chargea de la publication de l'auteur en italien.

Notre corpus se base pour des raisons pratiques sur les comptes rendus des publications d'Iperborea. La réception des deux publications antérieures ne fera donc pas partie de notre corpus, mais ces publications ne semblent pas avoir provoqué beaucoup d'attention. Selon le traducteur et l'éditeur d'*Autunno tedesco*, ce livre ne suscita pas beaucoup d'échos, sinon aucun, dans la presse italienne [41]. Nous avons supposé que la première publication dagermanienne, *L'isola dei condannati*, ne suscita probablement pas non plus de réactions importantes dans les médias, d'autant que le livre sortait d'une petite structure éditoriale napolitaine qui ne survécut pas longtemps[142]. L'analyse de l'accueil en Italie sera donc centrée sur les publications chez d'Iperborea, les plus importantes en Italie.

---

[141] Nous nous sommes entretenue avec Massimo Ciaravolo et avec la maison d'édition – qui affirme d'ailleurs ne pas disposer de documentation de presse concernant ce livre.
[142] Pour vérifier, il faudrait bien évidemment dépouiller les microfilms des journaux italiens parus à l'époque des deux publications.

1.2.1.1 *La réception de* Il nostro bisogno di consolazione

C'est Fulvio Ferrari qui traduisit ce texte de Dagerman lors de sa parution en Italie et en écrivit de l'introduction. Ferrari, grand traducteur et introducteur de littérature nordique en Italie est également professeur de philologie germanique à l'université de Trente. Lorsque Iperborea commence à éditer Dagerman, en 1991, elle le fait donc avec ce texte, reçu, à juste titre, en Italie comme le « testament spirituel » de l'auteur. Ce n'est pas un choix qui va de soi puisque l'opuscule ne compte qu'une trentaine de pages. Mais en France, ce texte avait déjà été imprimé sous la forme tirée à part et, comme déjà indiqué, il avait remporté un grand succès. Lors de notre entretien avec l'éditrice et la fondatrice de la maison Iperborea, Emilia Lodigiani, cette dernière nous confirma qu'elle avait été inspirée par les initiatives françaises et avait voulu imprimer ce texte dans un format similaire. Elle avait même demandé la permission de l'éditeur d'Actes sud, Hubert Nyssen, qui la lui accorda[143]. La réception italienne fut fort positive. La première édition de *Il nostro bisogno di consolazione*, en 1991, fit l'objet d'onze articles et deux entrefilets. Lors des rééditions, le texte obtint encore cinq articles et quatre entrefilets ; en ce qui regarde leur contenu, il n'y a pas de changement par rapport à la première réception, qui se caractérise par un ton plein d'admiration.

Dans la réception de *Il nostro bisogno di consolazione*, les critiques mentionnent la panne d'inspiration de l'écrivain (pour la publication suivante – *Il Viaggiatore* – ils n'en parlent pas, ce qui est probablement lié au contenu de ces textes). *L'Unione sarda*, par exemple, publie une page entière sur Dagerman, illustrée d'une grande photo. L'article est intitulé : « Stig Dagerman, il tormento di scrivere ».

Un aspect retenu par la réception italienne, et qui n'a pas été commenté en France, est la question de la foi, une question discutée en effet par Dagerman dans ce texte. Ce thème a peut-être une importance particulière à cause du Vatican dans un pays où la

---

[143] L'entretien de Karin Dahl avec Emilia Lodigiani, 31-05-2005 est reproduit dans les annexes.

religion occupe une autre position qu'en France. Le critique de *Titivillus* affirme que Dagerman n'a « ni la consolation de la foi, ni l'arrogance du sceptique »[144]. Angelo Ferracuti réagit fortement à l'égard de Dagerman ; dans le titre de son article il se demande si nous avons vraiment besoin de consolation : « Ma abbiamo veramente bisogno di consolazione ? ». Ferracuti retourne d'un coup l'idée de Dagerman et la remet en question avec ce titre inattendu. On peut éventuellement deviner, derrière cette question, une différence conceptuelle, basée sur des traditions de pensée divergentes imprégnées par le catholicisme et le protestantisme. Le concept de consolation évoque des questions existentialistes mais ne représente probablement pas la même chose dans les deux traditions. Il en va sans doute de même pour ce qui déclenche le besoin de consolation comme la tristesse, la mélancolie ou particulièrement la culpabilité – mot très chargé de sens et d'allusions religieuses qui ne sont pas les mêmes dans les différentes branches du christianisme. Pour revenir à la réception italienne de Dagerman, il est intéressant de noter que son œuvre donne lieu à des réactions et à des interprétations que nous n'avons pas observées en France.

1.2.1.2 *La réception de* Il Viaggiatore

Iperborea publia un deuxième livre de Dagerman, *Il Viaggiatore*, la même année déjà, c'est-à-dire en 1991. La réception en fut à nouveau très favorable. C'est Gino Tozzetti qui s'occupa de la traduction et l'introduction était signée Goffredo Fofi. Notons que c'est le même couple traducteur-introducteur que pour *Bambino bruciato*, publié trois ans plus tard. *Il Viaggiatore* fut accueilli par vingt-trois articles et huit entrefilets qui rendent tous hommage au livre dans les termes les plus élogieux. Dans *Corriere dell'Umbria/Viterbo/Civitavecchia* (1992) nous lisons que c'est « un des livres les plus intenses qui aient été traduits en Italie ces derniers temps »[145]. Comme c'était également le cas pour

---

[144] « Dagerman, che non ha la consolazione della fede né l'arroganza dello scettico. »
[145] « Forse uno dei libri di narrativa più intensi tradotti negli ultimi tempi in Italia è 'Il Viaggiatore' ».

Il nostro bisogno..., *Il Viaggiatore* fut perçu comme le testament littéraire de Dagerman. Les références à Camus sont nombreuses. Les critiques s'intéressèrent particulièrement à l'une des nouvelles, « Uccidere un bambino ». Il est vrai que l'intrigue de cette belle nouvelle est très captivante[146], mais il existe aussi une autre raison pour laquelle tant de critiques en parlent. Le fait que ce texte ait déjà été publié en Italie en 1961 dans *Le più belle pagine delle letterature della Scandinavia* y est sans doute pour quelque chose. Certains critiques se rappellent peut-être avoir déjà lu la nouvelle ou en avoir entendu parler. Les critiques font aussi beaucoup de commentaires sur un autre aspect du livre : les idées formulées par Dagerman sur les « tragédies mineures » (« tragedie minori »), où il soutient que les petites tragédies peuvent être aussi graves que les grandes, une réflexion qui a fasciné plusieurs critiques. Lors de la réédition de *Il Viaggiatore*, en 1997, la presse l'accueillit avec trois nouveaux articles et un entrefilet, tous aussi positifs.

1.2.1.3 La réception de I Giochi della notte

Cinq ans plus tard, lors de la parution de *I Giochi della notte*, Dagerman avait donc acquis une certaine célébrité en Italie. Dans *Libertà*, Lucia Cerri présente l'auteur comme quelqu'un de « déjà connu et très aimé du public italien »[147]. Le livre suscita douze articles et neuf entrefilets en 1996 et en 1997. Un autre article fut encore publié par rapport à la nouvelle édition de 2000. C'est Carmen Giorgetti Cima qui s'était chargée alors de la traduction (elle a traduit beaucoup de livres suédois en italien), tandis que l'introduction fut écrite par un jeune poète italien, Andrea Gibellini. La réception fut bienveillante mais pas aussi flatteuse que les réceptions antérieures. Luca Doninelli parle par exemple d'une « faiblesse technique » de Dagerman (« la propria debolezza tecnica ») dans *Il Giornale*. Le même critique conclut aussi qu'il

---

[146] Un jeune homme heureux parti en excursion estivale avec sa fiancée écrase une petite fille qui traverse la rue.
[147] « L'autore Stig Dagerman, già noto al pubblico italiano per "Il nostro bisogno di consolazione", "Bambino bruciato" e "Il Viaggiatore" e molto amato, riconferma qui la sua visione della vita. »

n'y a pas de chefs-d'œuvre parmi les nouvelles de *Giochi della notte*[148], même si l'une d'entre elles est presque un chef-d'œuvre. Pourtant, on est habitué, dans la réception italienne de Dagerman, à lire le mot « chef-d'œuvre » (en italien « capolavoro ») pour désigner ses textes.

Notons que *Bambino bruciato* fut publié avant *I Giochi della notte* en 1994, mais la réception de ce livre sera étudiée de façon plus approfondie dans le chapitre qui suit pour permettre la comparaison avec celle du même livre en France.

---

[148] « Tuttavia, in questo volume non ci sono capolavori. »

2. La réception de *Bambino bruciato* (1994-2001)

Lorsque la traduction italienne du roman dagermanien *Bambino bruciato* fut publiée en Italie en 1994, la presse y consacra dix articles et sept entrefilets[149], un accueil relativement important pour un roman étranger. *Bambino bruciato* fut réédité en 1998 et en 2001 mais – comme c'est souvent le cas lors des rééditions – peu d'articles furent alors publiées (deux seulement pour l'édition de 1998, et aucun pour l'édition de 2001).

Dossier de presse de *Bambino bruciato* lors de sa publication en Italie

L'Eco di Bergamo	28 septembre 1994
Avvenimenti	12 octobre 1994
Giornale di Sicilia	8 octobre 1994
La Voce	30 octobre 1994
La Stampa, suppl.*Tuttolibri*	5 novembre 1994
La Voce	6 novembre 1994
L'Unità	21 novembre 1994
ELLE	novembre 1994
Moda	décembre 1994
Il Manifesto	19 janvier 1995
Corriere del Ticino	13 février 1995
Il Paese	4 mars 1995
Letture	mars 1995
Leadership Medica	mars 1995
Libertà	13 mai 1995
Avvenimenti	20 décembre 1995
Glamour	décembre 1995
Sardegna Magazine New	août 1997
Tratti	été 1998

---

[149] D'après ce que nous savons, cinq des dix-neuf critiques italiens sont des femmes (huit sont anonymes). Le pourcentage est donc plus élevé que dans la réception française où nous n'avons pu identifier que trois critiques féminines.

Les périodiques ayant rendu compte du roman sont de types variés : quelques journaux très importants, quelques journaux locaux et finalement quelques revues de mode. Au nombre des plus significatifs, citons *Il Manifesto* (dont les pages culturelles sont parmi les plus célèbres d'Italie), *L'Unità* et *Tuttolibri* (le supplément de *La Stampa* – sans doute le supplément littéraire le plus important en Italie, ce qui s'explique en partie par le fait que la ville où sort *La Stampa*, Turin, est le siège de la plupart des maisons d'édition italiennes). Les journaux locaux représentent aussi bien le Nord que le Sud du pays : *L'Eco di Bergamo* (région milanaise) *Giornale di Sicilia*, *Sardegna Magazine New*, *Libertà* (quotidien de Plaisance) et *La Voce* (hebdomadaire de la région d'Ombrie)[150].

2.1 INVENTAIRE DES THÈMES RELEVÉS PAR LA CRITIQUE

Nous allons procéder au même inventaire des thèmes relevés par la critique que celui que nous avons fait précédemment dans l'étude sur la réception de *L'Enfant brûlé* en France. Le tableau ci-dessous permet de comparer les sujets discutés par la critique dans les deux pays.

---

[150] Dans le corpus on trouve aussi un article provenant de la Suisse italophone, celui du *Corriere del Ticino*, que nous considérons comme faisant partie de la réception italienne, puisqu'il est écrit en italien et rend compte de la publication de la maison d'édition italienne Iperborea. (Nous considérons d'ailleurs au même titre comme faisant partie de la réception française un article d'un journal suisse francophone rendant compte d'une publication faite par la maison d'édition française de Gallimard).

Les sujets discutés	*L'Enfant brûlé* Nombre de mentions (sur 18)	*Bambino bruciato* Nombre de mentions (sur 19)
Personnages	18	12
Suicide	17	11
Style	16	2
Classification du roman	13	-
Suède	13	-
Écrivain étranger	12	13
Morale	10	-
Angoisse	9	2
Composition	9	1
Amour incestueux	9	-
Folie	8	-
Lecture autobiographique	8	6
Psychanalyse	5	-

Signalons tout d'abord que certains thèmes soulevés par la critique française ne sont presque pas abordés dans la réception italienne.

La plupart des critiques italiens (12 sur 19) parlent des personnages et surtout de Bengt : ses relations avec sa fiancée, son père et la maîtresse de son père, qui deviendra sa maîtresse à lui. Ainsi, plusieurs critiques analysent cette relation mais abordent ce thème sans utiliser explicitement le terme d'inceste, si fréquent dans les articles français. Certains commentateurs se consacrent presque uniquement à l'analyse des personnages. C'est le cas d'Alessandro Scurani dans *Letture*, qui se référant à Bengt intitule son compte rendu « Ragazzo ama sé stesso e dubita dei sentimenti ». Pratiquement tout l'article parle des personnages, de leurs relations, et analyse leurs personnalités. Aucun critique italien ne parle du livre en termes psychanalytiques, et aucun critique italien ne semble penser que le roman soit immoral. En France, au contraire, plusieurs critiques abordent le livre d'un point de vue psychanalytique et dix critiques (c'est-à-dire plus de la moitié) parlent des aspects moraux (ou plutôt immoraux) du livre. L'expression « amour incestueux » – que nous avons souvent notée dans la réception française – n'est pas employée du tout en Italie. Le thème de l'inceste est en revanche souvent soulevé, mais, comme nous venons de le dire, de manière moins explicite.

Les critiques italiens n'ont presque pas commenté la construction du roman. Cela change beaucoup par rapport à la France où la moitié des critiques (9 sur 18) parlent de sa composition. En Italie, ce sujet n'est abordé par personne. Le style du roman ou le style de Dagerman est aussi un sujet qui semble intéresser davantage les critiques français, vu qu'il est commenté dans presque tous les articles. En Italie, en revanche, seuls deux critiques en parlent. Le critique de *Tratti* (qui d'ailleurs est anonyme) trouve le style fortement symbolique (« lo stile fortemente simbolico »). Corrado Serri, qui écrit dans *Sardegna Magazine New*, parle du lyrisme de Dagerman[151]. Ce qui est intéressant à observer, c'est que les deux critiques évoquant les questions stylistiques sont publiées après 1995. Cela signifie que dans la réception de la première publication de *Bambino bruciato* en 1994 (qui comprend tous les articles du corpus sauf ces deux-là) les aspects formels du roman ne sont pas du tout soulevés.

En ce qui concerne la possibilité de ranger le roman dans tel ou tel sous-groupe romanesque – question également très débattue dans la réception française – aucun critique italien ne s'exprime là-dessus.

L'intérêt pour certains thèmes est en revanche partagé par la critique française et italienne. Les voici : le suicide, la présentation de l'auteur et, finalement, les représentations du Nord.

2.1.2 Le suicide

Le suicide de Dagerman est souvent mentionné dans les comptes rendus italiens, mais pas dans tous les articles : 11 articles sur 19 en parlent ou le discutent (tandis que 17 critiques sur 18 abordent le sujet en France). Souvent, les commentaires portant sur le suicide ouvrent ou terminent l'article. Quelques critiques ne

---

[151] (« il suo lirismo »)

mentionnent donc pas du tout le suicide de l'auteur, ce qui n'est jamais le cas de la réception française. Ce n'est pas très surprenant lorsqu'il s'agit d'entrefilets, mais ce l'est davantage pour un long article comme par exemple celui de Tiziano Scarpa dans *Il Manifesto*. Malgré sa longueur, cet article bien écrit et riche en informations ne dit rien du suicide de l'auteur (et on ne peut que spéculer sur le motif ; est-ce par respect, ou simplement parce que le critique trouve que cet événement éloigné dans le temps n'a plus d'importance ?) Par contre, le critique de *Il Paese* pense que le suicide de Dagerman permet à l'écrivain d'atteindre « la dimension du mythe » (« assurto con il suicidio a trentun anni alla dimensione di mito »), ce qui attribue un sens positif plutôt que négatif au suicide. En général, on a l'impression que par rapport au suicide de Dagerman les articles italiens sont moins négatifs, et moins tragiques que ceux de la presse française. Par exemple, ils mentionnent souvent la date de naissance de Dagerman (ce qui ne se produit dans aucun des articles de notre corpus français) et pas seulement la date de son décès. Cette indication parmi d'autres nous permet de dire que la critique italienne focalise sur la *vie* de Dagerman (il est né à telle date et mort à telle date – les faits incontournables d'une existence) plutôt que sur sa *mort*. À aucun moment on n'insiste avec délectation sur sa mort et on évite de faire d'abondants commentaires sur son suicide.

Alessandro Scurani, l'auteur du compte rendu de *Letture*, est l'un de rares critiques italiens qui essayent d'analyser la tentative de suicide du personnage principal, Bengt. La conclusion de son article porte en revanche sur le suicide de l'auteur, et Scurani nous en donne son interprétation : « L'introspezione accanita rivela una psiche contraddittoria, mai serena. Si capisce perché Dagerman a 31 anni sia morto suicida. ». Scurani critique *l'écrivain* en disant que son œuvre « révèle un psychisme contradictoire, jamais serein », tout en accordant sa compréhension à *l'homme* et à son suicide : « on comprend pourquoi il s'est suicidé ».

2.1.2.1 *La lecture autobiographique*

Comme le montre le critique que nous venons de citer, il est tentant de voir un lien entre le personnage romanesque (le jeune

Bengt) et l'auteur, surtout en ce qui concerne les tentatives de suicide que tous deux ont en commun. On ne sait pas s'ils ont d'autres ressemblances que celle-là. Rien dans la biographie de Dagerman ne laisse par exemple soupçonner qu'il aurait eu avec sa belle-mère une relation ressemblant à celle qui existe entre les personnages du roman[152]. Selon le critique du quotidien *Il Paese*, Bengt est pourtant un reflet de l'auteur à cause de « ses traits de caractère et plusieurs événements de sa vie »[153]. Il continue en disant que le roman est brutalement autobiographique (« spietatamente autobiografico »). Plusieurs critiques français ont aussi fait une lecture autobiographique du roman, mais ils le font comprendre indirectement, sans employer les mots autobiographie ou autobiographique. En revanche, l'idée avancée par le critique de *Il Paese*, qui dit que Dagerman aurait réussi la tentative de suicide manquée par son héros[154] figurait aussi dans la réception française.

Le critique de *Tuttolibri*, le supplément de *La Stampa*, trouve à l'instar de son collègue de *Il Paese* que le roman est « fortement autobiographique » (« questo romanzo fortemente autobiografico »). Angela Vicario dans *La Voce* est d'accord (« È l'intensa storia, dai risvolti autobiografici »), et Francesca Lacaita, du *Corriere del Ticino*, prétend que Dagerman se dépeint lui-même à travers Bengt : « Bengt (in cui Dagerman rappresenta se stesso) » Dans le *Giornale di Sicilia*, paraît une critique assez fine qui se termine par une allusion à la fameuse flamme du *Roman de la rose* (auquel Dagerman se réfère dans l'épigraphe de son roman) à laquelle L'Enfant se brûle[155]. Faut-il en conclure que la

---

[152] *Cf.* les biographies de Dagerman, notamment celle de Lagercrantz (1958). Björn Ranelid, dans son roman (1993) fait pourtant allusion à autre chose, une rencontre amoureuse entre Dagerman et sa belle-mère. Ranelid utilise même cet événement comme motif de son suicide ; soulignons que ce sont des suppositions inventées dans un but romanesque.
[153] « E come le altre dei racconti, anche Bengt è figura speculare dello stesso Stig Dagerman, autobiografica per affinità caratteriali e per molti eventi della vita »
[154] « Ma la vita continua (almeno nel romanzo... l'ultimo, disperato tentativo di suicidio di Stig Dagerman avrà triste successo) e il ragazzo verrà salvato. »
[155] « Così, a poco a poco, Bengt si avvicina a una fiamma simile a quella che bruciò Dagerman, suicida a trentun anni, passeggero in terra "come uno spezzone di stella" »

réception italienne affirme avec plus de conviction que la française qu'il s'agit d'un roman autobiographique ? Il semble bien que oui.

2.1.3 L'angoisse ou « l'angoscia della solitudine »

Lorsque les commentateurs parlent du suicide, ils ne tardent pas à évoquer l'angoisse ; c'est évident dans les comptes rendus des deux pays, même si cela se remarque moins en Italie (neuf exemples en France, deux en Italie). Aussi est-il possible d'observer une différence entre les pays à propos de ce à quoi on associe l'angoisse. Dans la réception française, l'angoisse est associée à la Suède – le pays de l'écrivain suicidaire – en Italie, en revanche, elle est associée à la solitude. Le critique du *Leadership Medica* estime que Dagerman exprime « les angoisses d'un adolescent qui lutte contre les fantasmes de la solitude »[156] : c'est une analyse courante dans la réception italienne. Le critique du *Giornale di Sicilia* utilise également les termes « l'angoscia della solitudine ». La solitude comme thème, et même comme sujet principal du livre qui devient ainsi un roman sur la solitude, est donc une lecture très répandue dans la réception italienne. En France, le concept de solitude est rarement mentionné, mais, par contre, la critique française va plus loin en évoquant le thème de la folie. En Italie, on s'arrête à l'angoisse.

2.1.4 Stig Dagerman en tant que figure-culte en Suède

L'image de l'écrivain étranger est en Italie marquée par deux tendances. D'une part, on le présente comme un grand écrivain suédois et une figure-culte, « figura-culto », dans son pays d'origine. D'autre part, on a tendance à le situer dans un contexte purement littéraire de « letteratura nordica ».

Dans *ELLE*, on affirme que *Bambino bruciato* est le « chef-d'œuvre d'un grand Suédois maudit »[157]. Pietro Cheli, qui écrit pour *Glamour*, ne semble pas penser que c'est par hasard que cette histoire « de solitude » est racontée par un Suédois. Il dit aussi au

---

[156] « [Dagerman] esprime in questo volume tutte le angosce di un adolescente in lotta con i fantasmi della solitudine. »
[157] « Finalmente tradotto il capolavoro di un grande svedese maledetto. »

sujet de Dagerman qu'il a été « découvert depuis peu de temps en Italie, où il est déjà devenu un cas »[158], c'est-à-dire qu'il a acquis une certaine célébrité. Le critique de *Tuttolibri, supplemento la Stampa*, établit le lien avec l'origine de l'auteur de manière plus explicite encore lorsqu'il prétend que dans le roman « se retrouve la douleur de vivre nordique »[159]. De plus, Dagerman est présenté comme un « grand écrivain suédois » et sa « douleur » est donc vue comme typique du Nord ainsi que de la fin de l'adolescence.

Parmi les critiques qui présentent Dagerman comme une figure-culte dans son pays, on peut citer celui de *Il Paese* qui déclare que Dagerman est une « figura-culto della sua generazione », alors qu'Angela Vicario de *La Voce* écrit : « [...] Stig Dagerman è una delle figure-culto della letteratura svedese ». Le fait de présenter l'écrivain étranger comme une figure-culte de son pays ou de sa génération est un phénomène déjà observé à plusieurs reprises dans la réception française. On peut l'interpréter comme une manière de rendre hommage à l'écrivain étranger ou une façon de faire comprendre à ses compatriotes qu'il ne s'agit pas de n'importe quel écrivain, mais d'un écrivain déjà reconnu dans son pays. Le critique de *Leadership Medica* explique que les écrivains scandinaves traduits par Iperborea sont « presque des mythes » dans leurs pays : « Iperborea continua a proporre autori a noi sconosciuti che sono invece nei paesi scandinavi, quasi dei miti ». Selon le journaliste de *Giornale di Sicilia*, *Bambino bruciato* serait même un livre-culte de la littérature nordique (« un libro-culto della letteratura nordica »). On peut se demander si, à notre époque, il n'est pas plutôt un livre culte dans les pays latins. Il est encore assez célèbre en Scandinavie mais on ne saurait dire que c'est, de nos jours, un livre culte en Suède, et encore moins dans le monde anglophone où Dagerman ne jouit quasiment d'aucune notoriété[160]. La fin de l'article de *Il Paese* prétend que

---

[158] « Una storia di solitudine, raccontata in maniera disperata dallo svedese Stig Dagermann [sic], morto suicida a trent'anni nel 1954 e scoperto da poco in Italia, dove è già diventato un caso. »
[159] « è contenuto tutto il dolore di vivere, nordico e tardoadolescenziale del grande scrittore svedese »
[160] Voir sous-chapitre 1.2.6 sur « Dagerman dans le monde anglo-saxon », ainsi que notre entretien avec E. Lodigiani (annexe de thèse).

Dagerman est l'un des écrivains de la littérature nordique « qu'on ne cesse de relire et de redécouvrir »[161]. On observe donc en Italie, comme en France, une propension à insister sur la popularité de Dagerman dans les pays du Nord. Dans *L'Eco di Bergamo*, on trouve par exemple cette comparaison inattendue sous la plume de Luca Gallesi :

> Iperborea continua a scandagliare la profondità inesplorate [sic] delle letterature scandinave: autori classici e contemporanei che rivelano insospettati talenti: tra le novità *Bambino bruciato* di Stig Dagerman e *Viaggio con bagaglio leggero*, raccolta di racconti di Tove Janson.

Le fait de mentionner Dagerman et Tove Janson (écrivain suédo-finlandais, auteur entre autres des histoires des trolls *Mumin*) dans la même phrase, étonnerait en Scandinavie, mais cela peut donc se faire lorsqu'on focalise sur l'origine de la littérature traduite (les deux auteurs ayant par hasard été publiés par le même éditeur la même année). Ainsi, dans le cas de la littérature étrangère, les auteurs se voient souvent regroupés par nationalité et non par genre littéraire. Salvatore Scaglione, qui rend compte du livre dans *Avvenimenti*, va encore plus loin lorsqu'il qualifie la littérature du Nord de « peu connue »[162]. Mais il modifie ensuite son affirmation en soulignant que la classification « auteurs du Nord » est bien trop arbitraire et qu'on aurait tort de prétendre que tous les auteurs du Nord auraient nécessairement de nombreux traits communs[163].

2.1.5 Les représentations du Nord

La réception littéraire de l'écrivain suédois reflète certaines représentations du Nord courantes en Italie. Parfois les critiques soulignent le fait que le roman provient d'un pays nordique et on

---

[161] « Nato in Svezia nel 1923 e morto suicida a soli trentun anni al culmine del successo, resta nella letteratura del Nord una delle figure che non si smette di rileggere e riscoprire. »
[162] « Della poco conosciuta letteratura del nord Europa [...] »
[163] « Come molte opere degli autori del nord (classificazione, lo sappiamo, di somma arbitrarietà), questo romanzo indaga spietatamente nei meandri e nelle crudeltà della vita di famiglia, nella solitudine che spesso rivela aspirazioni e passioni rudi e disperate [e nella dimensione autobiografica]. »

accentue cela par des associations qui évoquent le grand Nord. La rubrique du compte rendu de *Il Paese* présente le roman comme venant « du Nord gelé » (« gelido Nord... »), y opposant sa « lumière » et sa « passion »[164]. Dans cette rubrique, la vision du Nord est assez frappante. Cette référence au « Nord gelé » peut sembler quelque peu hostile, mais on ne peut se tromper sur la connotation positive des substantifs qui suivent.

Francesca Lacaita, qui écrit dans le *Corriere del Ticino*, intitule sa critique: « Quelle "voci" dal Nord » (en d'autres mots « ces voix du Nord »). Le mot « Nord » dans le titre n'a rien de spectaculaire en soi mais aurait-on, dans les pays nordiques, la même tendance à écrire « les voix du Sud » dans le compte rendu d'un livre d'un écrivain italien[165] ? Dans la réception de Dagerman en France et en Italie, on remarque une volonté très nette de situer l'écrivain étranger dans son contexte géographique et culturel. Lacaita continue :

> Da una parte le voci lontane, misteriose, fortemente evocative, pur nella loro secca semplicità, degli anonimi autori delle saghe medioevali ; dall'altra quelle degli scrittori del nostro secolo, disperate, ironiche, intense, o lucidamente disincantate.[166]

Ces "voix lointaines" viennent donc du Nord et elles sont perçues comme mystérieuses et évocatrices. Alors qu'un critique suédois n'aurait peut-être pas forcément associé Dagerman aux sagas médiévales, cela est naturel pour un critique italien. Il ne faut tout de même pas oublier que les textes de Dagerman sont parmi les premières œuvres littéraires suédoises à être traduites en italien. Il est étonnant que cela ne se soit produit qu'à la fin du XXe siècle. C'est pourtant presque uniquement grâce à la maison d'édition Iperborea que la littérature nordique commence à se

---

[164] « Dal gelido Nord la luce e la passione di ' Bambino bruciato ' »
[165] Les critiques suédois ont évidemment cette même tendance par rapport à d'autres pays et regroupent volontiers les littératures écrites dans des langues différentes : les écrivains africains doivent par exemple souvent représenter leur continent tout entier.
[166] « D'une part les voix lointaines, mystérieuses, fortement évocatrices, pures dans leur sèche simplicité, des auteurs anonymes des sagas médiévales; d'autre part, celles des écrivains de notre siècle, désespérées, ironiques, intenses, ou lucidement désenchantées. »

répandre en Italie, et Stig Dagerman fait partie des écrivains qu'elle introduit. L'article rend d'ailleurs compte de toute une série de livres publiés par Iperborea, surtout ceux de Dagerman et de Karin Boye.

Pour présenter l'écrivain nordique, de nombreux critiques utilisent des adjectifs associés aux conditions climatiques du Nord pendant la saison hivernale. Cinzia Felicetti, la critique de *Moda*, intitule son article sur Dagerman « Scritti sul ghiaccio » – écrits sur glace. L'article est publié parmi d'autres dans un grand reportage sur la Suède qui s'appelle en effet « Il grande freddo ». Le fait d'appeler le compte rendu « écrits sur glace » montre également la volonté de présenter ces textes comme venant de loin, d'un contexte exotique. Cela fait bien partie de l'approche qui consiste à « étrangéfier », selon le terme que nous avons utilisé dans la réception française. Lucia Cerri, qui écrit dans le journal *Libertà*, semble avoir fait la même association d'idées lorsqu'elle intitule son article « le pessimisme gelé de Stig Dagerman »[167]. Nous ne pensons pas qu'un écrivain français, pour ne donner qu'un exemple, aurait été présenté avec cette formule en Italie. Dans *Il Paese*, nous trouvons cette citation intéressante au début de l'article :

> Unica condizione per comprendere : consegnarsi ad una filosofia di vita ritagliata in modo netto e gelido come un diamante. Ad una visione dell'esistenza che non conosce sfumature e incertezze e delega alla negatività l'unico possibile significato dell'umano. [...] Il lettore si addentra in una visione del mondo assolutamente nordica per purezza e pessimismo e ne riceve in cambio il dono di un'intelligenza purissima e di una storia emblematica, che riesce a racchiudere nella sua unicità il pluralismo delle nostre innumerevoli vicende quotidiane segnate dall'ipocrisia e dal mascheramento.[168]

---

[167] « Il gelido pessimismo di Stig Dagerman »
[168] « L'unique condition pour comprendre : s'en remettre à une philosophie de vie découpée de manière nette et gelée comme un diamant. À une vision de l'existence qui ne connaît ni nuances ni incertitudes et délègue à la négativité l'unique signification possible de l'être humain. [...] Le lecteur entre dans une vision du monde absolument nordique par sa pureté et son pessimisme, et en reçoit en échange le don d'une intelligence très pure et d'une histoire

Ici, on voit bien que l'adjectif « gelé » (« gelido ») comporte une association nordique. Selon ce critique, le lecteur de Dagerman signe, en lisant le roman, une sorte de contrat d'après lequel il assumera une vision du monde pure et pessimiste (voire tout à fait nordique) et recevra en échange le don d'« une intelligence très pure et d'une histoire emblématique ». Les associations au Nord se voient divisées entre un axe de connotation négative (le concept du pessimisme) et un axe de connotation positive (le concept de l'intelligence pure).

2.2 JUGEMENTS D'ENSEMBLE SUR LE ROMAN

La réception italienne comporte surtout des avis favorables sur le roman dans son ensemble : dans les articles sept critiques s'expriment de manière clairement positive et deux seulement de manière négative. L'article de *Il Paese*, dont nous avons déjà traité d'autres aspects, comporte des expressions très fortes en faveur du roman. Son auteur trouve notamment que l'histoire d'amour de Bengt et sa future belle-mère dans *Bambino bruciato* « révèle une intéressante, nouvelle thématique passionnelle »[169] : un avis très positif à l'égard de l'écrivain Dagerman. (Évidemment, on peut s'étonner que le critique trouve la thématique *nouvelle* puisque – comme l'a d'ailleurs souvent commenté la réception française – elle ressemble à celle d'*Œdipe roi* de Sophocle.) Mais en général la lecture est tout de même bien plus positive que celle de la critique française : au lieu de parler seulement d' « inceste », comme nous l'avons observé à propos de la France, ce critique italien parle d'une « nouvelle thématique ». Un autre avis positif, mais qui concerne plutôt l'auteur que l'œuvre, est celui du critique de *Tratti*, qui appelle Dagerman « un maestro architetto » ; en d'autres mots il estime que Dagerman est un écrivain très doué qui a bien réussi la composition de son œuvre. Il est rare qu'un critique commente la relation établie entre l'auteur et ses lecteurs,

---

emblématique, qui réussit à refermer dans son unicité le pluralisme de nos innombrables faits quotidiens marqués par l'hypocrisie et par la dissimulation. »
[169] « In questo romanzo, spietatamente autobiografico, l'amore del protagonista per la prima amante – poi moglie del padre, rivela un'interesante, nuova tematica passionale. »

mais ce critique le fait en soulignant que Dagerman ne cesse de se justifier auprès d'eux et qu'il « exige leur patience » :

> Ma la nudità ha un prezzo alto, insostenibile, chiama nuove maschere, menzogne, costruite da un maestro architetto, che continuerà a giustificarsi nei confronti del lettore, ma, in primo luogo di se stesso, in nome della purezza del nuovo amore. [...] Dagerman esige la pazienza del lettore.[170]

D'autres critiques, comme celui de *Leadership Medica* parlent de la lucidité (« la lucidità ») de Dagerman. Dans *Libertà*, Lucia Cerri parle de son intelligence et de sa sensibilité absolues (« intelligenza e sensibilità assolute »). Ces avis sont tout à fait en faveur du roman. Cerri trouve aussi que Dagerman, en somme, a écrit de très beaux livres, « belli e acuminanti ». Corrado Serri exprime dans *Sardegna Magazine New* des jugements très positifs, certes quelque peu subjectifs, lorsqu'il avoue son envie de souligner sans cesse les phrases de Dagerman[171]. *Bambino bruciatio* a aussi été honoré de l'épithète de chef-d'œuvre. Trois critiques de la réception italienne, ceux de *Giornale di Sicilia*, *ELLE* et *Il Manifesto*, qualifient le roman de « capolavoro », tandis que le substantif correspondant (chef-d'œuvre) est utilisé seulement une fois dans la réception française. Tiziano Scarpa qui écrit dans *Il Manifesto* trouve également de grandes qualités au roman[172]. Finalement, l'avis peut-être le plus positif de la réception italienne vient du *Giornale di Sicilia*. Ce critique pense que Dagerman fait partie des écrivains les plus importants du XXe

---

[170] « Mais la nudité a un prix élevé, insoutenable, fait appel à des nouveaux masques, mensonges, construits par un maître architecte, qui continuera à se justifier dans les confrontations avec le lecteur, mais, en premier lieu, vis-à-vis de lui-même, au nom de la pureté du nouvel amour [...] Dagerman exige la patience du lecteur. »
[171] « C'è chi, nei libri, sottolinea le frasi che sceglie. È buona cosa. Ma in Bambino bruciato non è proprio possibile. Persino il meno goloso cacciatore di cioccolatini sottolineerebbe una frase su tre. Quindi, primo e ultimo consiglio: niente matite. »
[172] « Questo libro, dunque, è uno dei rarissimi, preziosi romanzi in cui un personaggio giovane non viene per così dire inventato al servizio di una trama: Bengt è il problema [...] ». (« Ce livre, donc, est l'un de très rares, précieux romans dans lesquels un personnage jeune n'est pas pour ainsi dire inventé au service d'une intrigue : Bengt est le problème [...] »)

siècle, et qu'il peut être comparé à des auteurs comme Kafka et Faulkner : « Dagerman, autore di opere per le quali sono stati fatti i nomi di Kafka e Faulkner e che sono considerate tra le più significative del Novecento. ». C'est l'un des avis les plus positifs que nous ayons lus sur Dagerman aussi bien en Italie qu'en France.

Dans le dossier de presse italien, nous n'avons donc trouvé que deux avis négatifs sur le roman. D'abord, le critique de *Tratti* présente un mélange d'avis positifs et négatifs sur certains aspects particuliers du roman et non sur le roman tout entier. « Un senso di fastidio che si ripete quando Dagerman pretende di essere eccessivamente didascalico ». Alessandro Scurani, le critique de *Letture*, trouve que le roman n'est pas très gai[173]. Ce long article, qui analyse les personnages sans faire aucun jugement, se termine par quelques avis négatifs sur le roman, dont celui que nous venons de citer.

2.3 INSERTION LITTÉRAIRE

Il nous a paru intéressant de faire la liste des références aux autres écrivains, peintres célèbres (ou à leurs œuvres) et figures mythologiques, cités par la critique française et italienne, à propos de *Bränt barn*. Voici un tableau montrant ceux qui ont été mentionnés dans les réceptions en France et en Italie.

---

[173] « Il romanzo ha ben poco di gioioso. »

Insertion par rapprochement

France		Italie	
Kafka	6	Bachmann (Ingeborg)	1
Sartre	6	Bergman	1
Kierkegaard	3	Burroughs	1
Œdipe	3	Camus	1
Roman de la Rose	3	Ibsen	1
Robbe-Grillet (*Le Voyeur*)	2	Faulkner	1
Bernard Buffet (peintre)	1	Kafka	1
Bunuel (cinéaste)	1	Kerouac	1
Camus	1	Lispector (Clarice)	1
Gunnar Ekelöf	1		
Alfred Jarry (*Ubu Roi*)	1		
Lagerlöf (Selma)	1		
Odin (mythologie nordique)	1		
Nerval	1		
Oreste	1		
Shakespeare (*Hamlet*)	1		
James Thurber (dessins et nouvelles)	1		

Lorsque l'on compare les réceptions des deux pays, on remarque que la critique française a souvent établi un lien entre Dagerman et Camus (6 fois) et Sartre (6 fois), tandis que la critique italienne ne mentionne Camus qu'une seule fois et pas du tout Sartre. C'est le critique anonyme de *Il Paese* qui utilise l'expression « il Camus svedese » à propos de Dagerman. Il y a de manière générale beaucoup moins de comparaisons avec d'autres écrivains dans la réception italienne. En regardant les noms d'écrivains auxquels Dagerman a été comparé dans la réception italienne de *Bambino bruciato*, ce qui nous frappe d'abord est qu'il n'y a parmi eux aucun écrivain italien. L'écrivain étranger est comparé à d'autres étrangers : d'abord à d'autres Scandinaves (Ibsen, Bergman), ensuite aux « frères » littéraires de Dagerman (Kafka, Camus et Faulkner). La réception italienne diffère aussi de la française par la comparaison faite avec les écrivains beats. Tiziano Scarpa, notamment se réfère à Burroughs et à Kerouac dans son compte rendu de *Il Manifesto*. La journaliste du *Corriere del Ticino*, Francesca Lacaita, est plus indirecte lorsqu'elle utilise l'expression « on the road » naturellement une référence au même mouvement. On trouve également en Italie quelques comparaisons à des écrivains femmes qui ne sont pas citées dans la réception française ; ce sont les 'belles étrangères' : Clarice Lispector, une Ukrainienne qui vivait au Brésil et Ingeborg Bachmann, une Autrichienne qui résidait en Italie.

Seuls deux critiques font référence à d'autres œuvres de Dagerman : ceux de *Il Paese* et de *Il Manifesto* évoquent *Il Viaggiatore* et *Il nostro bisogno di consolazione*.

2.4 ÉCHOS PARATEXTUELS

La quatrième de couverture de *Bambino bruciato* est un texte bien formulé qui donne une analyse pertinente du roman, avec, en bas de page quelques notes sur la vie de l'écrivain. Ce texte s'intitule *L'opinione dell'editore* et, bien qu'il ne soit pas signé, on comprend qu'il est d'Emilia Lodigiani. On note tout de suite que plusieurs idées et formulations tirées de cette quatrième de couverture ont été reprises par la critique et y font écho dans la réception journalistique. Certains passages sont même parfois cités mot à mot. La quatrième de couverture commence par exemple avec une citation de l'épigraphe du roman, « *Non è vero che un bambino che si è bruciato sta lontano dal fuoco.* […] ». Plusieurs critiques choisissent de commencer leur article de la même façon. La quatrième de couverture parle des « fantasmi della sua solitudine » à propos du personnage de Bengt et c'est une expression qui a eu une grande résonance dans la réception italienne. A la fois le concept de solitude et la métaphore des fantômes sont eux aussi souvent utilisés. (Voir par exemple *Leadership Medica* et *Il Paese*.) On trouve aussi une autre expression empruntée à Dagerman, « flaccida felicità » (qui signifie à peu près 'bonheur mou') citée sur la quatrième de couverture afin d'illustrer la vision du monde profondément sombre de Dagerman. Tiziano Scarpa reprend cette expression dès le titre « La flaccida felicità di un figlio cronico » dans son compte rendu publié dans *Il Manifesto* de janvier 1995. Un mois plus tard, on la retrouve à nouveau, cette fois-ci sous la plume de Francesca

Lacaita dans le *Corriere del Ticino*. Bien entendu on ne sait si Lacaita cite son collègue Scarpa, ou si c'est à la quatrième de couverture qu'elle a emprunté directement cette formule.

La quatrième de couverture comporte aussi, comme nous venons de le dire, quelques notes sur la vie de Dagerman. Plusieurs éléments se retrouvent dans la réception. Par exemple on y voit l'idée que Dagerman serait une figure-culte dans son pays, idée reprise dans de nombreux articles. La même chose vaut pour la formule disant que Dagerman s'est suicidé « au point culminant de son succès » (« morto suicida a soli 31 anni al culmine del successo »). C'est d'ailleurs une idée qu'on pourrait discuter, puisque Dagerman n'écrivait plus depuis quatre ans lors de sa mort.

L'élément le plus important figurant sur cette quatrième de couverture est l'affirmation prétendant que *Bambino bruciato* est le roman le plus autobiographique de Dagerman (« il suo romanzo più autobiografico »). Nous avons vu que cette idée a marqué la réception de son empreinte et qu'elle a été répétée dans plusieurs comptes rendus en Italie. En l'occurrence, l'introduction précédant le roman dans l'édition italienne ne semble pas avoir eu le même impact sur la réception que la quatrième de couverture, bien qu'elle ait été signée Goffredo Fofi, considéré comme l'« une des personnalités les plus actives et combatives de la culture italienne »[174]. Il est difficile de dire pourquoi. Peut-être ce texte de onze pages, qui essaye notamment d'inscrire *Bambino bruciato* dans son contexte littéraire, a-t-il semblé trop dense et compliqué aux critiques journalistiques, toujours pressés par leurs délais, alors que le bref texte de la quatrième de couverture paraissait plus abordable. Cette introduction de Fofi contient de nombreuses références, comme Camus, Kafka et Bergman[175], qui seront

---

[174] « Saggista, critico teatrale e cinematografico, disincantato osservatore politico, Goffredo Fofi (Gubbio, 1937) è una delle personalità più attive e combattive della cultura italiana. » http://www.minimumfax.com/persona.asp?personaID=137 (2.06.2006)
[175] « Ho ritrovato anche assonanze con il cinema del giovane Bergman, per qualche tempo così vicino nello spirito, si direbbe, al giovane Dagerman, ma essendo Bergman più estroverso, curioso, borghese, onnivoro, barocco per accettare di fermarsi al suo primo "realismo esistenzialista". » (p. 13)

ensuite mentionnées par la critique, mais on y établit aussi des parallèles avec d'autres écrivains qui n'eurent aucune résonance dans la réception comme Dostoïevski, Rimbaud, Weil, Strindberg, Morante et Pasolini. Bien que Rimbaud soit mentionné deux fois dans l'introduction, c'est Camus qui y occupe la place principale, entre autres par l'association intertextuelle faite à Meursault (une comparaison entre les relations auteur/personnage, c'est-à-dire Camus Meursault et Dagerman Bengt). Que ce soit Camus qui occupe cette place n'est peut-être pas étonnant, vu que Fofi dirige une revue culturelle intitulée *Lo Straniero* ('l'étranger').

2.5 COMPARAISON ENTRE LA RÉCEPTION DE *BRÄNT BARN* EN FRANCE ET EN ITALIE

Les réceptions des deux traductions du roman *Bränt barn* de Dagerman en France et en Italie ont beaucoup de traits en commun. Elles sont favorables tout en mettant l'accent sur le côté *étranger* de l'écrivain étranger et ceci par trois moyens : 1) Les critiques soulignent l'appartenance nationale de l'écrivain en focalisant sur les particularités climatiques de sa région d'origine (l'hiver, le froid, etc.) ; 2) Ils affirment que l'image de l'écrivain dans son pays est fort positive (figure-culte, mythe, symbole) ; 3) On situe Dagerman par rapport à d'autres écrivains étrangers (références à Kafka, à Faulkner etc.). Cela nous apprend quelque chose sur le statut de la littérature étrangère dans les pays récepteurs : les œuvres littéraires venant de l'étranger sont regroupées entre elles et vues comme un ensemble. Dagerman est notamment classifié selon sa zone linguistico-culturelle, la littérature nordique, qui semble avoir plus d'importance que son appartenance à un genre littéraire particulier. Or ces deux réceptions se distinguent aussi l'une de l'autre : la réception italienne est en général plus positive et moins noire que la française, puisqu'elle souligne moins le suicide de l'auteur et que, surtout, elle n'associe ni suicide ni thème de l'angoisse à une image sombre de la culture suédoise.

Ces différences sont sans doute liées aux représentations existantes de la Suède dans les deux pays et à des associations déjà établies par rapport à la culture suédoise. Pour l'Italie, « le modèle suédois » semble avoir influencé les esprits de manière encore plus significative qu'en France. Cela est peut-être lié à l'histoire de l'évolution sociale, politique et économique de l'Italie au XXe siècle. Pour donner un exemple concret, par rapport à la corruption politique (et particulièrement le meurtre du président Aldo Moro pendant les années soixante-dix), le système suédois a semblé aux Italiens un système politique transparent, démocratique et admirable. Vu que cet écart paraissait alors moins important entre la France et la Suède, les Français en gardaient certes une image positive, mais pas tout à fait aussi extraordinaire que celle des Italiens. La lecture d'un écrivain étranger s'inscrit ainsi dans un contexte social plus large et peut subir l'influence des représentions circulant, dans le pays récepteur, sur la culture d'origine de l'œuvre.

Nous avons constaté qu'en Italie comme en France, l'influence du paratexte (surtout sous la forme de la quatrième de couverture) joue un rôle important dans la réception du roman de Dagerman. Il est sans doute commode pour un journaliste stressé de se laisser inspirer par la présentation fournie par l'éditeur. L'épigraphe du livre est parfois reprise aussi, en France comme en Italie. La vision du monde de Dagerman – selon laquelle la médiocrité, la mesquinerie humaine etc. règneraient dans la société contemporaine – qui constitue un élément important du roman, est commentée dans le paratexte ainsi que dans les comptes rendus dans les deux pays. En France, on s'est en premier lieu intéressé à la philosophie personnelle de Dagerman, celle qu'il développe dans son concept de « la vie des petits chiens », une expression tirée du roman mais qui n'est pas du tout utilisée ou commentée en Italie, ni dans le paratexte, ni dans la réception. En revanche, la quatrième de couverture comporte la formulation de « flaccida felicità », correspondant à peu près à la même vision du monde, et cette expression est reprise par quelques journalistes. Ce qui est particulièrement important, c'est que la quatrième de couverture italienne présente *Bambino bruciato* comme un livre « autobiografico », une interprétation qui s'est rapidement répandue parmi les critiques. On ne trouve pas cette affirmation dans le paratexte français, et bien que quelques lectures autobiographiques du roman aient été effectuées en France, cette lecture est moins dominante qu'en Italie.

Une autre différence entre les deux réceptions est leur asymétrie temporelle : elles appartiennent chacune à une époque différente et en portent évidemment les marques. Signalons par exemple la discussion sur l'inceste ou la moralité que le roman suscita en France pendant les années cinquante. Lors de la traduction du roman en italien pendant les années quatre-vingt-dix, aucun critique ne fit de commentaire à ce sujet, ce qui correspond peut-être au fait que ce débat n'était plus vraiment d'actualité. Cette différence semble donc liée à l'époque plutôt qu'à une différence culturelle entre les deux pays. La question du style, en revanche, et de la classification du roman dans un éventuel sous-groupe romanesque, s'inscrit peut-être moins dans un contexte historique que dans un contexte culturel. Dans la réception française de Dagerman, la question du style donne lieu à 16 commentaires alors que 13 sont consacrées à la classification du roman. En Italie ces deux questions ne soulèvent chacune qu'un seul commentaire. Sans tirer de conclusions trop générales, on peut se demander si cela n'est pas le signe d'une préférence plus prononcée des critiques français pour les questions de style et de classification générique.

3. La réception des autres œuvres de Dagerman en Italie : approche thématique

Dans le chapitre préalable nous avons étudié en détail la réception italienne du roman *Bambino bruciato*. Ici, nous allons traiter des autres réceptions de l'œuvre de Dagerman en Italie. Notre étude se base, comme précédemment, sur les thèmes relevés par les critiques.

3.1 LA PRÉSENTATION DE L'ÉCRIVAIN : « UN GRAND ÉCRIVAIN SUÉDOIS »

Dans la réception italienne, comme dans celle réservée à l'œuvre de Dagerman en France, on est frappé par le fait que la plupart des critiques aient tenu à présenter Stig Dagerman d'une manière particulière. Nous répétons qu'il nous paraît tout à fait naturel qu'un critique souhaite faire la présentation d'un écrivain peu connu avant de rendre compte de son livre, d'autant plus lorsqu'il s'agit d'un écrivain étranger. Mais les stratégies utilisées dans les deux pays étudiés se distinguent l'une de l'autre et cela mérite quelques commentaires. En Italie, Dagerman est d'abord présenté comme un grand écrivain suédois. Les critiques le décrivent comme une figure culte de la littérature suédoise, l'un des plus grands écrivains de ce pays, voire comme le plus grand écrivain suédois de ce siècle. Pour illustrer cela, voici quelques citations des comptes rendus de *Il Viaggiatore* :

> « Stig Dagerman è oggi considerato uno dei più grandi scrittori della letteratura svedese »
> (Coppola, V. 1991. « Fallimento dei sogni ». *Gazzetta del Mezzogiorno*, 06-11-91)

> « [...] uno degli scrittori svedesi più interessanti e complessi, lascia il suo testamento culturale »
> (Gibelli, M.G. 1992. « L'inferno in terra di Stig Dagerman ». *Famiglia Cristiana*, n° 1, 1992)

« Salutato fin dall'inizio come il maggior talento narrativo della sua generazione »

(D'Avino, M. V. 1992. « Tragedie minori ». *Leggere*, aprile 1992)

« [...] culto della letteratura scandinava, affascinante e controversa figura di scrittore ribelle"

(Ferracuti, A. 1992. « La morte del bambino che è in noi ». *Corriere dell'Umbria/Viterbo/Civitavecchia*, 19-04-92)

« Dagerman, astro nascente della letteratura svedese »

(Auteur inconnu. 1992. « Il Viaggiatore ». *Gambero rosso*, août 1992)

« [...] considerato il più grande scrittore svedese di questo secolo »

(Affinati, E. 1991. « Le piccole sconfitte ». *L'Europeo*, 15-11-91)

La même idée, mais formulée différemment, apparaît ailleurs. Claudio Galuzzi, le critique de *PULP*, est très favorable vis-à-vis de Dagerman. Lorsqu'il rend compte de *I giochi della notte*, il commence l'article en l'appelant « questo grande », ce qui sous-entend un géant littéraire. Galuzzi écrit ensuite que Dagerman avait un « talent prodigieux » et que ses nouvelles sont des « petits chefs-d'œuvre intemporels et sans âge »[176]. Un autre critique, Italo A. Chiusano écrit dans son article « Quel ragazzo ricorda Kafka e Pasolini », publié dans *Wimbledon*, que Dagerman était le plus grand espoir de la littérature scandinave. En même temps, il le décrit sans le mythifier. Chiusano parle des choses comme elles sont, il rend compte des faits sans fantasmer : c'est d'ailleurs une attitude caractéristique de la réception italienne en général. Entre autres, le critique écrit que Dagerman était considéré comme un génie mais que sur les photos « il a l'air d'un petit garçon assez laid »[177]. Plus loin il appelle l'auteur « ce jeune garçon névrotique ». C'est dédramatisant par rapport à la réception

---

[176] « Prima o poi bisognerà occuparsi sul serio e a fondo di questo grande, morto suicida [...] il talento prodigioso dello scrittore svedese, qui alle prese ancora una volta con la misura breve del racconto è perfettamente a suo agio, tanto da scrivere piccoli capolavori senza tempo ed età. »

[177] « Dagerman è arrivato non solo ad affermarsi, ma a essere considerato un genio, la maggior speranza della letteratura scandinava. Nelle foto ti appare come un ragazzino quasi spauto, bruttino, con un'infinita tristezza negli occhi. »

française : la réception italienne se caractérise par un côté presque terre à terre dans sa présentation de l'écrivain. Par exemple, sous la photo qui illustre l'article de Chiusano, il y a un portrait de Dagerman, sans texte, avec seulement son nom. Dans la presse française, en revanche, on a souvent vu dans des contextes similaires, des phrases mythifiantes du genre « Oubliez-le souvent », une allusion à la mort, qui apparaît fréquemment comme légende des photos. Chiusano termine d'ailleurs son article en disant qu'on aura « honte demain de ne pas connaître cet écrivain »[178]. Dagerman semble vraiment être pris au sérieux en Italie et lu pour ce qu'il est : nous avons affaire à une réception positive mais équilibrée.

Il est aussi souvent question de la célébrité de Dagerman. Les critiques affirment qu'il est très connu, ils précisent parfois où et souvent le font savoir très vite dans leur article. Dans le cas d'un écrivain étranger pas très célèbre, le critique littéraire a besoin de mettre cela au clair d'emblée, de dire « même si vous ne le connaissez pas, il est célèbre ailleurs ». Car, il faut se rappeler que, la littérature nordique restant une littérature d'exception dans les pays latins, même si un écrivain nordique a une certaine réputation, elle ne s'étend que dans ce domaine marginal. Voici quelques exemples à titre d'illustration : dans *Giornale di Merate*, on affirme que Dagerman est « l'un des écrivains suédois les plus connus ». Andrea Ferrari souligne en revanche que « ce grand écrivain n'a pas encore, dans notre pays, reçu l'attention qu'il mérite » (*Il Cittadino*)[179]. Annamaria Vaccai, enfin, prétend que Dagerman est « bien connu en France et en Italie » (*Il Ragguaglio Librario*).

La catégorisation la plus nette et précise de Dagerman comme écrivain étranger apparaît lorsqu'il est discuté en parallèle avec d'autres écrivains étrangers, surtout quand ces autres écrivains n'ont que peu de chose (ou rien) en commun avec lui (origine, époque, genre littéraire etc.). Dans *La Provincia Pavese*, on rend

---

[178] « per uno scrittore di cui domani ci vergogneremo di aver ignorato l'esistenza »
[179] « [...] questo grande scrittore che nel nostro paese non ha ancora ricevuto l'attenzione che merita. »

compte de Dagerman dans le même article qu'un écrivain allemand, Thomas Brasch. Le fait que l'article s'intitule « Nell'incubo tedesco » (c'est-à-dire 'dans le cauchemar allemand'), déroute un lecteur peu renseigné qui pourrait en conclure qu'il s'agit de deux écrivains allemands. Dans la *Repubblica del lunedì*, un article traite simultanément de *I Giochi della notte* de Dagerman et des livres de deux autres écrivains : un français, Jean Genet et un américain, Richard Powers. Nous avons déjà eu l'occasion de parler du compte rendu de Claude Galuzzi dans *PULP*, qui se trouve sur la même page qu'un autre compte rendu consacré à un écrivain moderne, l'écossais Irvine Welsh et plus précisément à son livre *Trainspotting*, publié en 1993. Il est difficile de trouver un lien entre Dagerman et Welsh, qui dépeint des milieux voués à la drogue et au crime. Qu'est-ce que ces deux auteurs peuvent bien avoir en commun ? Réponse : ce sont des écrivains étrangers ; à la limite, ils sont originaires de la même région géographique, l'Europe du Nord. Dans une perspective italienne, les cultures scandinave et britannique ne semblent sans doute pas très éloignées l'une de l'autre.

Une autre approche assez courante, que nous avons déjà commentée dans la réception de *Bambino bruciato*, est le fait d'appeler Dagerman une « figure-culte ». Ludovica Cima dans *Letture* annonce par exemple que « dans son pays, il est une vraie figure-culte », et Tino Cobianchi dans *Il Tieino* dit qu'il est « une figure-culte » de la littérature suédoise. L'écrivain est aussi présenté comme un mythe ou une légende. Maria Valeria D'Avino utilise le mot « mito » ('mythe') et explique dans *Leggere* que Dagerman présente une « invincible tendance à devenir légende »[180]. Certains critiques soutiennent que Dagerman est un génie, comme D'Avino qui appelle Dagerman « poeta di genio » (*ibid.*). Mino Specolizzi présente Dagerman aux lecteurs de *Senzapatria* comme « un scrittore di genio » ('un écrivain de génie'). Dans *L'indice dei libri del mese*, le critique anonyme désigne Dagerman par l'expression « geniale scrittore di romanzi » (notons entre parenthèses que « geniale » n'a pas autant

---

[180] « Stig Dagerman, lo scrittore e l'uomo [...] presenta un'invincibile tendenza a diventare leggenda. »

acquis en italien une signification de superlatif général que l'a l'adjectif en français parlé).

Les titres des articles peuvent parfois être très parlants. Ne doivent-ils pas contenir l'essence de ce que le journaliste souhaite dire ? Luca Doninelli résume Dagerman dans le titre de son article de *Il Giornale* : « "Maledetto" Dagerman », Dagerman, le maudit. Le titre du compte rendu de Gian Paolo Serino dans *La Provincia*, « Du désespoir au chef-d'œuvre », comporte deux mots clefs, « désespoir » et « chef-d'œuvre », qui sont significatifs pour l'image que l'on se fait de l'écrivain. Hors contexte, cela n'a peut-être pas l'air très important. Mais, dans un long article, illustré d'une photo de Dagerman, le titre « Dalla disperazione al capolavoro» imprimé en grosses lettres, prend tout son sens et la force d'une telle présentation saute aux yeux. Giuseppe Culicchia, le critique de *La Stampa*, a également choisi un titre qui présente Dagerman de cette façon particulière : « Dagerman, l'arte dell'infelicità » (« l'art du malheur »).

En Italie, les critiques mettent particulièrement en valeur le fait que Dagerman était anarchiste et même – selon la quatrième de couverture de *Il Viaggiatore*, dans *Wimbledon* (1991) et ailleurs – un « anarchiste viscéral ». Dans l'un des rares articles à tendance mythifiante de la réception italienne, publié dans *Il Quotidiano nuovo*, Giovanni Maria Franzosi parle de la « passion politique » de l'écrivain. *L'Unità* présente Dagerman, sous la plume de Grazia Cherchi, comme un « écrivain anarchiste »[181]. En 1997, au moment de la réception de *I Giochi della notte*, un long article fut aussi publié à propos de tous les livres de Dagerman traduits en italien dans la *Revista Storica dell'Anarchismo*. Cet article de sept pages fait partie d'une série qui s'intitule « Profili libertari » et présente aussi Camus et George Orwell. Dagerman est en d'autres mots incorporé parmi des célébrités littéraires. L'auteur, Jules Elisard, affirme que parmi les écrivains libertaires, Dagerman est « le plus anarchiste ». Il est intéressant de constater combien la

---

[181] « anarchico viscerale »

réception italienne souligne le côté politique, et particulièrement anarchiste, de Dagerman[182].

Cela nous amène à la volonté, très prononcée en Italie, de présenter Dagerman comme un rebelle. Ludovica Cima l'appelle dans *Letture* un « rebelle et anarchiste » qui « lutte contre les injustices sociales et métaphysiques du monde »[183]. Tino Cobianchi, en revanche, dit que Dagerman est un « rebelle par vocation » (*Il Tieino*). Dans le compte rendu de *Wimbledon* (1991), on peut lire que Dagerman fait partie de ceux qui se rebellent « contre la condition humaine », et selon Cobianchi c'est parce que Dagerman est « malade de sympathie »[184], ce qui semble être une analyse raisonnable. Si l'on ne veut plus vivre, cela peut être dû au fait qu'on refuse par définition d'accepter la condition humaine. Cependant, on peut constater une forte influence du paratexte sur ces propos. Nous y reviendrons plus longuement ci-dessous (voir le tableau « Échos paratextuels dans la réception » dans le sous-chapitre 7.4).

La réception italienne définit aussi Dagerman comme écrivain philosophique. C'est un concept nouveau, que nous n'avons pas observé dans la réception française. Italo A. Chiusano affirme dans son article que Dagerman est un « philosophe désespéré, mais qui n'oublie jamais d'être un artiste »[185] (*Wimbledon*, 1992). Andrea Ferrari pense également que Dagerman est un « épigone du nihilisme et de l'existentialisme littéraire et philosophique »[186] (*Il Cittadino*). Dans *Liberta di Piacenza*, O. Mar écrit pour *Il nostro bisogno di consolazione...* un hommage à Dagerman (son compte rendu s'intitule « Stig Dagerman: un omaggio »), où il

---

[182] Ces propos vont de pair avec ceux de Hans Sandberg qui, dans son livre *Den politiske Stig Dagerman* (1979), confirme les forts liens qui existent entre l'œuvre de Dagerman et l'idéologie anarchiste.
[183] « Ribelle e anarchico, lotta contro l'ingiustizia sociale e metafisica del mondo [...] »
[184] « [...] malato di simpatia, Dagerman appartiene alla famiglia deil Kafka e dei Camus, dei ribelli alla condizione umana »
[185] « Perché Dagerman è, si, un filosofo disperato, ma non dimentica mai di essere un artista »
[186] « Epigono verace del nihilismo e dell'esistenzialismo letterario e filosofico che ha caratterizzato questo nostro tempo affascinante e terribile »

soutient que Dagerman représente « une sorte de philosophie stoïque »[187].

Souvent les critiques racontent des épisodes de la vie de Dagerman. On fait souvent allusion aux mêmes événements, comme si une sorte de consensus s'était établi. Tous les faits racontés ne sont pas véridiques, mais on les répète soit parce que l'on pense qu'ils sont conformes au portrait souhaité de l'auteur, soit parce que l'on croit que cela s'est passé ainsi. Le choix des éléments biographiques est le même que celui de la réception française. La critique italienne nous apprend que Dagerman a eu une enfance malheureuse, qu'il était un jeune anarchiste engagé, qu'il s'est marié deux fois (parfois on donne plus de détails sur ces deux mariages : le premier avait aussi pour but de sauver une famille d'anarchistes allemands réfugiés, et en secondes noces Dagerman épouse, comme le dit Italo A. Chiusano dans *Wimbledon*, « la bellissima attrice Anita Björk ». Finalement le lecteur apprend que Dagerman vivait et écrivait dans un pays neutre, la Suède d'après-guerre – ce qui a pu provoquer chez lui un sentiment de frustration et de culpabilité – et, plus généralement, qu'il était le porte-parole d'une jeune génération étouffée. Le compte rendu de Maria Valeria D'Avino, publié dans *Leggere*, est très représentatif, puisqu'il nous informe – en plus d'une énumération d'événements habituels – que Dagerman était « hypersensible », et vivait son époque « avec un douloureux sentiment d'impuissance »[188] tout comme les autres écrivains suédois contemporains.

Revenons à l'enfance de Dagerman. Les critiques italiens (et français d'ailleurs) semblent convaincus qu'il avait connu une enfance malheureuse ou, comme le dit A. Ferracuti, « una infanzia povera » (*Corriere dell'Umbria/Viterbo/Civitavecchia*). On peut

---

[187] « Dagerman lascia intravedere a ogni passo una sorta di filosofia stoica o leopardiana, riassunta in quel libretto che è "Il nostro..." »
[188] « Provato da un'infanzia d'abbandono, impegnato nel movimento anarchico, sposato con una rifugiata tedesca, l'ipersensibile Dagerman vive l'epoca di guerra e di sconvolgimenti che da molti scrittori della sua generazione, quella che debuttò nella neutrale Svezia degli anni quaranta, è vissuta con un doloroso sentimento d'impotenza.»

comprendre leur façon de penser : les critiques savent évidemment que Dagerman s'est suicidé, et il peut paraître logique que le suicide soit lié à une enfance malheureuse. De plus, certains d'entre eux savent que ses parents l'avaient abandonné et tirent de cette information, un peu trop rapidement, la conclusion qu'il n'était pas un enfant heureux. Or, les biographies de Dagerman affirment le contraire. Le biographe Olof Lagercrantz déclare : « Rien n'indique que Stig Dagerman aurait été malheureux comme enfant. Il disait souvent lui-même qu'il avait été heureux à Norrgärdet. » Lagercrantz confirme aussi que « ceux qui se souviennent de lui à cette époque parlent de lui comme d'un enfant aimable, drôle et joyeux »[189].

3.2 LE SUICIDE ET SES LECTURES

Beaucoup de critiques italiens citent évidemment le suicide de Dagerman. Souvent, ils s'y réfèrent en disant qu'il a eu lieu « al culmine del successo ». Cela laisse entendre qu'un élément important de la fascination exercé par ce suicide est le fait qu'il a été commis lorsque l'auteur était à l'apogée de son succès. Elisabetta Laezza dans *Nuova Città* commence son article ainsi : « Stig Dagerman (1923-1954) morì suicida a soli 31 anni, al culmine della fama e del successo ». Grazia Cerchi, écrit dans *L'Unità* qu' « il va de soi que les motifs de tous les suicides restent secrets », mais ajoute aussi qu'on sait que Dagerman « était mécontent de lui-même sur le niveau personnel »[190]. Ensuite, elle discute des difficultés qu'avait Dagerman à gérer son succès et sa panne d'inspiration. En somme, cette critique semble bien avoir

---

[189] « Ingenting tyder heller på att Stig Dagerman skulle ha varit olycklig som barn. Han sade gärna själv att han var lycklig på Norrgärdet. Han upplevde där en trygghet som han sedan aldrig återfann. De som minns honom från denna tid talar om honom som älsklig, lustig och glad. Men de kan också berätta att han var ovanligt lättskrämd. En gång då han fick en ballong och den gick sönder blev han orimligt förskräckt, erinrar sig hans far. Själv har han berättat att han en gång blev svårt skrämd av en orm. » (1985 (1958), p. 21) (Notre traduction en français)
[190] « Dagerman è uno scrittore svedese morto suicida a 31 anni nel 1954 quand'era all'apice del successo. Va da se che i motivi di tutti suicidi restano segreti, comunque si sa che lo scrittore era scontento di se sul piano personale. »

compris la situation dans laquelle se trouvait le « scrittore svedese ».

Dans *Il Quotidiano nuovo*, nous trouvons malgré tout sous la plume de Giovanni Maria Franzosi un exemple de ces phrases mythifiantes et romantiques pourtant rares dans la réception italienne. On peut y lire que Dagerman « écrivait tant, et vivait si peu... » :

> Scrisse moltissimo, visse pochissimo, ma con intensità che compendiò il batter d'ali della sua breve vita [...] uccidendosi con i gas [...] disperato, perso, bruciato da un anelito di compiutezza, di purezza, d'innocenza.

Dagerman aurait, selon Franzosi, vécu avec une intensité particulière jusqu'à son suicide, et il utilise concernant l'auteur certains mots typiques de la réception italienne : « brûlé », « pureté » et « innocence ». Franzosi estime encore que l'écrivain a vécu son succès « presque comme une trahison »[191]. La même ambiance de trahison et de culpabilité se retrouve chez d'autres critiques italiens. Parfois même le mot « colpa » apparaît[192]. En Italie, c'est un concept fortement associé au protestantisme, et ce n'est probablement pas par hasard qu'il figure dans un commentaire fait sur un écrivain venant d'un pays protestant[193]. Coppola qualifie le suicide de « geste tragique », et il termine son article de la *Gazzetta del Mezzo-giorno* sur cette expression. Le critique de *Centro Valle*, Claudio Di Scalzo, voit plutôt l'écrivain suédois comme « voué à l'autodestruction »[194].

Il est difficile de résister à l'impulsion d'attribuer des motifs au suicide de l'auteur. Les spéculations sur les probables explications de cette mort volontaire sont nombreuses dans la réception italienne. Dans l'étude de la réception du roman *L'Enfant brûlé*, nous avons signalé un thème étroitement lié à celui du suicide : la solitude. Cette interprétation apparaît rarement dans la réception des autres livres.

---

[191] « Il successo letterario fu, per Dagerman, sentito quasi come un tradimento. »
[192] Par exemple dans *L'indice dei libri del mese* « Un successo, appunto, sentito come coercizione e colpa » (auteur inconnu).
[193] Par contre on s'est moins soucié de savoir si Dagerman était croyant ou non.
[194] « votato all'autodistruzione in un garage saturo di gas. »

En revanche, pour le livre *Il Viaggiatore* (1991) une phrase apparaît dans la revue *Wimbledon* qui sera ensuite répétée dans un autre périodique, *Uomo Harper's Bazaar* :

> Avendo scelto di non venire a patti con la vita, non riesce a perdonare a se stesso neppure di aver fatto della sua disperazione un'opera d'arte.

L'idée que Dagerman « a fait de son désespoir une œuvre d'art » fait, comme on pourrait le soupçonner, partie du paratexte du livre. L'éditeur écrit en effet sur la quatrième de couverture :

> [...] la colpa di chi ha scelto di non venire a patti con la vita, non riuscendo a perdonare a se stesso neppure di aver fatto della sua disperazione un'opera d'arte.

L'idée de « se pardonner à soi-même » peut être associée à la religion. Sur la même lignée, M. G. Gibelli écrit dans le journal catholique *Famiglia Cristiana* que Dagerman « était incapable de s'aimer » (« incapace di volersi bene »). Dans le même article, nous apprenons que sa brève vie fut « inutilement couronnée de succès » (« inutilmente coronata dal successo »). Dans *Leggere*, un autre commentaire plus nuancé soutient que Dagerman a senti qu'il s'était trahi lui-même, et qu'il n'est jamais venu à bout de cette sensation[195]. La réception italienne est caractérisée par ce genre de commentaires qui semblent se baser sur une tentative de compréhension psychologique. Angelo Ferracuti, le critique de *Corriere dell'Umbria/Viterbo/Civitavecchia*, cite dans son compte rendu de *Il Viaggiatore* la préface de Goffredo Fofi qui écrit que Dagerman est un écrivain 'enfant'. Ferracuti pousse plus loin le raisonnement en proposant une interprétation du suicide selon laquelle Dagerman n'aurait pas accepté de « devenir 'adulte' »[196]. Lors de la publication de *I Giochi della notte*, l'une des critiques, Lucia Cerri, donne comme motif du suicide de Dagerman son « enfance sans joie » imaginaire (« scegliendo di suicidarsi a trentun anni, dopo un'infanzia senza gioia », *Libertà*).

---

[195] « l'invincibile sensazione di aver tradito se stesso » (M.V. D'Avino)
[196] « [...] uno scrittore 'bambino', ferito e piagato che non ha accettato di diventare 'adulto' », di una 'ingiustizia cosmica' che domina le sue pagine. »

3.3 LE NORD ET LES REPRÉSENTATIONS DU NORDIQUE DANS LA RÉCEPTION ITALIENNE

Lorsqu'elle arrive en Italie, la littérature du Nord vient bien entendu de loin ; elle a parcouru des centaines de kilomètres et traversé des différences culturelles considérables. La réception de ces livres nordiques ne comporte pas seulement des réactions purement littéraires. Selon toute vraisemblance, elles sont basées, simultanément sur le rapport existant à la culture étrangère, sur les représentations qu'on avait déjà de la Suède avant ces livres et sur de nouvelles représentations provoquées par cette littérature. Explorons davantage ces réactions et les représentations spécifiques du *nordique* qu'elles contiennent.

Ludovica Cima écrit dans *Letture* qu'il y a dans « les ambiances nordiques une fascination mélancolique et morne qui accompagne bien le *spleen* »[197]. Le fait de combiner ces deux idées – l'idée du Nord et l'idée de la mélancolie – est fréquemment observé. Dans ce cas particulier, l'idée de la mélancolie est développée à l'aide du concept du *spleen* (nous reviendrons sur le choix de ce mot).

Giovanni Maria Franzosi pense qu'il peut paraître « snob » d'écrire sur un écrivain suédois et commente l'abîme culturel existant entre les deux pays[198]. Il affirme cependant qu'il rend compte d'un écrivain hors du commun et même extraordinaire : « lo straordinario scrittore svedese » (*Il Quotidiano nuovo*). Les critiques qui connaissent peu cette partie de l'Europe risquent même de confondre, cela n'a rien d'étonnant. Dans *Avvenimenti*, on se réfère par exemple en parlant de Dagerman, au « grand écrivain norvégien ».

Comme nous l'avons déjà observé, le fait d'écrire sur deux ou plusieurs écrivains étrangers dans le même contexte accentue leur caractère d'*étrangers*. Ainsi rend-on compte simultanément, dans

---

[197] « Gli ambienti nordici hanno un fascino malinconico e uggioso che accompagna bene lo spleen; perfino le nuvole per Dagerman sono "sciagure assopite". »
[198] « Scrivere d'uno scrittore svedese può sembrare un po' snobistico, tale à l'abisso culturale che separa, apparentemente, la nostra cultura e la loro cultura. »

L'indice dei libri del mese, de Dagerman et d'un autre écrivain suédois, Hjalmar Söderberg. Bien qu'ils soient de la même nationalité, il est surprenant de voir Dagerman placé à côté de cet écrivain du tournant du siècle. Mais le titre « Letterature del Nord europeo » explique pourtant pourquoi on les a réunis.

Revenons un instant à l'article de Franzosi dans *Il Quotidiano nuovo*. Il constate que la maison d'édition Iperborea a fait connaître en Italie une littérature nouvelle, la littérature nordique, venant de « ces latitudes, pour nous lointaines » (« quelle latitudini, per noi remote »). Il utilise des mots chargés d'associations avec le Nord comme « froid » et « glacial » dans sa métaphore comparant les nouvelles de Dagerman à la « splendeur froide des diamants » ou évoquant leur « lumière parfois joyeuse, parfois glaciale » :

> [Les nouvelles de *Il Viaggiatore*] che hanno lo splendore freddo dei diamanti d'Anversa; la luce, ora gioiosa ora glaciale, ch'emanano turbano i nostri occhi e le nostre coscienze, gli occhi e i nostri fragili cuori, di quella luce soffrono la vividezza, la nuda assoluta rifrazione, e soltanto il distogliere lo sguardo ci potrà salvare, ma il riverbero ci resterà a lungo nelle pupille[199].

Alessandro Zaccuri, le critique d'*Avvenire*, continue sur le même thème en fantasmant sur les glaces du Nord. Il termine son compte rendu de *I Giochi della notte* par une métaphore appelant le texte dagermanien une « une rafale de gel nordique » qui serait en même temps un « témoignage de très haute littérature »[200].

3.4 L'INSERTION LITTÉRAIRE

Les références littéraires mentionnées par les critiques dans leurs lectures de Stig Dagerman sont d'abord Camus et Kafka. Suivent ensuite de nombreux écrivains dont le nom apparaît

---

[199] [Les nouvelles *de Il Viaggiatore*] qui ont la splendeur froide des diamants d'Anvers ; la lumière, parfois joyeuse parfois glaciale, qu'ils émettent, trouble nos yeux et nos consciences, nos yeux et nos cœurs fragiles souffrent de l'éclat de la réfraction nue et absolue de cette lumière, et seul le détournement du regard pourra nous sauver, mais leur réverbération restera longtemps dans nos pupilles.
[200] « Davvero, una folata di gelo nordico e, insieme, una testimonianza di altissima letteratura. »

seulement une fois et qui peuvent représenter une comparaison pertinente pour un critique particulier, sans que cette opinion soit pour autant partagée par les autres critiques. Goffredo Fofi souligne avec emphase dans sa préface de *Il Viaggiatore*, les liens littéraires existant entre Dagerman et d'autres écrivains européens. Il prétend même que Dagerman est «fils de Kafka, neveu de Strindberg et cousin de Camus» :

> La spiegazione più ovvia – Dagerman, figlio di Kafka, nipote di Strindberg, cugino di Camus... - è senza dubbio giusta; si tratta di uno scrittore di grande statura, appartenente alla schiera dei ribelli all'ingiustizia sia sociale che metafisica del mondo (in lui, contrariamente a quei suoi "parente", più sociale perché era figlio di proletari, perché era "bambino dei poveri"), che questa rivolta ha pagato con la vita, morendo suicida in età molto giovane.[201] (p. 8)

Comme nous l'avons vu, les préfaces, postfaces et quatrièmes de couverture ont toujours de l'importance pour la réception, et dans ce cas spécifique, cette influence est très notable. Sur la quatrième du livre (il est toujours question de *Il Viaggiatore*), l'éditrice Lodigiani présente elle aussi Dagerman comme appartenant «à la famille de Kafka et Camus» et soutient qu'ils sont «des rebelles à la condition humaine», une idée reprise par plusieurs critiques:

Échos paratextuels dans la réception italienne

> «Dagerman appartiene alla famiglia dei Kafka e dei Camus, dei ribelli alla condizione umana.» (Emilia Lodigiani, quatrième de couverture, 1991.)

> «Dagerman appartiene alla famiglia dei Kafka e dei Camus, dei ribelli alla condizione umana.» (Auteur anonyme. *Wimbledon*, nov. 1991.)

---

[201] «L'explication la plus évidente – Dagerman, fils de Kafka, neveu de Strindberg, cousin de Camus... – est sans doute juste ; il s'agit d'un écrivain d'une grande stature, appartenant à la troupe des rebelles contre l'injustice tant sociale que métaphysique du monde (pour lui, contrairement à sa "famille", plus sociale parce qu'il était un fils de prolétaires, parce qu'il était un "enfant de pauvres"), cette révolte il l'a payée de la vie, mourant suicidé à un âge fort jeune.»

« Ribelle, come Kafka e Camus, all'ingiustizia individuale e cosmica. » (Coppola, V. *Gazzetta del Mezzo-giorno*, 06-11-91.)
« Dagerman appartiene alla famiglia dei Kafka e dei Camus, dei ribelli alla condizione umana. » (Auteur anonyme. *Mare*, mai-août 1992.)

Le lecteur perçoit facilement la source de l'inspiration des deux critiques qui « citent » avec quelques variantes la formulation de la quatrième de couverture. Bruno Berni, le critique de *Il manifesto*, constate également que Dagerman « a été rapproché de Strindberg, Camus et Kafka », et qu'il a même été appelé « fils de Kafka »[202]. Or, Berni pense que son inspiration « venait du fond de lui-même »[203], et qu'il n'avait pas été autant inspiré par d'autres que l'on pourrait le croire. Cette idée rejoint d'ailleurs celle de Thure Stenström qui se demande, dans son livre sur la réception de l'existentialisme en Suède, si « la propension de Dagerman à l'angoisse » est une conséquence de sa réflexion philosophique ou si elle provient de sa nature, « de la névrose qui le poussa dans la mort »[204] ? Il estime que la dernière hypothèse est la plus plausible.

L'écrivain le plus souvent mentionné quand on parle de Dagerman en Italie est Camus. Dans le catalogue d'Iperborea (de 1995) Dagerman est présenté comme étant « considerato il "Camus svedese" ». Goffredo Fofi écrit dans sa préface de *Il Viaggiatore* que Dagerman et Camus étaient sur la même longueur d'ondes et que Dagerman s'est certainement inspiré de l'œuvre « du Français » :

[...] rispetto all'opera di Camus, un grande oggi piuttosto trascurato, con il quale fu forte la sintonia, come il debito. Alla fine di un conflitto mondiale terribile l'esistenzialismo era

---

[202] « Lo scrittore è stato considerato vicino a Strindberg, a Camus, figlio di Kafka, ma tranne accenni a quest'ultimo è difficile trovare nella sua opera delle influenze letterarie: la sua ispirazione veniva dal profondo, dalla percezione della vita propria e più spesso altrui. »
[203] Voire la note précédente.
[204] « Är, frågar man sig, Dagermans inriktning på ångest, ensamhet, skuld och död först och främst ett resultat av filosofiska överväganden? Eller bottnar den snarare i hans privata läggning, i den ångestneuros som drev honom i döden? » (1984, p. 257)

nell'aria, e Dagerman è giunto alla rivolta certamente da solo, ma ha certamente trovato un grande stimolo nell'opera del francese – immediatamente "eleggendolo", e lasciando da parte Sartre, più retorico e meno autentico. E se Kafka è spesso citato da entrambi (da Camus e Dagerman) entrambi hanno anche subito il fascino di Faulkner, più sperimentale e visionario, più "meridionale" di loro.[205]

Selon Fofi, Dagerman aurait « choisi » Camus et « laissé de côté » Sartre, qu'il trouve « plus rhétorique et moins authentique ». La plupart des critiques ne mentionnent pas du tout Sartre. Grazia Cerchi (*L'Unità*) fait référence directement à *La peste* et Alessandro Zaccuri, le critique de *Avvenire*, estime que Dagerman est un « équivalent nordique de Camus » (« equivalente nordico di Camus »). La critique d'Andrea Ferrari publiée dans *Il Cittadino* est l'une des critiques qui relient le plus fortement Dagerman à Camus. Le titre contient déjà une association à cet écrivain : « Quell'assurdo male di vivere » (« cet absurde mal de vivre »). Dans son article, elle parle plus explicitement de « l'assurdo di Camus ». Ferrari se sert aussi d'une expression intéressante pour définir l'écriture de Dagerman : « une iconographie du mal », (« un'iconografia del male »). Ludovica Cima, critique littéraire de *Letture*, pense que Camus est proche de Dagerman, mais qu'Emile Cioran, « la conscience la plus pessimiste de l'Occident »[206], serait encore plus proche de lui. Cet écrivain roumain, qui écrivait en français, a célébré le suicide comme acte libérateur. Peut-être est-ce pour cela que Cima l'associe à Dagerman. Mino Specolizzi, qui écrit dans *Senzapatria*, mentionne, en plus de Camus, plusieurs autres écrivains : ceux qui sont déjà cités, comme Kafka et Sartre,

---

[205] « […] par rapport à l'œuvre de Camus, un grand [écrivain] aujourd'hui plutôt négligé, avec lequel il était en grande harmonie, et à qui il devait beaucoup. A la fin du terrible conflit mondial, l'existentialisme était dans l'air, et Dagerman est parvenu à la révolte certainement tout seul, mais il a certainement trouvé une grande stimulation dans l'œuvre du Français – « en le choisissant » immédiatement, et laissant de côté Sartre, plus rhétorique et moins authentique. Et si Kafka est souvent cité à propos des deux auteurs (Camus et Dagerman) tous deux ont aussi subi la fascination de Faulkner, plus expérimental et visionnaire, plus « méridional » qu'eux. »
[206] « Camus e più ancora Emile Cioran, la coscienza più pessimista d'Occidente. »

mais aussi Swift. Il n'explique pas pourquoi. Dans *Amicotreno*, le critique anonyme se réfère aussi à plusieurs écrivains (entre autres à Dostoïevski et à Faulkner). Il rappelle que l'évocation de ces noms « n'épuise pas l'originalité de l'écrivain suédois »[207]. William Faulkner est aussi mentionné ailleurs, entre autres dans le compte rendu d'Elisabetta Laezza, dans *Nuova Città* (à propos d'une nouvelle édition de *Il Viaggiatore* en 1998). Cela rejoint la réception française où l'on trouve également le nom de cet auteur américain associé à celui de Dagerman.

Nando Vitali, dans *Proposte e conferme*, est l'auteur d'une des rares références à un écrivain italien : Guido Piovene. Il n'explique pas plus en détail pourquoi il compare les deux auteurs, mais tous deux exercent à la fois le métier d'écrivain et celui de journaliste. O. Mar, le critique de *Libertà di Piacenza*, fait référence à l'un des plus grands penseurs italiens, Leopardi[208].

Le seul cas où un critique commente un autre critique, c'est par rapport à *Il Viaggiatore*. Giovanni Maria Franzosi, le critique d'*Il Quotidiano nuovo*, n'est pas d'accord avec Italo A. Chiusano dans *Wimbledon* sur le fait, pertinent ou non, de citer l'écrivain autrichien Thomas Bernhard à propos de Dagerman. Franzosi trouve Bernhard « trop lugubre par rapport à Dagerman »[209]. Mais en lisant l'article de Chiusano, on se rend compte qu'il n'établit pas vraiment de lien avec Bernhard, comme le prétend Franzosi. Chiusano dit que certains ont reconnu chez Dagerman le pessimisme de Thomas Bernhard – sans son génie (« magari senza il genio dell'austriaco »). Mais il continue en disant que c'est faux et que Dagerman est « encore plus suffocant et obscur »[210]. Ce long article est d'ailleurs intitulé « Quel ragazzo ricorda Kafka e Pasolini », et Chiusano explique que Dagerman fait penser « sur le

---

[207] « Si potrebbero citare Dostoevskij, Kafka, Faulkner, Strindberg, Orwell, Simone Weil, Camus... ma il gioco dei richiami non esaurisce l'originalità dell'autore svedese. »
[208] « Dagerman lascia intravedere a ogni passo una sorta di filosofia stoica o leopardiana, riassunta in quel libretto che è "Il nostro..." ».
[209] « I. A. Chiusano fa il nome di Thomas Bernhard, a me Bernhard sembra troppo lugubre rispetto a Dagerman » (*Il Quotidiano nuovo*).
[210] « Dagerman è questo e altro ancora di più soffocante e atroe. »

plan européen à Kafka, et que pour nous Italiens un certain parallèle avec Pasolini peut être justifié »²¹¹.

La seule référence scandinave de la critique concerne Ingmar Bergman et se trouve dans « L'indice dei libri del mese », dans *Uomo Harper's Bazar*, où l'auteur parle des « echi lontanamente bergmaniani ». Andrea Ferrari va encore plus loin en écrivant dans *Il Cittadino* que « Dagerman est dans le panorama de la littérature suédoise et mondiale ce que Bergman représente pour le cinéma »²¹². La seule personne à situer Dagerman dans un contexte de littérature prolétarienne est Maria Valeria D'Avino dans *Leggere* (elle utilise le terme « littérature ouvrière »). D'Avino souligne cependant avec justesse l'existence d'une « grande tradition » de cette littérature en Suède²¹³.

3.5 QUELQUES TRAITS SPÉCIFIQUES DE LA RÉCEPTION ITALIENNE

Comment a-t-on réagi en Italie face à l'écriture de Dagerman ? Quels sont les aspects stylistiques de son œuvre qui ont attiré l'attention de la critique et à quelles interprétations principales ont-ils donné lieu? Tino Cobianchi soutient dans un article dans *Il Tieino* que l'écriture de Dagerman est une écriture intense, « una scrittura intensa ». Mais comme nous l'avons déjà constaté pour *Bambino bruciato*, très peu de commentaires s'attachent au niveau stylistique ou à la composition des romans. En revanche, deux interprétations dominantes se cristallisent dans la réception italienne. La première, qui est aussi la plus courante, consiste à voir dans ses textes un testament littéraire. La deuxième correspond à l'attention portée au fait que Dagerman introduit beaucoup d'enfants comme personnages de ses textes.

---

²¹¹ « [...] sul piano europeo, a Kafka, tra noi italiani può valere un certo parallelo con Pasolini. » (*Wimbledon*)
²¹² « Stig Dagerman è nel panorama della letteratura svedese e mondiale ciò che Bergman rappresenta per il cinema. »
²¹³ « C'è la grande tradizione della letteratura operaia, che in Svezia assume rilevanza tale che la letteratura degli ultimi cinquant'anni non può in alcun modo prescinderne. »

Le mot « testament » est souvent utilisé en parlant des textes de Dagerman en Italie. Selon Angelo Ferracuti, la nouvelle « Il Viaggiatore » en particulier, est « une sorte de petit acte testamentaire »[214] (*Corriere dell'Umbria/Viterbo/Civitavecchia*). M. G. Gibelli, le critique de *Famiglia Cristiana*, pense aussi que Dagerman a laissé un « testament culturel »[215] alors qu'Elisabetta Laezza parle dans *Nuova Città* d'un « testament spirituel »[216]. Le fait de qualifier un texte fictif de « testament » signale dans une certaine mesure une lecture autobiographique.

Les critiques italiens n'ont pas tort lorsqu'ils attirent l'attention sur les nombreux enfants peuplant l'œuvre dagermanienne, « les protagonistes "bambini" » selon l'expression de Ludovica Cima dans *Letture*. C'est une observation qu'on a omis de faire, ou alors pas de manière aussi explicite, en France ou en Suède. Dès le titre de l'article publié dans *L'Unità*, Grazia Cherchi met en avant l'idée des personnages enfants : « Scoprendo Dagerman e i suoi bambini », (« À la découverte de Dagerman et ses enfants »). L'*Avvenimenti* comporte ce commentaire apporté par un auteur anonyme :

> Sono storie dense, stratificate, in cui la presenza del bambino, il suo sguardo, la sua innocenza aggiungono ulteriore e più straziante inquietudine ad un mondo già profondamente turbato.

On ne parle donc pas de cette « présence de l'enfant » dans la réception française. Il est intéressant de noter cette différence entre les réceptions, et de voir que certains critiques italiens ont fait une lecture selon la perspective de l'enfant. En d'autres mots, ils ont perçu l'écrivain comme quelqu'un qui se met à la place de l'enfant pour raconter le monde selon son point de vue. Cette sorte de narratologie « enfant » apparaît dans les titres suivants de deux comptes rendus de *I Giochi della notte* : « Dagerman, un mondo di bimbi » (Enzo Siciliano, *L'Espresso*) ; « Bambini » (Gianfranco

---

[214] « [...] una specie di piccolo atto testamentario prima dell'ultima, definitiva partenza. »
[215] « [...] uno degli scrittori svedesi più interessanti e complessi, lascia il suo testamento culturale »
[216] « [...] sorta di testamento spirituale, contiene già in nuce il suo tragico destino »

Ravasi, *Avvenire*). A. Gaccione pense pour sa part que « le thème le plus cher à Dagerman » est « l'univers des enfants », et plus spécifiquement qu'il s'intéresse aux enfants « dans la douleur », puisque « Bambini nel dolore » est le titre de son article qui dans *Avvenimenti*, rend également compte de *I Giochi della notte*.

3.6 Mots significatifs de la réception italienne

Il y a des mots qui reviennent souvent dans la réception italienne et qui représentent soit des sentiments soit des états d'âme évidents pour tout lecteur de Dagerman. Ces mots particulièrement significatifs en disent long sur la façon dont les critiques ont voulu présenter l'écrivain, sur leurs interprétations de l'œuvre et sur leurs sentiments à l'égard de cette œuvre. Voici une liste de ces mots :

Les mots significatifs
 Angoscia
 Colpa
 Crudeltà
 Disperazione
 Genio
 Indifferenza
 Ingiustizia
 Innocenza
 Lucidità
 Paura
 Pessimismo
 Solitudine
 Spleen

Ces mots significatifs sont représentatifs de la réception italienne, car ils sont souvent répétés par les critiques et chargés d'un sens spécial, typique de la vision qu'on a de Dagerman en Italie. Ils concernent à la fois Dagerman en tant que personne et son œuvre. Ces expressions sont sémantiquement proches ; le dénominateur commun de la plupart d'entre elles est le concept d'« angoisse ». Les mots « Désespoir », « spleen », « solitude », « peur », « cruauté » comportent tous une connotation en rapport avec l'angoisse. Cela vaut également pour le mot « culpabilité », étant donné qu'on ressent rarement de la culpabilité sans une certaine angoisse, et pour les mots « pessimisme » et même « injustice ». Trois de ces mots, par contre, renvoient à des valeurs différentes, sans lien avec le concept d'angoisse et porteurs de connotations positives ; ce sont « lucidité », « innocence » et « génie ». Entre ces deux pôles – l'un marqué par l'angoisse, les sentiments de peur, de désespoir et ainsi de suite, et l'autre pôle caractérisé par la luminosité pure du génie, se trouve l' « indifférence », qui n'appartient à aucun d'entre eux, mais se situerait pourtant plutôt du côté des sentiments angoissants (puisque l'indifférence a éventuellement une tendance à en être accompagnée).

Plusieurs mots significatifs sont donc reliés au sens du mot d' « angoisse », et ce concept est traité en toutes lettres dans les comptes rendus de Bruno Berni (*Il Manifesto*) et de Giovanni Maria Franzosi (*Il Quotidiano nuovo*). Maria Valeria D'Avino parle d'une « angoisse profonde » de Dagerman dans *Leggere*[217]. Ludovica Cima brode au contraire sur le thème de la lucidité en expliquant que Dagerman est « condamné à la lucidité » (« condannato alla lucidità », *Letture*). Mais elle pense également que Dagerman est pessimiste et même un « pessimiste total »[218]. Rappelons par ailleurs que certains critiques français ont aussi affirmé que Dagerman fait partie des « grands pessimistes ».

Plusieurs critiques italiens commentent l'innocence de Dagerman (entre autres Angelo Ferracuti pour le *Corriere dell'Umbria/Viterbo/Civitavecchia*, l'auteur inconnu de *Mare* et

---

[217] « [...] l'angoscia profonda che in Dagerman, cui è negata ogni soluzione metafisica, si esprime talvolta in forma di enigma psicologico, di "grido" o di silenzio. »
[218] « Dagerman dunque è pessimista totale; nella sua letteratura non c'è segno di euforia progressista, ogni entusiasmo è spento, si respira un'ostinata opposizione a tutte le false promesse, la paura del futuro aggredisce la pur ragionevole speranza che l'uomo riesca a far fronte, come sempre, alle sfide della Storia, l'illusione del riscatto rende ancora più amara l'ineluttabile sconfitta. »

Andrea Ferrari dans *Il Cittadino*). Le critique anonyme de *Amicotreno* trouve que Dagerman décrit « le malaise existentiel, la disharmonie de la réalité et le besoin de vérité » :

> I testi che ci ha lasciato sono a testimoniare di una innocenza ferita che trova nella scrittura lo strumento per ribellarsi alla ingiustizia, con una radicalità che non ammette patteggiamenti. Il suo pensiero e la sua mano descrivono con esattezza e spietatezza il dolore, il disagio esistenziale, la disarmonia della realtà, il bisogno di verità.[219]

Ce critique, qui commente ailleurs la « straordinaria sensibilità » de Dagerman, introduit ici une nouvelle lecture de l' « innocence ». Dans la réception française, on parle beaucoup de l'innocence. Mais en Italie, les critiques introduisent un aspect nouveau, celui de l'innocence « blessée », « una innocenza ferita », qui semble mieux rendre justice à l'essence de l'œuvre dagermanienne.

Plusieurs critiques insistent sur le thème de la peur. Le critique de *Libertà*, Lucia Cerri, avance que la peur est réellement le fil conducteur de *I Giochi della notte*. Dans la réception italienne, on trouve le mot « spleen », jamais observé dans la réception française bien que ce soit un mot issu tout d'abord de la littérature française. Ludovica Cima, le critique de *Letture* (1992), utilise aussi cette expression, et l'auteur anonyme de *L'Adige* parle de « lo spleen della vita ».

L'indifférence semble être un mot que l'on estime approprié pour décrire l'attitude de Dagerman. Il est étonnant que la critique française n'ait pas porté attention à ce phénomène. Maria Valeria D'Avino parle dans *Leggere* de l'indifférence « qui nie l'existence même »[220]. Un autre concept dagermanien, et un mot significatif de la réception italienne, est le mot « solitude ». Dans la *Gazzetta di Reggio*, l'auteur anonyme fait une liste des thèmes

---

[219] « Les textes qu'il nous a laissés sont le témoignage d'une innocence blessée qui trouve dans l'écriture l'instrument pour se révolter contre l'injustice, avec une radicalité qui n'admet pas de négociations. Sa pensée et sa main décrivent avec exactitude et cruauté la douleur, le malaise existentiel, la disharmonie de la réalité, le besoin de vérité. »
[220] « L'indifferenza che nega l'esistenza stessa [...] »

dagermaniens en commençant par la solitude [221] : « [...] ses thèmes, solitude, amertume de la trahison, incompréhension, l'écroulement de notre désillusion sur nous-mêmes ».

3.7 BILAN : L'ŒUVRE DE DAGERMAN, SON « TESTAMENTO SPIRITUALE »

À propos de la réception italienne de l'œuvre de Stig Dagerman, nous trouvons important de dire qu'elle se distingue de la réception française d'un point de vue non seulement qualitatif mais aussi quantitatif. Un nombre surprenant d'articles furent publiés dans la presse italienne pendant une période assez limitée. En Italie, on commence tard à publier la littérature nordique (de façon sérieuse à partir des années 1990 seulement), mais la presse suit les livres avec beaucoup d'attention. Cela représente une différence notable par rapport à la France, où aucune édition de Dagerman n'a été accueillie avec autant d'articles dans la presse.

Cet état de faits est en grande partie lié à l'existence de la maison d'édition Iperborea et à son éditrice Emilia Lodigiani. Plusieurs critiques remercient effectivement cette maison d'édition d'avoir fait connaître la littérature nordique en Italie[222]. Sur le plan qualitatif, notons que les critiques ne sont pas aussi enclins à mythifier l'écrivain étranger qu'en France. Il est vrai qu'on insiste sur la présentation de Dagerman comme « un grand écrivain suédois », mais si on mythifie quelque chose par rapport à lui, ce sont plutôt ses origines, parfois présentées comme mystérieuses. Nous avons par exemple signalé le parallèle établi entre son œuvre et « una folata di gelo nordico ». Cependant, la presse italienne présente en général Dagerman en citant des faits et avec des commentaires à la fois positifs et négatifs, ce qui crée un portrait relativement nuancé de l'écrivain, sans tendance forte à la mythification.

Si l'on compare avec la réception française, la réception italienne comporte moins de commentaires portant sur le style de

---
[221] « [...] i suoi temi: solitudine, amarezza da tradimento, incomprensione, la desolazione del crollo dell'autoinganno. » [Ce dernier terme est difficile à traduire en français.]
[222] Parmi d'autres Franzosi dans *Il Quotidiano nuovo*.

Dagerman. Les comparaisons entre l'œuvre et l'art cinématographique proposées par les critiques français n'ont pas de contrepartie en Italie. Par contre, certains thèmes nouveaux de la réception italienne ne figurent pas dans la réception française notamment celui des personnages enfants auquel plusieurs critiques italiens portent attention. En Italie, les livres de Dagerman sont souvent accueillis comme son testament (spirituel, littéraire etc.), une idée qui n'a pas été développée de la même manière en France. Finalement il est intéressant de constater que la réception italienne, par rapport à la française, souligne plus fermement l'aspect politique et anarchiste de l'œuvre dagermanienne.

Entretiens

ENTRETIEN AVEC PHILIPPE BOUQUET
de Karin Dahl, Le Mans, le 30 janvier 2004

Philippe Bouquet est traducteur de plus d'une centaine de livres suédois en français, il a reçu entre autres le Prix personnel du fond Ivar Lo-Johansson, et est également professeur honoraire de langues et littératures scandinaves de l'Université de Caen.

Eyvind Johnson, le prix Nobel

KD : Si on parlait un peu de la fortune, ou infortune, de l'écrivain suédois Eyvind Johnson en France. Qu'a changé pour lui le fait de recevoir le prix Nobel (partagé avec Harry Martinson en 1974) ? De quelle manière cela a-t-il affecté sa réception ? Chez les libraires, ses livres (dans la mesure où on les trouve !) portent un bandeau rouge sur lequel est marqué « Prix Nobel ». Malgré cela, il reste très peu connu, presque invisible. Finalement, ce prix Nobel l'a-t-il aidé ou a-t-il été un obstacle pour lui (comme on dit en suédois « hjälpa eller stjälpa ») ?

PhB : Il n'a rien changé. La meilleure preuve c'est que, quand il a eu le prix Nobel, STOCK son éditeur à l'époque, a uniquement réédité le premier volume du *Roman d'Olof*, sous une couverture différente et un titre malhonnête. Malhonnête, parce qu'ils l'ont appelé *Le Roman d'Olof*. Or, comme vous savez, cette oeuvre comporte quatre volumes. C'est scandaleux, car celui qui ne sait pas cela croit acheter l'ensemble, alors qu'il n'en a que le premier quart. Ç'aurait été le moment de publier l'œuvre intégrale ! Mais ils n'ont strictement rien fait et n'ont jamais poursuivi la publication par la suite. La seule chose à noter, c'est un article de Bjurström dans *Le Monde* à l'automne 1974, au moment de l'annonce du prix, sur Johnson *et* Martinson, les deux à la fois, bien entendu. On ne peut donc dire que ce prix ait eu un effet puissant en France. Il n'y a rien eu d'autre avant que je réussisse à faire publier *Écartez le soleil* et *Les nuages sur Métaponte*, une vingtaine d'années après, et, récemment, *Dolorosa* et *Le Nouveau Spartiate* (à savoir le recueil de nouvelles *Natten är här* scindé en deux).

KD : *Heureux Ulysse* a aussi été republié en 1974, chez Gallimard, au moment où il a reçu le Prix Nobel, mais c'est tout.

PhB : Impressionnant, n'est-ce pas ! Deux *rééditions* ! Pourtant, vous vous rappelez, le cas étonnant de la publication de *Lettre recommandée* avant *Stad i ljus*. Mais cela s'explique par le fait que Victor Vinde était bien introduit à Paris, connaissait le monde littéraire et a pu présenter Johnson à l'éditeur Kra, qui n'existe plus depuis longtemps. C'est ce qui explique cette publication absolument ahurissante.

KD : Ce livre, c'est vraiment curieux. Parfois il est marqué qu'Eyvind Johnson l'a écrit en français, parfois que c'est Victor Vinde qui l'a traduit en français, alors… ?

PhB : Je ne sais pas…il faudrait effectuer un test ! Mais ce ne serait même pas une preuve car Johnson a très bien pu *ré*écrire son livre en français, sans le traduire au sens strict. Qu'est-il marqué sur la couverture ?

KD : Il est marqué qu'il est traduit par Victor Vinde mais, curieusement, on lit souvent que c'est Johnson qui l'a écrit directement en français.

PhB : Je n'en sais rien, je n'en ai aucune preuve et elle serait difficile à obtenir maintenant… D'autre part, comme *Stad i ljus* a été publié après, rien ne dit que Johnson n'a pas remanié son texte pour la publication en suédois ! C'est possible. Ensuite il y a eu *Heureux Ulysse* en 50, *De roses et de feu* 56, puis rien d'autre jusqu'aux deux rééditions déjà mentionnées. Et plus rien à nouveau jusqu'aux années 90 & 2000. Dans les autres pays, je ne sais pas trop ce qu'il en est, mais je n'ai pas l'impression qu'il soit connu comme il le mériterait.

KD : Est-il possible que le scandale autour du prix Nobel lui ait nui ?

PhB : Le public français n'a absolument pas eu connaissance de cette polémique suédo-suédoise. Ce sont uniquement des écrivains suédois qui ont attaqué ce choix. Sven Delblanc, par exemple, et d'autres, ce qui me déçoit un peu de lui, car il a été assez violent et de façon immotivée, car ce prix était parfaitement mérité..

KD : Alors, ce n'est pas un scandale qui a eu des échos dans la presse mondiale ?

PhB : C'était presque... « uppsalien », si vous voulez. Les Français n'en ont rien su. Ce prix a apporté à Johnson une certaine aisance financière mais, comme vous savez, il n'en a pas profité longtemps puisqu'il est mort moins de deux ans après. Le prix Nobel qui tue...

Écartez le Soleil *et les romans historiques*

KD : Pour revenir à *Écartez le soleil*, que vous avez traduit en français en 1992, il n'a jamais été republié en Suède depuis sa parution en 1952. Ce livre sort un peu de l'œuvre d'Eyvind Johnson, qu'en pensez-vous, vous qui êtes son traducteur?

PhB: Je l'ai traduit bien avant 1992, mais j'ai mis plus de dix ans à le placer. C'est un livre très étrange. Semi-épique et semi-dramatique. J'ai entendu dire que Johnson avait voulu écrire une pièce de théâtre, au départ, et ensuite décidé d'en faire un roman. Mais au lieu d'ôter le dramatique, il l'a intégré dans la forme épique. C'est ce qui explique cette étrangeté. On ne sait pas si c'est un roman ou une pièce. Il est parfois fait allusion à une scène et à des personnages qui s'avancent pour parler. C'est une bonne explication pour le fait que le roman se présente tel que aujourd'hui, l'auteur a mélangé deux formes : la dramatique et l'épique. C'est très étrange mais très beau, aussi. Pour moi, c'est un résumé de l'histoire de l'Europe, à travers les siècles, en fait, mais cela s'ouvre aussi sur l'avenir, comme toujours avec Johnson. C'est encore plus net dans *Les nuages sur Métaponte*, où l'auteur explique un peu plus clairement sa vision de l'histoire. Pour lui l'utilité de l'histoire consiste à apprendre du passé pour prévenir la répétition des erreurs et des crimes. Il y a un peu de cela aussi dans *Écartez le soleil*, mais surtout dans *Les nuages sur Métaponte*.

KD : C'est le cas dans tous les romans historiques de Johnson, non ? Dans *De roses et de feu* et *Heureux Ulysse* qui est présenté comme un « Un roman sur le présent ».

PhB : Oui, c'est pour cela qu'il est un grand écrivain de romans historiques. Non pas comme en France, où l'auteur détaille ce que les personnages mangeaient, combien ils dormaient, quels vêtements ils portaient, etc. Ce n'est pas du tout la conception que se fait Johnson de ce genre.

« Traduit et adapté »

KD: J'aime aussi beaucoup cela dans les romans historiques de Johnson. J'ai d'ailleurs rédigé une étude sur la traduction française d'*Heureux Ulysse*. Sans vraiment appliquer une théorie spécifique de la traduction, j'ai procédé en comparant le texte traduit avec l'original[223].

PhB : C'est très bien ainsi ! Je signale qu'il existe aussi une thèse française récente qui traite d'*Heureux Ulysse*, plus précisément du mythe d'Ulysse dans *Heureux Ulysse*, *Ulysse* de Joyce et dans *Naissance de l'Odyssée* de Giono[224].

KD: Je trouve dommage que, dans la traduction de 1950, comme dans beaucoup de celles des années 50, comme vous le savez bien, la masse de texte...

PhB: ...a diminué !

KD: Ah oui, beaucoup. Il y a à peu près un tiers du texte qui manque, si on regarde le nombre de pages, de paroles. Ils ont enlevé deux chapitres entiers (dans le roman original il y en a 31 et dans la traduction seulement 29 !). Les titres des chapitres manquent également, ils ont été remplacés simplement par des chiffres. Alors que, de manière générale, il faut plus de masse de

---

[223] 2003. "Den gränslösa litteraturen ? Att läsa översatta texter. *Strändernas svall* i fransk tappning", in *Humanistdagboken 16. Gränser*, Göteborg : Göteborgs universitets press (pp. 77-84).
[224] Grouset, O. 2002. *Le mythe d'Ulysse dans le roman moderne: Etude comparée d'Ulysse dans* Ulysse *de J Joyce, dans* Naissance de l'Odyssée *de Jean Giono, dans* Strändernas Svall *d'Eyvind Johnson*. Sous la direction de Yves Chevrel, Paris : Sorbonne.

texte, plus de paroles, pour exprimer la même chose en français qu'en suédois...

PhB: Je suis bien placé pour le savoir...

KD: Dans la traduction il y aussi beaucoup de choses qui manquent dans la prose même... des éléments explicites ou implicites, des allusions, des sous-entendus. Étant consciente que c'était, hélas, fréquent dans les traductions de jadis, je me réjouis davantage en lisant vos traductions. Prenons *Écartez le soleil*, dès qu'on jette un coup d'œil sur la masse du texte, on voit que tout est là, et de même en lisant – tous les éléments de la prose originale sont là !

PhB : Mes traductions respectent en effet le texte original et sont donc plus longues que lui. Le plus affreux c'est ce qui s'est passé pour *la Saga des Émigrants* de Moberg. Tu as vu cela ?

KD: Je n'ai pas regardé la traduction originale des années 50, mais j'ai lu l'étude de Elisabeth Tegelberg où elle la compare avec votre nouvelle traduction des années 90.

PhB: Si tu veux t'amuser : jettes-y un coup d'œil! C'est incroyable. Par exemple, ils ont ôté toute la scène de réconciliation entre Ulrika et Kristina. Alors que c'est l'un des évènements les plus importants du roman, sans lequel on ne comprend pas ce qui se passe ensuite. C'est ma femme qui m'a fait m'en apercevoir. Comme elle ne connaît pas assez le suédois pour lire un tel livre dans le texte, je lui ai donné l'ancienne traduction, la seule qui existait à l'époque. Et un jour elle m'a demandé : « Tu peux m'expliquer une chose : ces deux femmes, Ulrika et Kristina, étaient ennemies. – Oui, personnes différentes, expériences différentes... - Et maintenant, elles sont bonnes amies ? – Oui, à cet endroit du livre... - Brusquement ? – Non, tu sais bien qu'elles se sont réconciliées. – Ah bon ? – Oui, dans le train...- Il n'y a pas de train dans ce livre. – Mais si, entre Albany et Detroit. – Non, il n'y a pas de train – Si, il y en a un. » Alors, je sors le livre, je le feuillette, et voilà : plus de train, plus de réconciliation, rien. Les personnages sont à New York puis, tout d'un coup, à Chicago. Ce chapitre a tout simplement été supprimé.

KD: Comment des traducteurs et des éditeurs peuvent-ils s'arroger des droits pareils ? Faire ce qu'ils veulent...

PhB: Aucun traducteur ne ferait cela. Ce sont les éditeurs. On met "traduit et adapté" sur la couverture et cela justifie tout. J'ai eu le temps de rencontrer Moberg une seule fois avant sa mort. C'était à la Bibliothèque Royale de Stockholm. Quelqu'un qui me connaissait est venu me voir et m'a dit « Tu as vu que Moberg est là, quelques rangs derrière toi ?», « Non ! » J'ai réfléchi un moment et je me suis armé de courage, parce qu'il avait la réputation d'avoir un caractère difficile. Je suis allé le voir en m'excusant et je lui ai demandé s'il savait de ce qui était arrivé à son livre en français ? « Non, non je ne savais pas. J'ai signé un contrat pour un livre entier et non pas pour la moitié d'un livre » Je lui ai dit que je m'en doutais bien mais que je voulais juste l'avertir de ce qui s'était passé. C'est un cas extrême mais pas unique.

KD: Fréquent ?

PhB: Assez, les écrivains n'ont pas le temps de vérifier que la version traduite est complète.

KD: Et s'ils ne connaissent pas la langue...

PhB: Bien sûr, oui...

KD: *La saga des Émigrants*, est-ce la seule œuvre que vous avez retraduite ?

PhB: Non, j'ai aussi retraduit la première partie de *Orm le Rouge*[225] publié par Gaïa. Il existait déjà une traduction de cette partie, mais Gaïa voulait éditer l'œuvre entière. Ils ont pensé – à juste titre - qu'il n'était pas possible de juxtaposer deux traductions effectuées à cinquante ans de distance et c'est pour cela que j'ai refait toute la traduction.

KD: Alors ce n'était pas parce que la première traduction était mauvaise?

PhB: Non, elle n'était pas mauvaise, seulement un peu datée...ce qui est inévitable. La traduction de Moberg, elle, était franchement mauvaise.

---

[225] Bengtsson, F. G. *Röde Orm.*

KD: Ce roman a eu de la chance, en tous cas, de paraître dans une nouvelle traduction... tous ne l'ont pas, même s'ils en auraient besoin parfois ! *Heureux Ulysse* pour n'en citer qu'un.

Les stratégies de traduction

KD : Est-ce vous qui choisissez les livres que vous traduisez ? De manière générale, cette décision dépend-elle de ce qui a déjà été traduit, ou bien est-ce vous qui avez eu des coups de cœur pour certains écrivains, certains livres ?

PhB: Les deux. Au début, je choisissais tous les livres que je traduisais et j'essayais ensuite de trouver un éditeur. C'est ce qui fait que, pendant longtemps, seul un tiers de mes traductions était publié, les deux autres restant dans mes tiroirs. Heureusement, ce temps-là est révolu. C'est plus équilibré, à présent, il arrive que j'aie des commandes mais aussi que je parvienne à faire accepter des oeuvres que j'ai choisies : par exemple les Martinson, les Johnson et les Dagerman chez Marginales[226]. C'est moi qui les ai amenés à les publier. Maintenant il est rare que je traduise quelque chose sans avoir un contrat au préalable. Quelques dizaines de pages, éventuellement, mais pas un roman entier. Mais il m'arrive aussi de recevoir des commandes que je n'ai pas du tout sollicitées.

KD: Ce n'est pas pour vous flatter mais je trouve que c'est vraiment un plaisir de lire vos traductions. Habituellement je trouve très étrange de lire de la littérature suédoise en français, or cela n'est pas le cas pour vos traductions ; c'est si comme elles étaient écrites directement en français ! Ceci m'amène à vous demander ; quelle est votre définition d'une bonne traduction ?

PhB: C'est une traduction qui ne donne pas l'impression d'en être une. Qui se fait oublier. Si un lecteur me dit d'une de mes traductions : « Je ne me suis pas aperçu que c'était traduit », je prends cela pour un compliment, le plus grand qu'on puisse recevoir en ce domaine. Ce n'est pas facile. On n'y arrive qu'avec les années, lorsqu'on débute on a très peur de s'éloigner d'un millimètre du texte, de la phrase, de la lettre. Il y a des gens qui

---

[226] La collection des textes littéraire chez la maison d'Édition Agone.

estiment que s'il y a une virgule en suédois, il en faut une en français et ainsi de suite. Trois mots en suédois, trois en français, un point d'exclamation en suédois, un français, etc. C'est ce que j'appelle des traducteurs de mots, des personnes qui traduisent des mots et non pas des livres. Il faut oser prendre certaines libertés littérales. Car, d'une part, les langues sont différentes, et d'autre part, la langue conditionne la pensée. On ne pense pas de la même façon dans des langues différentes. Si tu veux faire une étude intéressante, regarde l'œuvre de Karen Blixen ! Comme tu le sais peut-être, elle a écrit tous ses ouvrages elle-même en danois et en anglais. Compare et tu verras !

KD : C'est intéressant !

PhB : Elle n'écrit pas de la même manière. Elle change des choses : elle en a le droit, c'est elle qui décide ! Dans un recueil que j'ai traduit d'elle, j'ai été surpris de constater qu'elle change des noms propres et même des chiffres ! Quelque chose qui coûte 1530 couronnes dans une version peut en coûter 326 dans l'autre. Regarde et tu verras qu'elle sait qu'elle écrit dans une *autre* langue : elle l'utilise alors comme elle sent qu'il le faut.

KD: Cela me semble raisonnable ; on peut presque avoir des personnalités différentes dans des différentes langues.

PhB: C'est pourquoi je qualifie le traducteur de schizophrène. C'est exact ! Il faut travailler sur deux pistes parallèles, comme des rails. Il faut qu'elles entretiennent certaines relations mais qu'elles ne se rejoignent qu'à l'infini, c'est-à-dire en dehors du texte, comme les parallèles.

KD: Mais c'est si difficile, il faut un tel équilibre !

PhB: C'est en effet cela qui est difficile. On finit par oser un peu plus au fur et à mesure de l'expérience, on se sent un peu plus détendu et on ose interrompre une phrase, mettre un point final ou d'exclamation là où il n'y en avait pas, transformer un participe présent en proposition relative, un substantif en adjectif ou inversement.

Problème de la littérature étrangère : les connnaissances culturelles du lecteur

KD: Justement, traduire deux langues, comme le suédois et le français, qui sont si différentes et ne font pas partie de la même famille linguistique, c'est quelque chose de très spécial ; c'est autre chose que traduire du norvégien en suédois, ou de l'italien en français. Si on traduit du chinois dans une langue indo-européenne, les différences sont évidemment d'autant plus marquées. Par différences, j'entends celles d'ordre linguistique mais aussi *culturel*, c'est-à-dire les connaissances dont le lecteur, et d'abord, le traducteur sont dotés.

PhB: Deux choses. Il y a d'abord la langue qui diffère, comme le suédois du français. Je dis toujours que le suédois est concret et le français abstrait, le suédois synthétique, le français analytique, et ainsi de suite. Ainsi, il y a *la nature* propre de la langue qui fait qu'il y a deux mondes linguistiques différents. Mais il y a aussi les *référents :* le plus difficile à traduire, c'est ce qui n'est pas dans le texte, ce qui n'est pas exprimé mais que tu dois connaître pour le comprendre : le plus difficile à traduire, c'est ce qui est *entre* les lignes, l'inexprimé.

KD: Comment, au fait, vous préparez-vous à traduire un livre ? Vous lisez le livre plusieurs fois, vous vivez dans cette ambiance avant de commencer la traduction ?

PhB : Pour être bon traducteur, il faut lire beaucoup. Et, pour bien traduire tel ou tel livre, il faut être en empathie avec lui. Parce que, sinon, c'est très pénible. Il faut se laisser aller aux personnages, au récit, c'est pourquoi j'ai plus de facilité à traduire de la prose de fiction, parce que dans un roman il se crée une ambiance, un monde auquel on peut s'identifier. J'ai plus du mal à traduire des textes factuels parce que c'est plus rigide. Parmi les livres de Björn Larsson celui que j'ai eu le plus de mal à traduire est celui qui s'appelle *La sagesse de la mer,* en français, parce qu'il parle des voyages, de la mer, mais pas sur le mode de la fiction. Dans un roman il y a des personnages, un milieu, même s'il est étrange. Pour *Les nuages sur Métaponte*, j'ai relu l'*Anabase* de Xénophon, pour me mettre dans l'ambiance, pour essayer de retrouver des personnages etc. Il faut aussi lire *autour* du texte... Mais ce que je me demande toujours, c'est comment l'auteur dirait cela, s'il écrivait en français ?

KD : Je vois.

PhB : Cela aide beaucoup ! Ne pas trop me fixer sur ce qui est dit et surtout sur la *façon* dont c'est dit, pour ne pas soupirer « ah ! si seulement il avait dit cela autrement ! » Il est certain que, maintenant, je prends certaines petites libertés, des libertés "textuelles", c'est-à-dire par rapport à la *littéralité* du texte. Mais je crois que c'est nécessaire pour bien le servir. Je me rappelle avoir entendu Vargas Llosa dire à la télévision : « Il faut laisser une certaine marge de liberté à son traducteur ». Merci Monsieur, et bravo ! Il a tout compris !

KD : Cela m'intéresse beaucoup. J'appelle cela « l'interculturalité de la littérature » mais aujourd'hui on pourrait peut-être dire « mondialisation », bien que la littérature ait été traduite depuis... très longtemps !

PhB : Je n'aime pas beaucoup le mot de « mondialisation » ni la chose, mais interculturalité, c'est très bien !

KD : Cependant la littérature qui est traduite peut se heurter à un certain nombre d'obstacles et là, le traducteur est un médiateur...

PhB : C'est certain. Mais on peut aussi échouer, parce qu'on ne trouve pas le bon langage. On se demande toujours si on doit respecter les bizarreries du texte, dans quelle mesure ? Si c'est bizarre dans la langue-source, il faut que ce le soit aussi dans la langue-cible. Mais il ne faut pas oublier qu'après le traducteur il y a l'éditeur, qui relit ce que celui-ci a écrit et dit : « Oh mais ça ne va pas du tout ! On ne peut pas dire ça ! » etc. Dans le meilleur de cas il consulte le traducteur, mais pas toujours.

KD : J'essaye de réfléchir autour du lecteur d'une littérature étrangère. Justement, quand le lecteur n'a pas les mêmes connaissances culturelles que l'écrivain, les problèmes éventuels que cela peut poser, à quel point le traducteur est-il en position de les résoudre ?

PhB : Le lecteur est un facteur important, mais il faut surtout qu'il soit disponible, qu'il accepte des façons d'écrire, de penser, de réagir, de ressentir différentes des nôtres. Sinon, je ne vois pas trop l'intérêt d'une autre littérature. Pour moi, le plaisir, l'essence de la littérature, c'est de vous transporter, vous faire vivre par procuration. Moi qui suis un petit bourgeois français de XXe siècle, j'aime pouvoir être dans la peau d'un pasteur anglais du XVIIIe, d'un mineur allemand du XIXe etc. Pour moi, c'est ça la littérature. Sinon, je trouve qu'il n'y a pas besoin de littérature, surtout étrangère.

KD : Mais le lecteur d'une littérature étrangère peut être choqué ou étonné par sa lecture...

PhB : Un lecteur qui est choqué n'a qu'une chose à faire : fermer le livre et cesser de lire. Si je ne suis pas prêt à accepter ce que je lis, il ne faut pas que je lise. Qui peut me jurer que ce que je vais lire est bien, sensé, correspond à mes idées ? – Personne ! Je lis ce qu'a écrit une autre personne pour prendre connaissance de ce qu'elle a pensé, ressenti, imaginé etc. C'est ça, lire. C'est vraiment se mettre à la merci de quelqu'un d'autre. Ce qui ne m'oblige pas à accepter tout, à dire : « il/elle a raison », etc. La lecture, c'est prendre connaissance d'autre chose que soi-même, sinon il n'y a pas de raison de lire.

L'image de la Suède à travers la réception de la littérature suédoise en France

KD : Dans le cas de la réception en France du roman de Stig Dagerman *Enfant brûlé*[227] - vous l'avez sans doute aussi remarqué dans les articles de presse le concernant, puisque vous les avez aussi dépouillés pour écrire votre article « La réception de Stig Dagerman dans les pays francophones »[228], j'ai souvent eu l'impression que le lecteur (donc ici en tant que critique) était choqué, qu'il trouvait quelque chose bizarre, et que ce quelque chose - il l'associe à la Suède, comme si la Suède était bizarre par nature. Par exemple le fait que le personnage principal, Bengt, et son père se soûlent ensemble à l'eau de vie (dans leur détresse

---
[227] L'Enfant brûlé *de Stig Dagerman: la réception par la critique française lors de sa publication en 1956.* 2002. Mémoire de D.E.A, non-publié. Université de Paris VII et l'Université de Stockholm.
[228] In Périlleux, G. (éd.) 1998. *Stig Dagerman & l'Europe.* Paris : Didier Érudition.

après la mort de la mère) le lecteur français trouvait que c'était étrange et que cette étrangeté était typiquement suédoise ; il trouvait aussi qu'ils mangeaient mal, qu'en Suède on ne mange que des boites de conserves, on ne boit que l'eau de vie. Personnellement je trouve regrettable que cette image de la Suède, que je ne trouve pas très juste, soit acceptée ou crue.

PhB : On peut estimer que l'idée de la France qui figure dans certains œuvres littéraires, n'est pas très flatteuse non plus, rassure-toi ! On boit aussi pas mal dans certains livres français ! Mais il faut que le lecteur accepte d'autres coutumes, d'autres façons de penser, de boire, de manger, d'aimer, de lire ou de quoi que ce soit. Sinon ce n'est pas la peine de lire, et surtout pas de la littérature étrangère, encore une fois.

KD : Ce roman de Dagerman, *Enfant brûlé*, la critique française le jugeait souvent sous l'angle de *l'angoisse* et mettait cela en rapport avec celle qui existe dans le pays, à un point tel qu'on ne sait plus si c'est l'image de Stig Dagerman qui affecte l'image de son pays, ou si c'est l'image de la Suède qui affecte l'image de l'écrivain. La réception de Stig Dagerman en France est tellement marquée par des notions telles qu'angoisse, désespoir, suicide, sombre... tous ces mots très...

PhB : Ce que les Anglais qualifient de « gloomy », à propos de Dagerman.

KD : Oui, exactement.

PhB : Les critiques aiment bien broder sur un thème. On prend le mot angoisse et tout le reste vient avec : noir, cauchemar etc. C'est souvent un peu facile, mais il faut dire aussi que les critiques écrivent pour des journaux, c'est-à-dire un peu vite. Le critique qui travaille pour la presse quotidienne, ou même hebdomadaire, n'a pas beaucoup de temps pour digérer ses impressions. Il n'a pas beaucoup le temps de réfléchir, de mettre en question ses idées. C'est différent quand on écrit un ouvrage à caractère d'essai ou scientifique, une thèse par exemple, là on a le temps - et même le devoir - de la réflexion. Je reconnais que la critique de presse est beaucoup plus difficile parce qu'il faut réagir vite ; il faut fournir le papier très vite, même pour un hebdomadaire ; ils sont humains, ils ont leurs défauts. Mais quand un critique est sincère, cela ne me gène pas qu'il soit sévère, voire qu'il se trompe. S'il est sincère, si c'est vraiment ce qu'il ressent et qu'il donne des bons arguments... Ce que je n'aime pas, c'est les jugements à priori. Ce n'est pas de la critique, c'est de l'idéologie. On estime que tel ou tel livre est idéologiquement inacceptable, alors on trouve n'importe quel prétexte pour le démolir. Mais une critique honnête, encore une fois, qui sait argumenter, qui fournit des arguments... c'est normal. Je n'attends pas qu'on dise uniquement du bien... même de mes traductions, j'attends qu'on les lise, c'est autre chose. Parce que tu sais bien que la meilleure façon de tuer un livre c'est le silence, ne rien en dire. Beaucoup de livres scandinaves, *Écartez le soleil* par exemple, ont été tués par le silence. La presse, en particulier hebdomadaire, est vendue aux gros intérêts, c'est-à-dire que si tu regardes les critiques qui paraissent, tu trouves toujours à côté ou tout près un pavé publicitaire. Autrement dit, si l'éditeur achète tant de centimètres carrés du journal, il y aura un article sur son livre. Mais celui qui n'achète pas d'espace publicitaire s'en passera. On ne peut pas penser à tout le monde !

KD : C'est terrible...

PhB : Oui, mais c'est ainsi que cela fonctionne. Regarde les hebdomadaires, même *Le Monde* et tu verras... ! C'est très dommage, parce que le rôle de la presse, c'est justement de corriger cela. Essayer de faire connaître des livres, des éditeurs qui n'ont pas les moyens d'acheter un espace publicitaire qui coûte une fortune. La meilleure presse, à mon avis, c'est la régionale, parce qu'elle n'est pas trop tenue par ces impératifs-là. Elle peut aller chercher des éditeurs, qui travaillent dans la région, par exemple. Elle est un peu plus libre et fait un peu mieux son travail. *France Culture* aussi, mais c'est un tel ghetto intellectuel qu'on peut parfois y dire n'importe quoi, parce qu'il n'y a personne qui écoute! Une cousine m'a dit une fois qu'elle m'avait entendu parler sur France Culture. J'ai répliqué : « Tu es bien la seule ! ».

Notre besoin de consolation est impossible à rassasier

KD : Stig Dagerman et Eyvind Johnson ont tous les deux publié des « petit livres » en France, je veux dire de vrais livres mais en petit format, autour de 30 pages. Je trouve très agréable le format des petits livres – comme « Arrêt dans les marécages » de Johnson, édité par le Sansonnet, et bien sûr « Notre besoin de consolation », de Dagerman, édité par Actes sud.

PhB : Il y a toute une histoire derrière cela. Quand j'ai traduit *Automne allemand*, j'avais aussi traduit quelques autres articles de Dagerman, parce qu'*Automne allemand* n'est pas un gros livre et je pensais qu'on pourrait peut-être en profiter pour publier quelques autres textes de lui en français. Il y en avait une bonne dizaine, je crois, mais Hubert Nyssen, qui dirigeait alors Actes Sud, a dit : « Cela ne m'intéresse pas, sauf – sauf *Notre besoin de consolation,* on va en faire un livre ». J'ai répondu : « Impossible, c'est un article », mais il a répliqué « Ce n'est pas grave, ce sera un petit livre ». C'est moi qui avais tort. Heureusement qu'il l'a quand même publié, car *Notre besoin...* tel qu'il est paru, est certainement l'œuvre de Dagerman qui s'est le plus vendue à ce jour. Et cela continue, toujours autant, l'année dernière je crois qu'ils en ont vendu dans les 3000 exemplaires. Ce qui est drôle, c'est que cela a fait boule de neige puisque, après cela, il est aussi sorti en petit format en Suède et en Italie, peut-être dans d'autres pays également, je ne sais pas.

KD : Et c'était inspiré de la France ?

PhB : Oui, l'exemple est venu de là. Et tout le mérite en revient à Hubert Nyssen. Moi, je n'aurais jamais osé.

KD : Et souvent, en regardant l'accueil de Stig Dagerman en France, son nom est associé avec ce titre, cette phrase « notre besoin de consolation est impossible à rassasier ».

PhB : Oui, il est très beau et il ouvre la porte aux fantasmes, c'est un texte qui interroge beaucoup. Une auto-interrogation, mais le lecteur ne peut éviter de s'interroger sur lui-même de la même façon. C'est en outre un texte qui plait beaucoup aux jeunes, sans doute parce qu'il n'est pas long mais très intense, très sincère, très brûlant. Je crois que beaucoup de gens ont découvert Dagerman par ce livre. J'ai eu des témoignages en ce sens : « J'ai découvert Dagerman dans *Notre besoin...* et ensuite j'ai lu *L'Enfant brûlé*, *L'Ile des condamnés* etc.» Eh bien, parfait ! Par ailleurs, je reçois tous les ans 2 ou 3 projets dramatiques à propos de *Notre besoin*... même si bon nombre d'entre eux n'aboutissent pas. Tu as vu la dernière mise en scène, celle de Jean-Claude Amyl ?

KD : Oui.

PhB : C'est l'une des meilleures, mais il y en a eu beaucoup d'autres, je ne les ai pas toutes vues. Ce qui est curieux c'est que Dagerman tente beaucoup les adaptateurs dramatiques. Il y a beaucoup d'adaptations dramatiques qui ont été réalisées à partir de ses textes. Alors que ses pièces sont peu jouées, il y a beaucoup d'adaptations de nouvelles. Il y a eu une excellente adaptation de *Où est passé mon chandail d'Islande* (Var är min islandströja) et aussi de *l'Enfant Brûlé* justement. Là, il y a quelque chose qui mériterait d'être étudié. Le rapport de Dagerman avec le théâtre et l'écriture dramatique. Quand tu lis *Le Condamné à mort*, tu sais que ce texte existe en version dramatique et en nouvelle, eh bien la nouvelle est beaucoup plus dramatique que la pièce. Il y a en particulier un détail que j'ai relevé : dans la nouvelle il est question à un moment de lèvres de femme que le condamné voit sur le mur de sa cellule. Tu te dis que « quelle idée merveilleusement dramatique! » Mais, dans la pièce, elle ne figure pas ! Bien sûr, il avait cette idée de dédramatisation, qu'il explique dans l'article « Entrérepliker » en suédois (que j'ai traduit sous le titre « Théâtre et réalité » parce que « répliques d'entrée » en français, hum...) Il y parle des "moyens autres que le Verbe" de créer l'action, la tension dramatique ; l'éclairage, les costumes, l'ambiance etc. Des lèvres sur un mur, c'est un moyen autre que le Verbe, il aurait pu se servir, mais non !

KD : C'est curieux !

Pär Lagerkvist

KD : Je vais vous poser une question sur Pär Lagerkvist (que vous n'avez pas traduit) mais que pensez-vous de ses traductions et de sa réception en France ?

PhB : Question délicate. Pour juger une traduction il faut la comparer à l'original, cela ne peut pas être fait "en l'air".

KD : Oui. Ne parlons pas de qualité, constatons seulement qu'il est beaucoup traduit en français.

PhB : Pär Lagerkvist jouit d'un certain prestige en France. Il a été beaucoup traduit, quantitativement, mais aussi par Vincent Fournier, qui est un excellent traducteur, c'est une garantie. Il n'est pas très difficile à traduire, il a une langue assez dépouillée, simple, même si la simplicité est souvent difficile à traduire, je suis le premier à le dire.

KD : Bien qu'il soit si traduit et diffusé en France, j'ai l'impression qu'il est quelque peu oublié. Pourquoi, selon vous, le lit-on moins maintenant ?

PhB : Oublié, peut-être… Mais l'essentiel de son œuvre est traduit, et c'est quand même étonnant quand on pense à Johnson et Martinson, qui sont toujours à peu près inconnus bien qu'ayant aussi reçu le prix Nobel. C'est surprenant, mais cela s'explique par le fait que Pär Lagerkvist tourne beaucoup autour des questions religieuses, de la foi.

KD : Vous pensez que ça plait aux lecteurs français ?

PhB : D'abord, je vais quand même dire que c'est forcément plus facile à traduire. La foi est un langage assez international. C'est beaucoup plus international que ce que fait Martinson par exemple, qui était quand même beaucoup plus spécifiquement suédois, quand il raconte son enfance dans les fermes suédoises etc. (Curieusement il y a Lagerlöf, Lagerkvist qui marchent bien, en France, il ne manque que Lagercrantz, mais il n'est pas connu !)

KD : C'est intéressant, que le sujet du livre soit plus parlant…

PhB : Les livres de Pär Lagerkvist parlent beaucoup de l'Antiquité, de la Terre sainte, de Barabbas. Ce sont des choses que les Français connaissent par l'école, la Bible, cela leur parle beaucoup plus qu'une enfance au fond de la Suède ou que le Norrland de Johnson…

KD : Donc bien qu'un livre soit traduit merveilleusement, cela aide beaucoup que le sujet soit international ?

PhB : Oh, oui, beaucoup plus que le traducteur ! Sûrement.

KD : Juste une petite remarque pour faire le lien avec Eyvind Johnson, beaucoup de ses livres parlent aussi de l'Antiquité, pourtant on dirait que cela ne l'a pas aidé ?

PhB : Oui, c'est vrai ! C'est un peu curieux...

Complexe de l'infériorité culturelle

KD : Quel est selon vous la vision en France de la culture suédoise, et notamment de sa littérature?

PhB : Les Français ignoraient le monde scandinave jusqu'à très récemment. Du point de vue culturel en particulier, qu'était-ce que la Scandinavie ou la Suède pour eux : le minerai de fer, la pâte à papier, le "péché suédois"... Un pays où on se suicide beaucoup, voilà ce que c'était ! Mais quant à la culture, aux artistes et écrivains, bien malin celui qui pouvait en citer un... Cela a changé un peu, heureusement, et je dois dire que c'est un peu grâce à IKEA, qui a introduit en France et dans le reste de l'Europe une autre vision de la Suède. Plus claire, un cadre plus léger, pratique, assez bon marché, qui a touché une clientèle assez jeune. Ma fille, par exemple se meuble chez IKEA, alors qu'elle est très peu concernée par la Scandinavie et beaucoup par l'Italie, au contraire. En plus, IKEA a pas mal popularisé Carl Larsson. Dans leur réclame, leurs magazines... La fortune (tardive), de Carl Larsson en France doit beaucoup à IKEA, cela mériterait d'être étudié. Petit à petit, on s'est intéressé à autre chose qu'à l'acier ou la pâte à papier. Mais les Suédois aussi sont un peu coupables dans la mesure où, pendant très longtemps, personne, en Suède, ne voulait investir dans la culture suédoise, surtout pas en France, pays de "grande culture". Combien de fois n'ai-je pas entendu dire « mais ça c'est très suédois, Johnson c'est un écrivain suédois, il ne peut pas intéresser les Français ! » Peut-être pas Johnson, mais Ivar Lo-Johansson par exemple...

KD: On peut peut-être parler de complexe de petit pays ?

PhB: Oui, tout à fait, de complexe d'infériorité culturelle. Jean-François Battail, mon collègue de Paris, maintenant en retraite, aime dire, et j'ai toujours retenu cette idée, que les Suédois sont, ou peut-être étaient, très fiers de leur système social, dont il disait qu'il avait des avantages mais aussi des inconvénients, mais qu'ils sont très peu fiers de leur culture alors qu'ils auraient beaucoup de raisons de l'être. Un Suédois ne met jamais en avant sa culture. Un Suédois ne se vante jamais d'avoir des grands artistes et des grands écrivains, un Suédois ne va jamais dire : chez nous, on a Johnson, Martinson... on a peut-être Strindberg, mais Strindberg a été imposé par la France et l'Allemagne, alors c'est pas un cas très probant. Le seul dont on se vante peut-être, c'est Ingmar Bergman, mais jamais aucun Suédois ne se vantera de Bo Widerberg, par exemple, à l'étranger. Oui la Suède a un complexe d'infériorité culturelle. Alors qu'elle peut avoir parfois un certain complexe de supériorité politique. Sans aller chercher le fameux "modèle suédois", qui est un concept que je récuse, on peut dire que pendant l'époque de Palme la Suède donnait un peu des leçons politiques au monde, il faut l'avouer. Mais elle n'aurait jamais osé en donner dans le domaine culturel.

KD : J'ai l'impression que la France met plus la culture au centre de la société...

PhB : Une certaine partie de la société, celle que tu fréquentes. Mais si tu allais dans les campagnes françaises, ce serait différent.

KD : Oui, d'accord, mais en arrivant en Suède déjà à Arlanda, l'aéroport de Stockholm, la première chose que tu vois ce sont les grands panneaux d'Ericsson « Welcome to Sweden, Ericsson » : c'est une société qui se concentre sur la technique, l'économie... la culture est relativement périphérique, c'est comme ça que je le vis personnellement en tous le cas.

PhB : En France on a souvent besoin d'une *excuse*, d'un prétexte culturel. C'est bien d'envelopper les choses dans un emballage "culturel' etc.

KD : Pour revenir à l'image de la Suède hors de ses frontières, les gens qui ont contribué à construire cette image de la Suède, comme Ingmar Bergman, Greta Garbo...

PhB : Tous ces gens que tu me cites ont beau être suédois, ils sont passés par l'étranger. Pour être connu en Suède il faut être reconnu à l'étranger. Cela, tu l'expliqueras mieux que moi.

Intervista con Emilia Lodigiani
Direttrice della casa editrice Iperborea
di Karin Dahl, Milano, il 31-05-2005

L'inizio della storia di una casa editrice...

KD: Mi ha sorpreso vedere quanti articoli ci sono nella stampa italiana sui libri svedesi editi da Iperborea.

EL: Con Iperborea siamo molto seguiti dalla stampa e lo siamo stati fin da subito. È vero che quando si ha un progetto editoriale così specifico e unitario c'è più interesse da parte della stampa. Anche con un'area culturale che non era ancora stata trattata, e con dei grandissimi scrittori. Non semplicemente interessanti perché non ancora pubblicati, ma perché erano scrittori di livello europeo che meritavano la pubblicazione.

KD: Il vostro obiettivo è di "far conoscere la letteratura nordica in Italia...": è difficile? Com'era ai vostri inizi, nell' '88, pubblicare letteratura nordica in Italia?

EL: È andata bene. Era un obiettivo nuovo in Italia. C'era poca letteratura nordica edita in Italia dopo la prima guerra mondiale – un'eccezione era Hamsun, che venne pubblicato fin da subito – poi ci furono venti anni di fascismo durante i quali si traduceva pochissimo. Solo attorno agli anni '50, e non prima, s'incominciò a tradurre di più: fu Mondadori a cominciare (con la collana della Medusa) e poi Rizzoli, Treves, più tardi Feltrinelli. In quel periodo si pubblicava un buon numero di scrittori nordici, tradotti dal tedesco o dal francese, che poi sono spariti, molti a causa della difficoltà di trovare traduttori dall'originale.

Poi c'erano molti pregiudizi verso il Nord. Un senso d'introspezione lontano dal nostro era percepito solo in termini negativi, con l'idea della tristezza, del suicidio. Il successo dei film di Bergman ha diffuso questo tipo di associazioni, che, malgrado la grandezza e la complessità delle sue opere, sono diventati luoghi comuni. Ma fu proprio attraverso il cinema che si venne a una maggiore conoscenza, con lo stesso Bergman e con Dreyer. Anche in campo letterario, i riferimenti principali di Strindberg e Ibsen hanno contribuito a fissare questa idea cupa del

Nord. Quando ho cominciato a realizzare il progetto di Iperborea tutto mi hanno detto: "Ah, la letteratura nordica! Sono così tristi, così cupi".

Volevo rompere con questa idea della tristezza, e al principio ho pubblicato anche autori più solari, come Tove Jansson.

KD: Poi ha avuto il coraggio di pubblicare Stig Dagerman, che non rientra molto nella categoria di allegria.

EL: Sì, Dagerman, non da subito. All'inizio ho cercato di evitare autori che fossero già stati pubblicati da altri (di Dagerman in Italia erano già usciti due titoli): volevo fare qualcosa di nuovo, pubblicare libri di 3, 4 o 5 mila copie, non di 100 mila copie. Il problema è che le grandi case editrici non investono in piccole tirature e quindi trascurano gli autori che difficilmente raggiungerebbero un gran numero di lettori. Invece per le piccole case questi autori sono perfetti: a me vanno benissimo 2000 copie, sono contenta.

L'immagine del Nord

KD: Secondo lei, l'idea della Nord in Italia oggi è cambiata?

EL: Sì. C'è una conoscenza migliore, anche reciproca: questo aiuta a far sparire gli stereotipi. Il cinema è comunque stato fondamentale per questo approfondimento.

KD: Mi interessa molto l'immagine del Nord in Italia oggi. Com'è?

EL: Adesso l'Europa è più unita: c'è più conoscenza, più scambi, con l'incremento del turismo ci si muove di più, anche verso il Nord. In Italia ad esempio in molti hanno sempre più voglia di andare in posti meno caldi: la gente si è un po' stufata delle vacanze sulla spiaggia. Soprattutto i giovani, con l'interrail e l'ERASMUS. Questo ha aiutato a togliere un po' di pregiudizi. Anche il fascino della natura è un elemento di forte attrazione per il Nord.

KD: Il Nord, la Svezia, sono ancora esotici in Italia?

EL: Sì. Restano esotici. Ma un esotico che coinvolge sempre di più: la natura, i laghi, le foreste che noi non abbiamo, è un esotismo che ha una grande presa sulla gente. È diverso, ma simile. Non è come l'America del Sud: andando al Nord scopriamo le radici comuni di una cultura europea.

KD: La parola o il concetto di 'boreale' cosa fa pensare ai lettori italiani?

EL: Attira subito moltissimo. Sorge spontanea l'associazione con l'aurora boreale che è proprio esotica, e non si vede da nessuna altra parte. Poi ci sono i miti. Anch'essi sono un punto forte di attrazione, una mitologia così diversa da quella che conoscono, quella greca. Ci sono anche le saghe, Tolkien, la magia.

KD: E l'immagine più specifica della Svezia...

EL: L'immagine della Svezia è come se avesse due facce: quella della tristezza, della solitudine esistenziale, del suicidio, e quella di una solitudine positiva, un'autonomia dell'individuo che si oppone al nostro affollamento. L'idea di una civiltà europea, capace di difendere i valori umani meglio di noi.

Un altro aspetto è il mito del "welfare state": si pensa che gli Svedesi abbiano trovato la terza via... Una società più giusta. E poi si ammira molto la parità delle donne. Soprattutto in Norvegia e in Islanda dove la rappresentanza femminile, nel parlamento e nella politica, è importante ed altissima.

Stig Dagerman

KD: Parliamo di Stig Dagerman.

EL: Stig Dagerman è grandissimo, vale Camus. Abbiamo ristampato *Il Viaggiatore* 6 volte. Ha avuto un grande successo. Ha venduto 10.000 copie. *Il nostro bisogno* ne ha vendute 14.000 copie. È un autore che si vende incredibilmente bene.

Soprattutto ha un pubblico giovane. Lo presentiamo spesso in libreria e in tutta Italia troviamo molti cultori di Stig Dagerman.

KD: Qual è l'immagine di Stig Dagerman in Italia?

EL: È l'immagine di un puro, di un anarchico, incapace di accettare le ingiustizie di vivere, di scendere a compromessi. Piace ai giovani perché si ritrovano nella sua ribellione contro la società, nel senso d'impotenza per non poter cambiare il mondo. È amato per la sua disperazione. La disperazione del puro che crede alle cose impossibili – agli ideali, alle aspirazioni – e che finisce per accusare se stesso. Non accusa gli altri. Non dice: "Mi arrendo perché il mondo è brutto, perché gli altri sono cattivi"; no, dice: "Mi arrendo perché il mondo è brutto e io non ce la faccio più."

KD: In Italia, l'immagine di Stig Dagerman non è così nera e marcata per il suo suicidio?

EL: No. È visto come un maledetto, che non può adattarsi alla vita. È un'affermazione forte.

Poi, non è uscito negli anni '50, è uscito 50 anni dopo. In Italia Stig Dagerman è un autore nuovo, non è un classico.

Anche la lingua piace ai giovani che lo scoprono in libreria, ci si ritrovano. Hanno un vero amore per questo autore.

KD: Ho visto che spesso Stig Dagerman è presentato in Italia come il "Camus svedese".

EL: Camus ha un certo rapporto con l'Italia. Quando Stig Dagerman scrive in *Att döda ett barn* (*Uccidere un bambino*) che è troppo tardi, questo è un'eco da Camus, che scrive che "non è troppo tardi", in *La Chute* credo. I giovani leggono più Stig Dagerman che Camus, perché Camus si legge a scuola, e Stig Dagerman no!

KD: Stig Dagerman, è letto come un esistenzialista in Italia?

EL: Sì. Come un esistenzialista e anche come un anarchico di sinistra. È una lettura anche politica.

KD: Avete cominciato a pubblicare Stig Dagerman nel '91 con due libri, dopo uno nel '94 e ancora uno nel '96. E dopodiché avete ristampato gli stessi, è vero?

EL: Sì, ogni volta che finiamo la tiratura lo ristampiamo: cerchiamo di tener "vivi" i titoli il più a lungo possibile: è ovviamente più facile con i contemporanei, ma cerchiamo di farlo anche con i classici e con Dagerman ristampiamo i suoi libri non appena sono esauriti. Nel progetto iniziale pensavo di pubblicare più classici, ma adesso dobbiamo dare la prevalenza ai contemporanei, sia per la crescita della concorrenza, sia per il gran numero di novità che vengono pubblicate. Bisogna tener presente che pubblicare un classico di 700 pagine come stiamo facendo in questo periodo con *Il tempo di Sua Grazia* di Eyvind Johnson è quasi un "piccolo suicidio" per un piccolo editore.

KD: Il teatro di Stig Dagerman, in Italia non è tradotto, non ci sono spettacoli?

EL: Non mi risulta, direi che i suoi drammi non sono per niente conosciuti. Non è come in Francia dove ci sono spesso spettacoli di Stig Dagerman.

KD: Questo rapporto con la Francia, com'è, infatti?

EL: Il rapporto con la Francia è molto personale. Ho vissuto a Parigi per 10 anni: è lì che ho letto gli scrittori nordici per la prima volta. Dopo sono ritornata in Italia e ho visto che non c'era quasi nulla di tradotto. Allora ho cominciato a farlo io. Lavoravo sulla mitologia e ho scritto un libro su Tolkien. Dopo volevo scrivere su Karen Blixen. La letteratura nordica l'ho scoperta da lettrice.

KD: Parliamo di *Il nostro bisogno...* che è stato il primo libro che avete pubblicato in Italia?

EL: Era il secondo, dopo *Il Viaggiatore*.

KD: Come mai l'ha pubblicato così in un volume piccolo, da solo?

EL: In parte su consiglio di Philippe Bouquet, il suo traduttore francese, che mi ha fatto notare il successo che aveva avuto in Francia. In parte perché ha un titolo così bello. Ma soprattutto perché è un testo talmente forte e commovente che mi sembra impossibile accostarlo ad altri. In fondo è proprio il testamento spirituale di Stig Dagerman, una confessione di totale disperazione, ma capace di passare un messaggio umano di forte speranza.

Eyvind Johnson

KD: Passiamo a Eyvind Johnson.

EL: Ho letto *Heureux Ulysse* e l'ho trovato bellissimo. Volevo pubblicarlo, ma è molto difficile da tradurre. Ho avuto 5 o 6 prove di traduzione, tutte poco fedeli all'originale e neppure belle in italiano. Quindi ho rinunciato, con molta tristezza. Di tutti gli autori che abbiamo pubblicato credo proprio che sia il più difficile da tradurre. Ci vuole un genio per tradurre Eyvind Johnson!

Poi, l'associazione di Johnson (Eyvind Johnson Sällskapet) ha deciso di promuovere in particolare *Hans nådes tid* e di farlo tradurre in varie lingue, scegliendo loro i traduttori e mi hanno proposto di entrare nel progetto, così ho accettato di pubblicarlo e oggi finalmente, dopo anni di lavoro, esce. Anche *Hans nådes tid* è difficilissimo da tradurre: Johnson ha una scrittura molto densa, ricca di neologismi, è una lingua sintatticamente "contratta", con costruzioni che funzionerebbero magnificamente in latino, ma che l'italiano non sopporta, va quindi leggermente "diluita", o sgrovigliata, ma se si diluisce troppo perde la sua originalità...

La letteratura straniera in Italia

KD: Com'è il rapporto di Iperborea con la casa editrice francese Actes Sud?

EL: Actes Sud mi piace molto. Anche il formato dell'edizione mi piaceva tanto che ho domandato a Hubert Nyssen, che era direttore all'epoca, "Je peux vous imiter?". Lui era molto contento: "oui, j'en suis flatté". Dopo, quando ha visto i libri si è quasi seccato!

KD: Perché i vostri erano più belli?

EL: Ai miei occhi sì, ma ovviamente io sono di parte!

KD: Guarda quello che succede negli altri paesi?

EL: Guardo cosa pubblicano gli altri, ma non guardo le vendite. Neppure in Francia, che è il paese più vicino al nostro: non siamo affatto comparabili. Ma è certo che con alcune case editrici abbiamo molte affinità di interessi e di gusti: per molti anni Actes Sud è stata per me fonte di ispirazione, ma in alcuni casi siamo stati noi a suggerire titoli a loro, insomma c'è un'ottima collaborazione. Comunque un libro può vendere benissimo in un paese, e in un altro per niente.

KD: Guarda cosa succede in altre zone linguistiche, ad esempio nel mondo anglofono?

EL: Gli inglesi traducono meno di noi. Stig Dagerman non ha nessun successo in Inghilterra, *Bambino bruciato* ha venduto solo 700 esemplari, meno di mille! In Germania, invece, tutti gli Scandinavi vendono bene. E gli editori italiani hanno incominciato a occuparsi dei nordici proprio dopo il grande successo che hanno avuto in Germania.

Per Iperborea, il "turning point" fu nel 1994 con la pubblicazione dell'*Anno della lepre* di Paasilinna (che finora ha venduto 80 000 copie).

KD: Com'è pubblicare la letteratura straniera in Italia?

EL: Ci sono soprattutto gli americani e i sudamericani. Gli italiani sono abbastanza esterofili, al contrario dei francesi. I francesi dicono che gli stranieri sono bravi, ma nessuno straniero può essere bravo quanto un francese. Gli italiani dicono che i loro scrittori sono bravi, ma non cosi bravi come gli stranieri.

In Italia manca totalmente il nazionalismo. Ci sono soprattutto le regioni, le città, quello che chiamiamo il "campanilismo", l'attaccamento al proprio territorio. Non ci sentiamo italiani. Forse per questo siamo aperti verso la letteratura straniera. C'è una grande tradizione di letteratura importata, ma non c'e una vera scuola di traduzione. Ci sono singoli casi di grandi traduttori, ma lo sono per dote e studio personale, non per formazione. Il lavoro di editing e revisione di una casa editrice seria come la nostra è immane. Noi non cambiamo comunque neanche una parola della traduzione senza controllare direttamente l'originale (pur avvalendoci, quando ci sono, anche di tutte le altre traduzioni disponibili che possano facilitare il compito. La qualità delle traduzioni è decisamente migliorata nel tempo, comunque. Se prendiamo i classici che si traducevano una volta, si trovano intere pagine tagliate, o molto rimaneggiate)

KD: Si può parlare di un lettore tipo dell'Iperborea? Quali sono i lettori e le lettrici dell'Iperborea: se si può definire "il lettore di Iperborea"?

EL: Sì. È un lettore molto fedele. Ci sono quelli che hanno letto tutto. Dei collezionisti che ci chiamano e dicono "Mi manca il numero 128".

Pubblico i libri che mi piacciono, per questo non do grande importanza alle vendite. Con i nostri lettori condividiamo gusti e passioni. E loro sanno che non possiamo deluderli, si fidano di noi. Condividiamo il gusto per i temi esistenziali, la letteratura che ha il coraggio di parlare della morte, del dolore, del senso della vita e di Dio.

Pär Lagerkvist

KD: Vorrei che mi parlasse di Pär Lagerkvist.

EL: È uno degli autori più facili da introdurre: per il premio Nobel, per *Barabba*, che è sempre stato in libreria, e il film di *Barabba* che la televisione italiana passa ogni due anni. Pär Lagerkvist va bene nel mondo cattolico.

KD: Lagerkvist, è letto com'un autore straniero o com'un autore "di casa", che parla di temi familiari?

EL: Pär Lagerkvist è letto come uno scrittore religioso, non come uno scrittore straniero o svedese. I giornali cattolici lo seguono molto. Ha avuto successo da subito.

E io lo amo molto. Tra le altre cose è uno dei tre scrittori che mi ha spinto a diventare editrice: Pär Lagerkvist, Folke Fridell e Sven Delblanc.

Karin Boye

KD: Ho visto che *Kallocaina* ha ricevuto molta attenzione dalla stampa italiana: come è stata la sua ricezione?

EL: Karin Boye la scoprii grazie a una tesi di laurea che mi mandarono, anche se non era molto ben fatta. Mi interessava il fatto che fosse una donna – ed è raro trovare una donna che scrive delle utopie: forse è la sola a creare delle visioni futuriste. *Kallocaina* è un po' come *1984*, solo che è stato scritto 10 anni prima: mi è piaciuta l'idea. Mi pento soltanto di non aver cambiato titolo… ma non ho avuto il coraggio con un classico. Non è andata bene.

KD: Nonostante gli articoli nella stampa?

EL: È vero che è difficile vendere senza avere recensioni, ma non è detto che con molti articoli, per quanto favorevoli, si riesca a vendere molto.

Processi editoriali

KD: La mia ultima domanda. I processi editoriali: come si fa la scelta e la decisione di pubblicare un autore o un libro? Già mi ha detto che si lascia guidare dal suo gusto, da ciò che ama.

EL: Al principio in Italia la letteratura nordica era quasi assente, mentre in Francia abbondava. Quindi inizialmente, quando ancora ero io a leggere i titoli in francese, la scelta di pubblicare un'opera dipendeva esclusivamente da me, e quindi pubblicavamo tante opere quante erano quelle che mi capitavano in mano e mi piacevano, ossia relativamente poche. Poi, un giorno, ho chiesto a un traduttore di leggere in originale un libro di Gustafsson, di cui avevamo già pubblicato un titolo: se a lui piaceva avremmo pubblicato anche quello. Alla fine, allargando sempre più la schiera di lettori e consulenti, ho cominciato a pubblicare sempre più velocemente: ora abbiamo recuperato il ritardo, a volte battiamo in velocità anche i Francesi! Quindi non possiamo più aspettare le traduzioni in altre lingue.

KD: Qual è stato il ruolo dei traduttori?

EL: Iperborea ha una ventina di traduttori. All'inizio, e per circa tre anni, facevamo un incontro al mese con i nostri collaboratori per discutere di potenziali libri da tradurre e pubblicare. Era molto simpatico, ma non molto efficace: dato che lavoravano con noi per passione e amicizia, e gratuitamente, sceglievano i titoli che a loro interessavano maggiormente e si prendevano tempi piuttosto lunghi... In ogni caso la decisione finale sui titoli da pubblicare è sempre stata mia.

TABLE

REMERCIEMENTS 5
1. INTRODUCTION 7
   1.1 PRÉAMBULE 7
   1.2 POINTS DE DÉPART THÉORIQUES : COMMENT PENSER
   L'INTERCULTURALITÉ LITTÉRAIRE ? 17
   1.3 RECHERCHES ANTÉRIEURES 26
      1.3.1 Dagerman en Suède 28
      1.3.2 Dagerman en France et en Belgique 32
      1.3.3 Dagerman en Italie 36
      1.3.4 Dagerman en Allemagne 38
      1.3.5 Dagerman aux Pays-Bas 38
      1.3.6 Dagerman dans le monde anglo-saxon 39
      1.3.7 Recherches antérieures : bilan 41

LA RÉCEPTION DE L'ŒUVRE DE DAGERMAN EN FRANCE. 43

2. VUE D'ENSEMBLE DE LA RÉCEPTION DE L'ŒUVRE
DE DAGERMAN EN FRANCE 45
   2.1 LA LITTÉRATURE SCANDINAVE EN FRANCE : LES INTRODUCTEURS 45
      2.1.1 Les manuels d'histoire de littérature scandinave 45
      2.1.2 Les relations littéraires entre la France et la Suède 49
   2.2 L'HISTOIRE DU PASSAGE DE L'ŒUVRE DE STIG DAGERMAN EN
   FRANCE 54
      *2.2.1 Survol des publications de Dagerman en France, et de leur
      réception* 54
      *2.2.2 Les débuts dans la revue littéraire ROMAN
      et chez Gallimard* 58
      2.2.3 L'époque Denoël 60
      2.2.4 L'époque Actes Sud 63
      *2.2.5 Mise en scène des pièces de théâtre de Dagerman
      en France* 68
      2.2.6 Les articles généraux publiés sur Dagerman en France 70
      2.2.7 Bilan préliminaire 71

3. LA RÉCEPTION DE *L'ENFANT BRÛLÉ* (1956) 75

3.1 SURVOL CHRONOLOGIQUE D'UNE RÉCEPTION 75
Dossier de presse de L'Enfant brûlé lors de sa publication en France 75
3.2 INTERFÉRENCES 77
   3.2.1 L'article de Célia Bertin 77
   3.2.2 La mort de Dagerman 79
3.3 INVENTAIRE DES THÈMES RELEVÉS PAR LA CRITIQUE 81
   Les sujets discutés 81
   3.3.1 Le suicide 82
      3.3.1.1 Le suicide en tant que « chef d'œuvre » 82
      3.3.1.2 Enfants du siècle 84
   3.3.2 Le style 86
      3.3.2.1 Le style concis 87
   3.3.3 La question générique 90
      3.3.3.1 À quel sous-groupe romanesque appartient L'Enfant brûlé? 90
   3.3.4 Le pays de l'écrivain 93
      3.3.4.1 La Suède de Bastide 93
      3.3.4.2 Impressions de Suède à travers les lectures de *L'Enfant brûlé* 95
   3.3.5 Les aspects psychologiques du roman 98
   3.3.6 La lecture autobiographique du roman 102
      3.3.6.1 Un livre testament : la lettre d'adieu de l'écrivain ? 104
3.4 JUGEMENTS D'ENSEMBLE SUR LE ROMAN 107
3.5 BILAN PRÉLIMINAIRE 109

4. LA RÉCEPTION DES ŒUVRES DE DAGERMAN EN FRANCE (1966-2000) : APPROCHE THÉMATIQUE 113

4.1 STIG DAGERMAN : LE MYTHE DE L'ÉCRIVAIN ÉTRANGER 113
   4.1.1 Qu'est-ce que le mythe ? 113
   4.1.2 La construction du mythe 116
      4.1.2.1 Un grand écrivain étranger 117
      4.1.2.2 Le Rimbaud du Nord 120
      4.1.2.3 Les éléments biographiques 121
      4.1.2.4 Éléments (devenus) mythiques de la vie de Dagerman 123
      4.1.2.5 Expressions récurrentes 125
   4.1.3 Bilan préliminaire: la réception du mythe 128
4.2 L'IMPACT DU SUICIDE DANS LA RÉCEPTION DAGERMANIENNE 131
   4.2.1 Description et mythification 133
   4.2.2 Lectures autobiographiques 134

4.2.3 *Peut-on comprendre le suicide ?*... *135*
4.2.4 *Le suicide : de l'interdiction à la fascination*...................... *135*
4.3 LES QUALITÉS INTRINSÈQUES DE L'ÉCRITURE DE DAGERMAN 137
   4.3.1 *Les protecteurs littéraires de Dagerman*............................ *137*
   4.3.2 *Lectures élogieuses* *139*
   4.3.3 *L'écriture cinématographique*... *141*
   4.3.4 *L'insertion littéraire*.. *143*
   4.3.5 *Le dialogue entre critiques*... *145*
4.4 LECTURES DU NORD 146
   4.4.1 *Le Nord mythique*.. *148*
   4.4.2 *Les stratégies face à l'écrivain étranger*........................... *150*
      4.4.2.1 Familiariser.. 151
      4.4.2.2 « Étrangéifier » 151
   4.4.3 *Schéma des associations* *154*
      4.4.3.1 Les associations géo-climatiques 155
      4.4.3.2 La société suédoise 157
      4.4.3.3 La littérature nordique 160
   4.4.4 *Bilan préliminaire : Le stéréotype boréal*........................... *163*

5. CONCLUSION : LA CONSÉCRATION D'UN ÉCRIVAIN ÉTRANGER 167

   1) La mythification *167*
   2) Les introducteurs *168*
   3) Les textes de Dagerman *168*
   Une réception constante et favorable... *168*

6. BIBLIOGRAPHIE 175

   6.1 L'ŒUVRE DE STIG DAGERMAN 175
      En suédois *175*
      En français *175*
      Textes publiés à part *176*
      En italien *176*
      Texte publié à part *177*
   6.2 LA RÉCEPTION CRITIQUE DE L'ŒUVRE DE STIG DAGERMAN
   EN FRANCE ET EN ITALIE 177
      6.2.1 *Bibliographie de la réception de l'œuvre*
      de Stig Dagerman suivant les publications en France................ *177*
      Sur Stig Dagerman en général.. *181*
      Sur les représentations théâtrales de l'œuvre de Dagerman
      en France *182*
      Articles : *182*

Productions radiophoniques 184
6.2.2 Bibliographie de la réception de l'œuvre
de Stig Dagerman suivant les publications en Italie 185
Articles : 185
Entrefilets ou commentaires : 186
Articles : 187
Entrefilets et commentaires : 188
Articles : 188
Entrefilets ou commentaires : 189
Articles : 189
Entrefilets ou commentaires : 190
Sur Dagerman en général 191
6.3 OUVRAGES CITÉS 191

ANNEXES
LA RÉCEPTION DE L'ŒUVRE DE DAGERMAN EN ITALIE . 203

**1. VUE D'ENSEMBLE DE LA RÉCEPTION DE L'ŒUVRE
DE DAGERMAN EN ITALIE 205**

1.1 LA LITTÉRATURE SCANDINAVE EN ITALIE 205
   *1.1.1 Études antérieures sur la réception de la littérature suédoise
   en Italie* 208
   1.1.2 Le pont gaulois 209
1.2 L'HISTOIRE DU PASSAGE DE L'ŒUVRE DE DAGERMAN EN ITALIE 212
   *1.2.1 Survol des publications de Dagerman en Italie et de leur
   réception* 212
   Les publications italiennes de l'œuvre de Dagerman 213
      1.2.1.1 La réception de *Il nostro bisogno di consolazione* 215
      1.2.1.2 La réception de *Il Viaggiatore* 216
      1.2.1.3 La réception de *I Giochi della notte* 217

2. LA RÉCEPTION DE *BAMBINO BRUCIATO* (1994-2001) 219

*Dossier de presse de Bambino bruciato
lors de sa publication en Italie* 219
2.1 INVENTAIRE DES THÈMES RELEVÉS PAR LA CRITIQUE 220
   2.1.2 Le suicide 222
      2.1.2.1 La lecture autobiographique 223
   2.1.3 L'angoisse ou « l'angoscia della solitudine » 225
   2.1.4 Stig Dagerman en tant que figure-culte en Suède 225
   2.1.5 Les représentations du Nord 227
2.2 JUGEMENTS D'ENSEMBLE SUR LE ROMAN 230
2.3 INSERTION LITTÉRAIRE 232

 Insertion par rapprochement *233*
 2.4 Échos paratextuels 234
 2.5 Comparaison entre la réception de *Bränt barn*
 en France et en Italie 236

**3. LA RÉCEPTION DES AUTRES ŒUVRES DE DAGERMAN
EN ITALIE : APPROCHE THÉMATIQUE** **239**

 3.1 La présentation de l'écrivain : « un grand écrivain
 suédois » 239
 3.2 Le suicide et ses lectures 246
 3.3 Le Nord et les représentations du nordique
 dans la réception italienne 249
 3.4 L'insertion littéraire 250
  Échos paratextuels dans la réception italienne *251*
 3.5 Quelques traits spécifiques de la réception italienne 255
 3.6 Mots significatifs de la réception italienne 257
  Les mots significatifs *257*
 3.7 Bilan : l'œuvre de Dagerman,
 son « testamento spirituale » 260

ENTRETIENS **263**

 Entretien avec Philippe Bouquet 263
 Intervista con Emilia Lodigiani 281

TABLE **291**

L'HARMATTAN, ITALIA
Via Degli Artisti 15 ; 10124 Torino

L'HARMATTAN HONGRIE
Könyvesbolt ; Kossuth L. u. 14-16
1053 Budapest

L'HARMATTAN BURKINA FASO
Rue 15.167 Route du Pô Patte d'oie
12 BP 226 Ouagadougou 12
(00226) 76 59 79 86

ESPACE L'HARMATTAN KINSHASA
Faculté des Sciences Sociales,
Politiques et Administratives
BP243, KIN XI ; Université de Kinshasa

L'HARMATTAN GUINÉE
Almamya Rue KA 028 en face du restaurant le cèdre
OKB agency BP 3470 Conakry
(00224) 60 20 85 08
harmattanguinee@yahoo.fr

L'HARMATTAN CÔTE D'IVOIRE
M. Etien N'dah Ahmon
Résidence Karl / cité des arts
Abidjan-Cocody 03 BP 1588 Abidjan 03
(00225) 05 77 87 31

L'HARMATTAN MAURITANIE
Espace El Kettab du livre francophone
N° 472 avenue Palais des Congrès
BP 316 Nouakchott
(00222) 63 25 980

L'HARMATTAN CAMEROUN
Immeuble Olympia face à la Camair
BP 11486 Yaoundé
(237) 458.67.00/976.61.66
harmattancam@yahoo.fr

L'HARMATTAN SÉNÉGAL
« Villa Rose », rue de Diourbel X G, Point E
BP 45034 Dakar FANN
(00221) 33 825 98 58 / 77 242 25 08
senharmattan@gmail.com